Einführung in die Islamwissenschaft

Akademie Studienbücher

Kulturwissenschaften

Peter Heine

Einführung in die Islamwissenschaft

Akademie Verlag

Der Autor:
Prof. Dr. Peter Heine, Jg. 1944, Professor für Islamwissenschaft an der Humboldt Universität zu Berlin.

Bibliografische Information der Deutschen Nationalbibliothek
Die Deutsche Nationalbibliothek verzeichnet diese Publikation in der Deutschen Nationalbibliografie; detaillierte bibliografische Daten sind im Internet über http://dnb.d-nb.de abrufbar.

ISBN 978-3-05-004445-3

© Akademie Verlag GmbH, Berlin 2009

www.akademie-studienbuch.de
www.akademie-verlag.de

Einband- und Innenlayout: milchhof : atelier, Hans Baltzer Berlin
Einbandgestaltung: Kerstin Protz, Berlin, unter Verwendung einer Türkischen
    Zierkachel mit der Inschrift *Wie Gott will*, Keramik (19. Jh.). akg-images.
Satz: Druckhaus „Thomas Müntzer" GmbH, Bad Langensalza
Druck und Bindung: CS-Druck Cornelsen Stürtz GmbH, Berlin

Printed in Germany

Einführung in die Islamwissenschaft

1 Die Geschichte der Islamwissenschaft

Abbildung 1: Théodore Chassériau: *Reiterbildnis des Ali Ben Bahmed, Kalifen von Constantine und Häuptling der Harakta, mit seinem Gefolge* (1845)

Das Bild entstand zur Zeit der Besetzung Algeriens durch die Französische Armee Mitte des 19. Jahrhunderts. Die düsteren Blicke des Kalifen, sein schwarzer Bart, die Pferde, all das wird zu einer Chiffre für die arabische Welt, für den Islam in einer Zeit, in der das Frankreich von „Freiheit, Gleichheit und Brüderlichkeit" die zivilisatorische Führung der Welt übernehmen zu müssen glaubte. Auf der einen Seite wird der Islam zum Gegenpol aller Ideale der Aufklärung, auf der anderen Seite weckt er die Sehnsucht nach der Fremde.

Das folgende Kapitel skizziert die Geschichte der Beschäftigung der westlichen Welt mit dem Islam. Geschildert wird, wie die islamische Welt abwechselnd als Quelle naturwissenschaftlichen und philosophischen Wissens, als Hort von Brutalität und Ausschweifungen, als militärische Bedrohung oder als exotisches Sehnsuchtsland gesehen wurde. In einem zweiten Abschnitt wird die Reaktion der muslimischen Denker auf diese Perspektiven der westlichen Welt beschrieben. Die Begeisterung für die wissenschaftliche Offenheit der westlichen Gelehrten führte zu Versuchen, die eigene Kultur wissenschaftlich aufzuarbeiten. Da diese den Standards der westlichen Welt nicht genügten, entwickelte sich bald eine Überheblichkeit des Westens gegenüber dem Orient, die dann im 20. Jahrhundert auch im Westen stark kritisiert wurde.

1.1 Das mittelalterliche Abendland, der moderne Westen und die islamische Welt

1.2 Der Streit um den Orientalismus

1.1 Das mittelalterliche Abendland, der moderne Westen und die islamische Welt

Die akademische Beschäftigung mit der islamischen Welt ist älter als die Islamwissenschaft als Unterrichtsfach, das zum Ende des 19. Jahrhunderts an den deutschen und europäischen Universitäten eingeführt wurde. So lehrte z. B. Jacob Christmann (1554–1613) ab 1609 in Heidelberg Arabisch. Für das mittelalterliche Abendland waren der Islam und die Muslime seit dem Beginn der Begegnung mit diesen Fremden immer ein gewaltiges Problem. Man war es gewohnt, die Welt in Christen und Heiden einzuteilen. Außerdem gab es auch noch die Gruppe der Juden, die man aus der christlichen Perspektive jedoch nicht als Heiden betrachten konnte, da sie als Teil des göttlichen Heilsplanes galten, dessen Existenz im Mittelalter fester Bestandteil der Lehre der Kirche war. Schon im 7. Jahrhundert n. Chr. (also im 1. Jahrhundert islamischer Zeitrechnung) hatte man erkannt, dass auch die Anhänger des Propheten Mohammed nicht in dem Sinne als Heiden bezeichnet werden konnten, wie man das mit den vorchristlichen Anhängern der ägyptischen, römischen oder griechischen Götter tun konnte. Man musste zur Kenntnis nehmen, dass diese Muslime Monotheisten waren, in ihren religiösen Lehren Jesus und seine Mutter Maria eine wichtige Rolle spielten, sie über ein elaboriertes ethisches System verfügten und ein komplexes Rechtssystem kannten. Mit einer sich verbessernden Kenntnis der muslimischen Gedankenwelt und dem Schrifttum, das in der islamischen Welt produziert wurde, wurde die Einschätzung des Islams nicht einfacher.

Die führenden Theologen und Vertreter der politischen Eliten waren sich bewusst darüber, dass man mehr über den Islam und seine Dogmen in Erfahrung bringen müsse, ehe man in eine Erfolg versprechende Auseinandersetzung mit ihnen eintreten könne. Sie verwendeten für diese neue Religionsgemeinschaft Begriffe wie Mahometanismus etc. und bezeichneten die Anhänger der Religion als Mohammedaner u. Ä. oder Sarazenen. Die Bezeichnung Islam wurde einheitlich erst in der zweiten Hälfte des 20. Jahrhunderts verwendet. Ab diesem Zeitpunkt wurde auch die Bedeutung des Wortes Islam (arabisch für: Ergebung in den Willen Gottes) eine weit verbreitete Erläuterung. Vor allem von Muslimen wird die Verwandtschaft des Wortes Islam mit dem arabischen Wort für Frieden (*salam*) betont. Mit dem Begriff Muslim (zunächst eine Partizip Aktiv-Form) bezeichnet man Personen, die sich dem Willen Gottes ergeben. Zwischen islamisch und muslimisch als den entsprechenden Adjektiven wird

Die Begriffe Islam und Muslim

nicht immer konsequent unterschieden. Korrekt wäre es, mit islamisch ausschließlich auf die Religion bezogene Begriffe zu spezifizieren, während muslimisch sich auf alle religiösen und alltäglichen Handlungen von Muslimen bezieht.

Erste Kontakte

Vor allem auf der Iberischen Halbinsel, auf der Muslime seit dem Jahr 711 Fuß gefasst hatten, kamen abendländische Abenteurer, Söldner, Kaufleute und Gelehrte mit dem Islam in seiner ganzen Vielfalt in Kontakt. In Toledo entwickelte sich z. B. ein lebhafter Austausch zwischen Gelehrten, bei dem die abendländischen Besucher vor allem die Nehmenden waren. Gäste aus allen europäischen Ländern lernten hier Arabisch, um die Gedanken der großen Philosophen und Theologen des Islams, aber auch der muslimischen Naturwissenschaftler und Mediziner mit ihren bahnbrechenden Ideen und Praktiken kennenzulernen und in das Lateinische als die Lingua franca des mittelalterlichen Europa zu übersetzen.

Petrus Venerabilis

Toledo war der richtige Ort für Petrus Venerabilis (1094–1156), den Abt des französischen Klosters Cluny, um jemanden zu finden, der den Koran aus dem Arabischen ins Lateinische übersetzen könnte. Denn Petrus Venerabilis war der Meinung, dass man die Anhänger Mohammeds nicht zum Christentum bekehren könne, wenn man zuvor nicht über deren Glaubensüberzeugungen informiert sei. Mit einigem Recht ging er davon aus, dass man dazu viel im heiligen Buch der Muslime, im Koran finden könne. Er reiste also nach Toledo und beauftragte Robert von Ketton, der sich dort mit der Übertragung von naturwissenschaftlichen Texten aus dem Arabischen ins Lateinische befasste, den Koran gegen ein stattliches Honorar in die Sprache der Intellektuellen des christlichen Abendlands zu übertragen. Die Auseinandersetzung mit dem Koran auf Basis dieser Übersetzung führte zu einer überraschend präzisen Darstellung der grundlegenden Vorstellungen des Islams.

Ricoldus de Monte Crucis

Sehr viel weitere Kenntnisse stammen von Ricoldus de Monte Crucis (1243–1320), einem Dominikaner, der ab 1288 längere Zeit in Bagdad, der Hauptstadt des Abbasidenreiches, verbracht hatte. Dabei gewann er einen genauen Einblick in die praktische Ausübung der islamischen Religion, die er in einem beeindruckenden Text der Nachwelt vermittelt hat. Er beschrieb Bagdad folgendermaßen:

„Es begab sich also, als ich in Baghdad weilte, [...] dass mich die Annehmlichkeiten des Gartens, in dem ich mich befand, entzückten. Denn er war wie das Paradies durch den Reichtum seiner Bäume und die Fruchtbarkeit und Mannigfaltigkeit seiner Früchte. Er war emporgewachsen durch die Quellen des Paradieses, und goldene Häuser wurden auf ihm errichtet. Andererseits ließ mich das Massaker und die Gefangennahme von Christen und ihre Eroberung von Akko in tiefste Trauer verfallen, wenn ich die Freude und den Jubel der Muslime sah und die Christen vernachlässigt und geistig erschüttert. Ich begann noch sorgfältiger als sonst nachzudenken über die Entscheidungen Gottes bezüglich der Herrschaft über die Welt und vor allem über Muslime und Christen." (Ricoldus 1997, S. 210)

An anderer Stelle heißt es:

„Von Indien bis in die Gegenden des Westens beherrschen die Muslime in Frieden und ohne Widerstand die herrlichsten Dinge und reichsten Königreiche, in denen es die schönsten irdischen Vergnügen gibt. Dort gibt es Berge von Salz, Springbrunnen von Öl, Manna vom Himmel, die Flüsse des Paradieses, aromatische Gewürze, kostbare Edelsteine, herrliche Weintrauben und köstliche Früchte." (Ricoldus 1997, S. 209)

Beide Texte, die Übersetzung des Korans aus dem Arabischen wie die Erfahrungen des florentinischen Dominikaners, wurden von dem großen Reformator des 16. Jahrhunderts, Martin Luther, mit großem Interesse zur Kenntnis genommen. Er lebte in der Zeit, in der die ‚Türkennot‘, also die Angst vor den Angriffen der osmanischen Heere, die Menschen bewegte. So heißt es in einer in Siebenbürgen im Jahr 1661 verbreiteten Flugschrift:

Martin Luther

„Der Türk ist komen auff die ban
ach hört wie er thit hausen
lasst niderseblen Weib und Mann
schrecklicher weiß viel tausend
spißt, pfält die Menschen groß und klein
solt das nicht zu erbarmen sein
wem solt darob nicht grausen."
(Özyurt 1972, S. 22)

Mit der Niederlage der Türken vor Wien 1683 änderte sich die grundsätzliche Einstellung des Abendlands gegenüber dem Islam. Er wurde nun weniger als eine Bedrohung empfunden als vielmehr wegen seiner Exotik geschätzt. Die Oberschicht Europas ließ es sich nicht nehmen, sich in orientalischen Gewändern von den bekanntesten Malern der Zeit porträtieren zu lassen. Auch andere Motive der bildenden Kunst stammen aus dem orientalischen Kontext. Dabei lassen sich einige inhaltliche Momente feststellen, die auch schon aus der mittelalterlichen Einschätzung des Islams und der Muslime herrühren. Das erste ist die Vorstellung von der Gewaltbereitschaft und Brutalität des Islams. In zahlreichen europäischen Büchern wurde da-

Nach den ‚Türkenkriegen‘

rauf hingewiesen, dass der Islam den ‚heiligen Krieg' predige und die Religion mit Feuer und Schwert verbreiten wolle. Neben dem Gewaltaspekt spielt auch die Frage der Sexualität eine Rolle. Die Tatsache, dass die Scheidung nach islamischem Recht aus der Position des Ehemannes verhältnismäßig einfach bewerkstelligt werden kann und eine unmittelbare oder spätere Wiederverheiratung mit einer anderen Frau gestattet wurde, forderte die mittelalterlichen christlichen Theologen zu heftiger Kritik heraus. Nicht weniger indigniert zeigten sie sich angesichts der Tatsache, dass das islamische Recht einem Mann gestattet, mit vier Frauen gleichzeitig verheiratet zu sein – unter der Bedingung, dass er sie alle gleich behandele.

Diese noch aus den mittelalterlichen Überzeugungen von der Gewalt und der sexuellen Ausschweifung stammenden Vorstellungen vom Islam blieben auch weiterhin tief in dem Bild vom Islam in der deutschen Öffentlichkeit vorhanden. Sie wurden nicht zuletzt durch Übersetzungen von Schriften von englischen oder französischen Literaten und Gelehrten ins Deutsche verstärkt.

Tausendundeine Nacht

Diesen grausamen Bildern vom Islam und vom Orient standen die seit der Übersetzung der Märchensammlung *Tausendundeine Nacht* (1704–17) aus dem Arabischen von Antoine Galland romantisierenden Orientbilder gegenüber, die ein hohes Maß an Romantisierung der islamischen Welt mit sich gebracht hatte. Dieses romantisierende Moment wurde geprägt durch eine Reihe von Dichtern und Schriftstellern des 19. Jahrhunderts, von denen als erster **Johann Wolfgang Goethe** genannt werden muss. Er hat sich, wie mit vielen anderen Themen auch, intensiv mit dem Islam befasst und sogar versucht, in die tieferen Geheimnisse der arabischen Sprache einzudringen. Für Goethe war der Orient ein Fluchtpunkt, kein realer Ort, zu dem er sich vor den Erschütterungen der Französischen Revolution zurückzog. In seinem einleitenden Gedicht zum *West-östlichen Diwan* (1. Auflage 1827) heißt es:

„Nord und West und Süd zersplittern,
Throne bersten, Reiche zittern,
Flüchte du, im reinen Osten
Patriarchenluft zu kosten;
Unter Lieben, Trinken, Singen
Soll dich Chisers Quelle verjüngen.
[. . .]
Wo sie Väter hoch verehrten,
Jeden fremden Dienst verwehrten;
Will ich freun der Jugendschranke:
Glaube weit, eng der Gedanke,

Wie das Wort so wichtig dort war,
Weil es ein gesprochnes Wort war."
(Goethe 1994, I, Bd. 3, 1, S. 12)
Zahlreiche deutsche Schriftsteller und Dichter des 19. Jahrhunderts
waren vom Orient fasziniert.

Heinrich Heine (1797–1856) hatte wegen seiner jüdischen Her- **Heinrich Heine**
kunft und seiner Konversion zum Christentum ein besonderes Verhältnis zum Islam. In seinen Gedichten über die Muslime Andalu-
siens nach der Reconquista, der ab dem 8. Jahrhundert sukzessive
erfolgten Wiedereroberung Spaniens durch die Christen, nahm er als
eine vergleichbare Situation die Lage der Juden seiner Zeit in
Deutschland an.

Friedrich Rückert (1788–1866) prägte nicht nur die Dichtung der **Friedrich Rückert**
Romantik, sondern wirkte als Professor in Erlangen auch als Orientalist, der wie kaum ein anderer Deutscher Verständnis für die Sprache des Korans und der arabischen Dichtung entwickelte.

Den stärksten Eindruck auf Generationen deutscher Kinder mach- **Karl May**
ten die Darstellungen des Orients in den Romanen des Abenteuer-
schriftstellers Karl May (1842–1912). Ohne Europa schon selbst verlassen zu haben, erdachte er sich nicht nur die farbenfrohen
Geschichten über Winnetou und Old Shatterhand, sondern auch solche über den deutschen Orientreisenden Kara Ben Nemsi, die Ende
des 19. Jahrhunderts für wahre Reiseberichte gehalten wurden. May
stand dem Islam ablehnend gegenüber und erfand immer wieder
Muslime, die im Begriff waren, sich dem Christentum zuzuwenden,
weil sie es aufgrund des vorbildlichen Verhaltens von Kara Ben Nemsi als die ethisch höher stehende Religion erkannt hatten:
„Was war ich für ein Mann, als du mich kennenlerntest! Ein nach
Rache, nach blutiger Vergeltung schnaubender Mensch, ein Anhänger des Islams, der nur sich selbst liebte, seine Feinde haßte
und gegen alle anderen Personen nichts als stolze Gleichgültigkeit
empfand. Du warst der erste unter allen Leuten, der mich zur Ach-
tung zwang. Darum wünschte ich, ebenso wie Hadschi Halef, un-
ser jetziger Scheich, dass du Mohammedaner werden möchtest;
denn wir hatten dir so viel zu verdanken und wollten dir die Himmel gönnen, die wir nur für die Anhänger des Propheten offen
glaubten. […] Du lebtest ein Leben, das eine überzeugende Predigt
deines Glaubens war. Wir waren deine Begleiter und lebten dies
dein Leben mit. Der Inhalt des deinigen war Liebe. Wir lernten
diese Liebe kennen und liebten zunächst auch dich. Wir konnten
nicht von dir lassen und also auch nicht von ihr. Sie wurde größer

und immer mächtiger in uns, sie umfasste dich und nach und nach auch alle, mit denen wir in Berührung kamen. Jetzt umfängt diese unsere Liebe die ganze Erde und alle Menschen, die auf ihr wohnen. Wir haben den Koran vergessen und sind gleichgültig geworden für die Gesetze des Propheten." (May 1951, S. 54f.)

Islambild im Film Die Form, in der die islamische Welt seit der Erfindung des Films einem breiten Publikum vermittelt wurde, entspricht der Kombination von Grausamkeit und Erotik, wie man sie in der Malerei der sogenannten Orientalisten findet. Auch hier sind der beiden Momente die grundlegenden Kennzeichen des Islams und der Muslime. Dabei spielten hinsichtlich der Filme und der heutigen TV-Produktionen die jeweils aktuellen politischen Verhältnisse eine wichtige Rolle für das Bild. Sind es doch oft dunkelhaarige, schnauzbärtige Protagonisten, die die Rolle des Bösewichts ausfüllen, und in Action-Filmen werden nicht selten Szenen mit sogenannten Bauchtanzdarbietungen gezeigt. Man denke an den James Bond Film *Liebesgrüße aus Moskau* (1963) oder an den Film *Cleopatra* mit Elizabeth Taylor und Richard Burton aus dem gleichen Jahr. Inzwischen werden auch bei TV-Produktionen mit europäischen und amerikanischen Schauplätzen immer wieder unsympathische Rollen so besetzt, dass bei den Zuschauern Assoziationen mit Orientalen oder mit Personen, die einen muslimischen Hintergrund haben, aufkommen können. Und die amerikanische Serienproduktion *Threat Matrix* (2003–04) reduziert den Islam auf den islamistischen Terrorismus.

1.2 Der Streit um den Orientalismus

Die Art und Weise, in der Muslime auf die westliche Beschäftigung mit ihrer Kultur reagierten, lässt sich mit zwei gegensätzlichen Reaktionen beschreiben. Diese Reaktionen hingen von der grundsätzlichen Einstellung des jeweiligen muslimischen Sprechers oder Autors ab. Vor allem im ausgehenden 19. Jahrhundert war die Begeisterung für die Tatsache, dass sich europäische Gelehrte ausführlich mit den Sprachen und Kulturen der islamischen Welt befassten, unter Muslimen groß.

Handschriftensammlungen Besonders ließen sie sich durch die umfangreichen Manuskriptsammlungen orientalischer Schriften beeindrucken, die in den großen europäischen Bibliotheken schon seit dem 18. Jahrhundert gesammelt worden waren. Dieser Sammeleifer hatte im 19. Jahrhundert noch weiter zugenommen. Kaum eine fürstliche Bibliothek, die sich nicht des Besitzes von besonders wertvollen orientalischen Handschriften rühmte. Es war wohl vor allem die Sammelleidenschaft der Fürsten und ihrer Bibliothekare und nicht so sehr das Interesse an den Inhalten der Schriften, die für das Zusammentragen dieser Dokumente islamischen Geistesschaffens Anlass war. In manchen Fällen sind diese Sammlungen bis heute nicht katalogisiert oder gar wissenschaftlich bearbeitet und ediert worden. Kamen aber günstige Umstände zusammen, wenn z. B. ein des Arabischen oder Persischen mächtiger Bibliothekar und ein Mäzen zusammentrafen, dann wurden einige dieser Handschriften der wissenschaftlichen und editorischen Kenntnis der Zeit entsprechend herausgegeben und gedruckt. Als Beispiel sei hier die *Bibliotheca Geographorum Arabicorum* genannt, die der niederländische Orientalist Michael Jan de Goeje (1836–1909) in der zweiten Hälfte des 19. Jahrhunderts herausbrachte.

Ähnliche Beispiele orientalistischer philologischer Gelehrsamkeit lassen sich auch in Deutschland, Österreich, Frankreich oder England finden. Nicht weniger Bewunderung auf muslimischer Seite erregte die *Geschichte der arabischen Litteratur*, mit der Carl Brockelmann zwischen 1937 bis 1942 ein Übersichts-, vor allem aber ein Referenzwerk für die arabische Literaturgeschichte von den Anfängen bis zur Gegenwart schuf, auf das bis heute viele Wissenschaftler, die sich mit dem weiten Bereich arabischer fachwissenschaftlicher wie belletristischer Literatur befassen, immer wieder zurückgreifen. Dieses Buch wurde auch ins Arabische übersetzt, sodass sich auch muslimische Gelehrte mit dieser westlichen Art der wissenschaftlichen Befassung mit einer fremden, hier der islamischen Kultur vertraut machen konnten.

Carl Brockelmann

Einige bedeutende Forscher wie der ungarische Gründungsvater der Islamwissenschaft, Ignaz Goldziher (1850–1921), reisten Ende des 19. Jahrhunderts in die Länder des Nahen und Mittleren Ostens vor allem, um dort nach Büchern und Handschriften Ausschau zu halten und sie privat und für Bibliotheken zu erwerben. Bei dieser Gelegenheit kamen die westlichen Islamwissenschaftler auch mit muslimischen Gelehrten zusammen. So traf Goldziher den bedeutenden ‚modernistischen' Korankommentator und religiösen Reformer Muhammad Abduh in Kairo. Muslimische Reisende ihrerseits kamen aber auch nach Europa und suchten Zugang zu den akademischen Einrichtungen der orientalistischen Forschung an den Universitäten und Akademien. Hier hatten sie Gelegenheit, die fortschrittlichen editorischen Methoden der Zeit kennenzulernen, Handschriftensammlungen in Augenschein zu nehmen und sich im wissenschaftlichen Gespräch mit europäischen Orientalisten auszutauschen.

Ignaz Goldziher

Jüdisches Interesse am Islam

Goldziher war nicht der einzige jüdische Orientalist in Europa. Generationen von Juden interessierten sich für den Islam. Das gilt für England und Frankreich wie für Deutschland. Manche strebten erfolgreich eine akademische Karriere an, andere ließen sich sehr viel tiefer auf Religion und Kultur der Muslime ein.

„Für den am Orient interessierten Juden war der Osten nicht etwa eine Region, in der er das exotische Andere entdecken wollte, sondern er wollte seine eigenen Wurzeln finden. Für ihn waren die Araber so etwas wie Blutsbrüder, Juden hoch zu Ross, wie [der viktorianische englische Politiker] Disraeli es ausdrückte. [...] Den Juden haftete natürlich der Makel an, dass sie in Europa eine fremde, orientalische Rasse darstellten, aber diesen Makel stellten die jüdischen Orientexperten sozusagen auf den Kopf, indem sie sich auf ihren alten Wüstenadel besannen. Die Juden sahen sich ihren verlorenen ‚Brüdern‘ im Osten eng verbunden und übernahmen es, die semitische Kultur einschließlich des Islams im Westen zu erklären. Jüdische Orientalisten im engsten Sinne waren Spezialisten auf dem Gebiet östlicher Religionen und Sprachen sowie der Anthropologie, doch seltsamerweise wird die entscheidende Rolle, die die Juden in den Orientwissenschaften gespielt haben, dennoch übersehen." (Reiss 2008, S. XXIf.)

West-Ost-Austausch

Häufig waren Muslime von dem westlichen Wissenschaftsbetrieb, der anderen Art der Wissensvermittlung und der Forschung sehr tief beeindruckt. Das war auch dann der Fall, wenn sie an den seinerzeit allerdings recht seltenen internationalen Orientalistenkongressen teilnehmen konnten. Oft äußerten diese Reisenden sich nach ihrer Rückkehr ausführlich über ihre Erfahrungen mit der Arbeit an europäischen Universitäten und zu den Ergebnissen der orientalistischen Forschung. Arabische Buchhändler und Verleger sahen es neben dem geschäftlichen Interesse auch als eine Verpflichtung an, das Erbe der arabischen Kultur zu bewahren, indem sie den editorischen Aktivitäten westlicher Orientalisten folgten und ebenfalls begannen, Texte der klassischen arabischen Literatur zu drucken. Zunächst hatten diese Editionen aber nicht den wissenschaftlichen Standard der europäischen Vorbilder.

West-Ost-Konflikte

Das führte zu einem verstärkten Selbstbewusstsein der europäischen Wissenschaftler, die auf die Bemühungen der arabischen, persischen oder türkischen Kollegen mit einiger Verachtung herabschauten. Die Konzentration der westlichen Wissenschaft und in ihrer Nachfolge auch die der orientalischen Gelehrten auf die jeweiligen ‚klassischen‘ Literaturen hatte zur Folge, dass spätere Werke dieser

Literaturen als uninteressant, epigonenhaft und weitgehend wertlos angesehen wurden. Die Vorstellung vom ‚goldenen Zeitalter‘, z. B. der arabischen Literatur, die mit dem Ende der Herrschaft der Dynastie der Abbasiden auszulaufen schien, wurde dann von den arabischen Gelehrten und den Ideologen des arabischen Nationalismus übernommen, die bis heute auf die Bedeutung des kulturellen Erbes (arabisch *tûrâth*) aus eben dieser Epoche hinzuweisen nicht müde werden.

Mit dem Überlegenheitsgefühl westlicher Orientalisten ging Ende der 1970er-Jahre der palästinensisch-amerikanische Literaturwissenschaftler Edward Said scharf ins Gericht. In einer fulminanten Polemik warf er vor allem der angelsächsischen und der frankofonen Orientalistik vor, ihre Wissenschaft in den Dienst der kolonialen Expansion ihrer Völker gestellt zu haben. In der Tat hatten Orientalisten wie der Franzose Ernest Renan (1823–92) Muslimen vorgeworfen, dass sie zu kreativen geistigen, künstlerischen oder gesellschaftlichen Leistungen nicht fähig seien. Zu Unrecht schloss Said die deutsche Orientalistik von seinem Vorwurf aus. Deren Blick auf den Orient war in der Regel nicht weniger eurozentrisch als der ihrer Kollegen in Frankreich, England oder den Niederlanden. Deutsche Orientalisten wie Theodor Nöldeke (1836–1930) oder Martin Hartmann (1851–1918) machten weder privat noch öffentlich einen Hehl aus ihrer Verachtung des zeitgenössischen, aber auch des mittelalterlichen Islams. Seit der Gründung des Deutschen Reichs 1871 hatte sich auch hier eine praxisbezogene Orientalistik entwickelt, die auch der deutschen kolonialen Expansion diente. So meint Nöldeke über die türkische und arabische Literatur, dass sie, „unter uns gesagt, jenen Griechen gegenüber eine ziemlich armselige Rolle spielen" (Nöldeke 1893, zitiert nach: Fähndrich 1976, S. 151). Und Martin Hartmann schrieb in einem Brief an Goldziher:

„Im Grunde ist ja diese islamische prêtaille [Priesterklüngel] nicht schlimmer als die christliche des Mittelalters und als die jüdische Pilpel-fexe; aber wir haben den altbabylonischen Priesterschwindel (denn der steht hinter dem Judentum, Christentum und Islam) innerlich überwunden, die islamische Welt ist von ihm tödlich vergiftet und ich sehe keine Möglichkeit der Rettung." (Hartmann 1907, zitiert nach: Hanisch 2000, S. 278)

Der scharfe Vorwurf Saids gegen die westliche Orientalistik und damit auch gegen die Islamwissenschaft war, dass die Vertreter dieser Disziplin den Orient und die islamische Welt auf eine Weise zeichneten, die nicht den Realitäten entspreche. Sie redeten einem orientalischen Exotismus das Wort, indem sie sich auf die verschiedenen

Edward Said

Vorwürfe gegen die Orientalistik

‚goldenen Zeitalter' konzentrierten und die Komplexität islamischer Gesellschaften in ihren Darstellungen stark vereinfachten. Said mach-

Essentialismus

te ihnen den Vorwurf des Essentialismus. Darunter versteht man die Reduktion komplexer kultureller und gesellschaftlicher Zusammen-hänge auf einige wenige Tatsachen, die als das ganze Bild einer Kul-tur dargestellt werden. Er bezeichnete die westliche wissenschaftliche Befassung mit dem Orient, hier vor allem als die Region des weiteren Nahen Ostens, als Orientalismus.

Damit bezog Said sich auf einen Typ der bildenden Kunst, vor allem in der Malerei, der sich durch eine besondere Art der Darstel-lung orientalischer Sujets auszeichnet. Diesen bezeichnete er als Denkstil, der auf einer grundlegenden Unterscheidung zwischen Ori-ent und Okzident beruhe. Die Europäer sähen den Orient als fremd, exotisch, rückständig, traditionell, irrational, passiv, statisch und fe-

Der Orient als Gegenbild des Westens

minin an. Er sei aus dieser Sicht das negative Spiegelbild des Wes-tens, der fortschrittlich, aktiv, progressiv, rational und männlich sei. Damit diene der Orient dem Westen als Faktor der Selbstvergewisse-rung und der Selbstidentifikation. Der Orient sei, so beschreibt Said die Haltung des Westens, stumm, unfähig sich zu repräsentieren und müsse daher von anderen, eben vom Westen repräsentiert werden. Dies habe dann im wissenschaftlichen und forscherischen Bereich mit auch mit der Existenz der Orientalistik bzw. der Islamwissenschaft zu tun. Diese solle im Westen den Orient und den Islam objektiv dar-stellen, weil die eigentlichen Träger dieser Kultur (noch) nicht dazu in der Lage seien (vgl. Said 1981, S. 63 f., 136).

Dominanz des Westens

Der zweite Punkt der Orientalimuskritik von Edward Said ist der der praktischen Anwendung der wissenschaftlichen Erkenntnisse der Islamwissenschaft:

> „Es gibt natürlich ein Nahoststudien-Establishment, einen Interes-senpool von alten Kollegen oder ‚Experten', von Netzwerken, den Korporationen, Geschäften, Stiftungen, Ölgesellschaften, Missio-nen, dem Militär, dem Außenamt, dem Nachrichtendienst, die mit der akademischen Welt zusammenhalten. Da gibt es Forschungs-stipendien und andere Belohnungen, da gibt es Organisationen, da gibt es Hierarchien, da gibt es Institute, Zentren, Fakultäten, Abteilungen, alle damit beschäftigt, eine Handvoll von grund-legenden und grundsätzlich unveränderlichen Ideen über den Is-lam, den Orient und die Araber zu legitimieren und zu erhalten. Eine neuere linguistische Studie über die Nahoststudien-Operation in den Vereinigten Staaten zeigt nicht, dass das Fach ‚mono-lithisch' ist, sondern dass es komplex ist, dass es freiwillig Orien-

talisten des alten Stils beschäftigt, freiwillig ‚marginale' Spezialisten, revisionistische Spezialisten, Politikmacher, ebenso wie eine kleine Minderheit [...] von akademischen Machtmaklern. In jedem Fall überlebt der Kern des orientalistischen Dogmas." (Said 1981, S. 340)

Den Thesen von Edward Said wurden in der westlichen Islamwissenschaft zunächst mit lebhafter Ablehnung begegnet, in der Folgezeit aber mehr und mehr einer sachlichen und gewissenhaften Prüfung unterzogen. Inzwischen sind einige seiner Grundpositionen weithin akzeptiert worden und haben zu einer veränderten Grundhaltung einiger Islamwissenschaftler zu ihrem Fach und dem Thema ihrer Forschungen geführt. Andere beharren weiterhin auf den traditionellen Vorstellungen über die Aufgaben und Einstellungen des Fachs zum Islam und zu den Muslimen. Am wirkungsvollsten haben sich Saids Thesen bei den Historikern erwiesen, bei denen sich mit den Postcolonial Studies eine eigene Forschungsrichtung entwickelt hat. In diesen werden Kultur-, Gesellschafts- und politische Geschichte von Staaten, die unter europäischer Kolonialherrschaft gestanden haben, auch aus der Perspektive der Kolonisierten und dem Verhältnis zwischen Kolonisatoren und Kolonisierten erforscht. Vor allem Vertreter einer philologisch geprägten Islamwissenschaft haben sich dagegen durch die Kritik von Edward Said nicht beeindrucken lassen. Auch israelische Orientalisten haben sich gegen Said gewandt. Mit dem bekannten, in Princeton lehrenden Bernard Lewis (geboren 1916) führte Said eine lang andauernde Fehde, die auch in der regelmäßigen persönlichen Konfrontation auf wissenschaftlichen Kongressen und Symposien ausgetragen wurde. Inzwischen hat sich die Haltung vieler Fachvertreter zum Islam und zu den Muslimen gewandelt. Heute geht es darum, nicht mehr über Muslime zu forschen, sondern mit ihnen.

Postcolonial Studies

Fragen und Anregungen

- Wie entstand das Interesse am Islam in Europa?

- Wer waren die ersten europäischen Gelehrten, die sich systematisch mit dem Koran befassten?

- Wo entstanden in der Neuzeit die ersten akademischen Institutionen, die sich mit dem Islam befassten, und was waren ihre Ausbildungsziele?

- Wie reagierten Muslime auf die westlichen Orient-Studien?

- Was sind die wichtigsten Kritikpunkte von Edward Said an den westlichen Islamstudien?

- Wie reagierten die westlichen Islamwissenschaftler auf die Kritik am Orientalismus?

Lektüreempfehlungen

- Hartmut Bobzin: Der Koran im Zeitalter der Reformation. Studien zur Frühgeschichte der Arabistik und Islamkunde in Europa, Stuttgart 1995. *Faktenreiche und gut zu lesende Geschichte der Entdeckung des Korans durch die deutschen Reformatoren, die einen tiefen Einblick in deren Haltung gegenüber dem Islam gibt.*

- Johann Fück: Die arabischen Studien in Europa bis in den Anfang des 20. Jahrhunderts, Leipzig 1955. *Immer noch unübertroffene Darstellung der Geschichte der europäischen Orientalistik von ihren Anfängen bis zum Ende des Zweiten Weltkriegs.*

- Malcolm Kerr (Hg.): Islamic Studies. A Tradition and its Problems, Malibu 1980. *Sammelband mit Beiträgen westlicher und orientalischer Autoren, die sich mit der Debatte um die Thesen von Edward Said auseinandersetzen.*

- Isolde Kurz: Vom Umgang mit dem Anderen. Die Orientalismusdebatte zwischen Alteritätsdiskurs und interkultureller Kommunikation, Würzburg 2000. *Analyse der vielfältigen Reaktionen im Westen und in den östlichen Kulturen auf die Orientalismusdebatte.*

- Georg Stauth: Islam und westlicher Rationalismus. Der Beitrag des Orientalismus zur Entstehung der Soziologie, Frankfurt a. M. 1993. *Darstellung des Zusammenhangs zwischen den Disziplinen der Soziologie und der Islamwissenschaft, die zugleich auf die Gemeinsamkeiten in der Wissenschaftsgeschichte der beiden Fächer verweist.*

2 Koran und Koranauslegung

Abbildung 2: Aufgeschlagener Koran (1983), Skulptur am Eingang der König-Saud-Universität in Riad

Der Koran gilt als das unerschaffene Wort Gottes, das in arabischer Sprache offenbart wurde und von den Gläubigen auch in dieser Sprache aufgenommen werden soll. Dies geschieht auch, indem sie den Text auswendig lernen. Zugleich ist der Koran das literarische Dokument, an dem die Kulturtechniken des Schreibens und Lesens vermittelt werden. Dabei werden klassischerweise Männer und Frauen getrennt unterrichtet. Da der Koran als heilig gilt, kann er nur im Zustand der rituellen Reinheit berührt werden. Zugleich ist auch auf eine saubere und dezente Kleidung zu achten. Nach manchen Vorschriften soll man beim Lesen des Korans, also auch beim Auswendiglernen, den Kopf bedecken. Das gilt vor allem für Mädchen und Frauen. Die moderne Plastik am Eingang der König-Saud-Universität in Riad zeigt einen aufgeschlagenen Koran. Die dargestellten Koranverse fordern zum Lernen auf. Die enge Verbindung von Religion und Wissenschaft im Islam wird gerade durch diese Skulptur deutlich.

Das folgende Kapitel bietet in einem ersten Teil einen Abriss der Entstehungsgeschichte des Korans von den vorislamischen Wurzeln über die mündliche Tradition bis zur Verschriftlichung. Im zweiten Teil wird ein Einblick in die verschiedenen Formen und Inhalte gegeben, welche die Grundlage der islamischen Gesellschaft darstellen und u. a. die Rechtssprechung und das familiäre Zusammenleben regeln. Auch die Geschichte der muslimischen Koraninterpretation wird angesprochen. In einem dritten Teil werden vor allem die neueren westlichen Interpretationen dieser Entstehungsgeschichte und ihre kontroverse Debatte thematisiert.

2.1 Entstehungsgeschichte und Form
2.2 Inhalte und muslimische Interpretationen
2.3 Die westlichen Debatten um den Koran und seine Entstehung

2.1 Entstehungsgeschichte und Form

Nach muslimischer Tradition ist der Koran etwa zwischen 610 und dem Tod des Propheten Muhammad im Jahr 632 offenbart worden. Dies geschah in Form einer Verbalinspiration.

Der Engel Gabriel diktierte dem Propheten den Text der Offen-barung in einzelnen mehr oder weniger langen Abschnitten. Diese Diktate wurden dann von Rezitatoren der Gemeinde, die zum Got-tesdienst versammelt war, vorgetragen. Diese Rezitation (arabisch *Qur´ân*) wurde von den Zuhörern rasch aufgenommen und memo-riert. Im Vordergrund der Vermittlung des heiligen Textes steht also zunächst einmal die orale Tradition, die mündliche Weitergabe. Aber schon früh sollen einzelne Gläubige Textteile auch auf Palmblättern, Knochen und Steinen, Leder, Seidentüchern oder Pergamentstücken schriftlich fixiert haben.

Verbalinspiration

Nach der Hijra im Jahr 622, der Auswanderung von Mekka nach Medina, durch die sich die muslimische Gemeinde den Nachstellun-gen ihrer Gegner entzog, bestellte Muhammad nach muslimischer Überlieferung Schreiber, die die Offenbarungstexte notierten. Daher ergibt sich die Frage, ob Muhammad selbst in die Zusammenstellung der einzelnen Abschnitte des Korans eingegriffen hat und, sozusagen, an der Redaktion des Gesamttextes oder von Teilen beteiligt war.

Verschriftlichung

Wenn das der Fall war, hatte er hier sicher das entscheidende Wort. Der Überlieferung nach hat er den Schreibern Instruktionen über die Form der redaktionellen Arbeit erteilt und konkret angeordnet, wo neue Offenbarungen dem bisherigen Corpus hinzugefügt werden soll-ten. Nachdem bei militärischen Auseinandersetzungen nach dem Tod des Propheten Muhammad zahlreiche Muslime, die den Koran in sei-ner Gesamtheit auswendig kannten, zu Tode kamen, wurde schon un-ter dem Kalifen Abu Bakr (Regierungszeit 632–634) das Projekt fort-gesetzt, den Koran schriftlich zusammenzustellen. Dies geschah unter der Aufsicht von Zaid ibn Thâbit, dem wichtigsten Sekretär des Pro-pheten. Der Kalif Omar (Regierungszeit 634–644) erhielt dann die ers-te Gesamtfassung des Korans, die auf gleich große Blätter (arabisch *suhuf*) geschrieben war. Nach dessen Tod ging dieser Urkoran in den Besitz seiner Tochter Hafsa, einer der Frauen des Propheten über. Die-ser Text gilt als Ausgangspunkt der folgenden Koranausgaben.

Ordnung des Textes

Da es unter dem Kalifen Osman (Regierungszeit 644–656) zwi-schen Muslimen, die sich weit von Medina, wo noch viele Augen- und Ohrenzeugen der Offenbarung lebten, zum Streit um den ge-nauen Text des Korans kam, wurde vom Kalifen die Erarbeitung

Endgültige Form

einer endgültigen Koranfassung in Auftrag gegeben. Diese wurde wiederum von Zayd ibn Thâbit unternommen, der Unklarheiten des Urkorans, die durch fehlende diakritische Punkte und alternative Vokalisierungsmöglichkeiten entstanden waren, beseitigte. Osman ließ dann Exemplare dieser endgültigen Koranversion in die wichtigen Provinzhauptstädte Medina, Basra, Kufa und Damaskus bringen. Zugleich ordnete er an, dass alle übrigen vorhandenen schriftlichen Versionen des gesamten Korans oder von Teilen eingesammelt und dann vernichtet werden sollten. So wurde diese osmanische Version die alleingültige Ausgabe des Korans für die Muslime.

2.2 Inhalte und muslimische Interpretationen

Der gesamte Text des Korans ist in 114 einzelne Abschnitte, Suren (arabisch *sûra*) genannt, eingeteilt.

Formale Zusammenstellung

Alle Suren, haben eine Überschrift. Diese bezieht sich auf ein Wort in diesem Abschnitt und hat keine inhaltliche Funktion. Ferner wird mitgeteilt, ob die Sure in Mekka oder Medina offenbart wurde. Des Weiteren wird die Anzahl der Verse der Sure angegeben. Dem folgt eine stets gleich bleibende Einleitungsformel, die *Basmala*. Sie lautet: „Im Namen Gottes, des Barmherzigen, der Erbarmers." Sie gilt in der ersten Sure als Teil der Offenbarung und wir daher mitgezählt. In Sure 9 fehlt diese Einleitungsformel. Nach der Einleitungssure (arabisch *al-fâtiha*) werden die einzelnen Suren dann in abnehmender Länge aufeinander folgend angeordnet. Diese Strukturierung soll auf den Propheten Muhammad selbst zurückgehen. Kriterium für die Länge ist die Anzahl der einzelnen Verse (arabisch *âya*), nicht etwa die Anzahl der Worte oder einzelnen Buchstaben. Dennoch ist auch hier das Prinzip der Anordnung nach der Länge nicht konsequent angewendet worden.

Themen

Der Koran spricht eine Vielzahl von Themen an. Man kann sie in etwa unter den folgenden Überschriften subsumieren.

- Gott als Schöpfer
- Monotheismus
- Hierarchie und Engellehre
- Eschatologie
- Propheten
- Ordnung zum Alltagsleben / koranische Ethik
- Rituelle Vorschriften
- Gebete
- Historische Berichte

An erster Stelle stehen Aussagen über Gott, der der alleinige Schöpfer allen Seins ist. Weil er alles geschaffen hat, hat er Anspruch auf den Gehorsam seiner Geschöpfe.

Gott als alleiniger Schöpfer

Des Weiteren ist von geistigen Wesen die Rede, vor allem von Engeln, die als Überbringer der göttlichen Offenbarung beschrieben werden. Sie sorgen sich als Schutzengel auch um die einzelnen Menschen. Sie haben aber auch die Aufgabe, die guten und bösen Handlungen des Menschen zu protokollieren. In der von Gott gewollten Hierarchie stehen die Menschen über den Engeln, weil Gott diesen befahl vor Adam niederzufallen. Immer wieder ist auch vom Teufel (arabisch *iblîs* oder *shaytân*) die Rede, der mit der Erlaubnis Gottes versuchen kann, die Menschen zum Bösen zu verführen. Mit Gottes Hilfe kann sich der Mensch gegen die Verführungskünste des Teufels zur Wehr setzen. Die in diesem Kontext häufig angesprochene Frage der Willensfreiheit des Menschen lässt sich an Hand der Aussagen des Korans nicht endgültig beantworten und wurde zu einem Konfliktpunkt innerhalb der muslimischen Gelehrtenschaft bis auf den heutigen Tag. Schließlich ist im Koran auch von den Jinnen (arabisch *jinn*, Plural *junûn*) die Rede. Sie sind Wesen aus Feuer, die dem Menschen schaden können. Unter ihnen gibt es Gläubige und Ungläubige. Die Botschaft des Islams richtet sich auch an sie. Ihnen drohen die gleichen Strafen wie den Menschen und sie können auch auf die gleichen Belohnungen hoffen.

Angelogie

Dem folgen Aussagen zum Tag der Auferstehung und zum Jüngsten Gericht, also eschatologische (endzeitliche) Vorstellungen, die der vorislamischen arabischen Religion nicht bekannt waren. Am Ende der Zeiten werden alle Menschen wieder zum Leben erweckt und müssen vor Gott treten, der darüber entscheidet, ob die, die sich seinen Geboten unterworfen haben, in das Paradies gelangen und die, die gegen seine Gebote verstoßen haben, in das ewige Feuer der Hölle verbannt werden.

Eschatologie

Ein fünfter Themenkreis betrifft die Propheten, die Gott vor Muhammad den anderen Völkern, Juden und Christen, die hier als Nationen verstanden werden, aber auch historischen Völkern wie den Âd oder die Thamûd gesandt hat. Er unterscheidet zwischen zwei Arten von Propheten. Die ersten sind als Mahner zu den Völkern geschickt worden. Dies musste immer wieder geschehen, weil die Menschen in ihrer Schwäche und Vergesslichkeit auf den Weg zu Gott zurückgeführt werden müssen. Diese Männer werden als *nabî'* (Plural *anbiyâ*) bezeichnet. Die anderen Propheten haben den Menschen darüber hinaus eine göttliche Offenbarung gebracht, die in

Propheten

einem Buch aufgezeichnet sind. Diese werden als *rasûl* (Plural *rusul*) bezeichnet. Sie wurden in einem späteren Prozess als den anderen Propheten überlegen beschrieben. Der Koran akzeptiert die Lehren aller Propheten, die im Auftrag Gottes zu ihrer Zeit ihren Landsleuten gepredigt haben.

Jesus Als wichtigster Prophet vor Muhammad wird vom Koran Jesus (arabisch *Îsâ*) genannt, der auch als Wort Gottes (arabisch *kalimat allâh*) und Geist Gottes (arabisch *rûh Allâh*) bezeichnet wird. In den Suren, die in Medina geoffenbart wurden, wird er auch als Messias (arabisch *masîh*, der Gesalbte) bezeichnet. Die Übereinstimmungen der Beschreibung des Lebens Jesu im Koran und im Neuen Testament sind zahlreich. Dies gilt schon für seine Empfängnis: Maria empfing ihren Sohn durch einen göttlichen Schöpfungsakt oder durch das Einhauchen des Geistes. Es finden sich in diesem Zusammenhang aber auch einige bemerkenswerte Differenzen. So nimmt das Jesuskind seine Mutter gegen den Vorwurf der Verwandten in Schutz, sie habe ein uneheliches Kind geboren, indem es auf seine besondere Bestimmung hinweist: „Ich bin der Diener Gottes. Er ließ mir das Buch zukommen und machte mich zu einem Propheten" (Sure 19, 30). Der entscheidende Unterschied zu christlichen Vorstellungen ist, dass der Koran Jesus lediglich als Menschen sieht:

> „O, ihr Leute des Buches, übertreibt nicht in eurer Religion und sagt über Gott nur die Wahrheit. Der Messias, Jesus, der Sohn Marias, ist doch nur der Gesandte Gottes und sein Wort, das er zu Maria herüberbrachte, ein Geist von ihm." (Sure 4, 171)

Damit wird die Gottessohnschaft Jesu abgelehnt, der ausschließlich Mensch ist. Der Koran vertritt ferner die Ansicht, dass Jesus nicht am Kreuz gestorben ist:

> „Sie haben ihn aber nicht getötet, und sie haben ihn nicht gekreuzigt, sondern es erschien ihnen eine ihm ähnliche Gestalt [...]. Und sie haben ihn mit Gewissheit nicht getötet, sondern Gott hat ihn zu sich erhoben. Gott ist mächtig und weise." (Sure 4, 157)

Weitere Propheten Neben den im Alten und Neuen Testament genannten Propheten kennt der Koran auch noch einige weitere Prophetengestalten wie den Propheten Hud, der zum Volk der ´Ad gesandt wurde, den Propheten Sâlih, der dem Volk der Thamûd predigte und schließlich den Propheten Shu´aib, der zum Volk von Madyan kam. Ob diese Völker alle historisch nachweisbar sind, ist umstritten. Zumindest sind von den Thamûd epigrafische Hinterlassenschaften, also Inschriften, erhalten geblieben. Sie alle blieben mit ihrer Botschaft erfolglos, weil ihre Völker nicht auf sie hörten und dafür von Gott bestraft wurden.

Muhammad aber ist der letzte in einer langen Reihe von Gesandten Gottes, er ist das Siegel der Propheten. Seine Offenbarung ist die letzte Verlautbarung Gottes an die Menschheit. Er vollendet und vervollkommnet die göttliche Botschaft.

Einen weiteren wichtigen thematischen Bereich des Korans bilden Anweisungen zum gesellschaftlichen, politischen und rechtlichen Leben der Muslime. Allerdings machen diese Teile nur einen geringen Anteil am Gesamttext aus. Aus den gesellschaftlichen Normen, die der Koran aufstellt, ergibt sich eine konkrete koranische Ethik. So ruft der Koran zu einem friedfertigen und solidarischen Verhalten der Muslime untereinander, aber auch gegenüber den anderen Offenbarungsreligionen auf. Wahrhaftigkeit gegenüber jedermann wird den Gläubigen dringend empfohlen. Muslime sollen Barmherzigkeit gegenüber Armen, Kranken, Witwen und Waisen üben, dabei allerdings ein vernünftiges Maß nicht überschreiten. Das Verhältnis zu den Eltern wird ebenso angesprochen wie das zur Umwelt. Zusammengestellt werden diese Regeln in der Sure 17, 22–38.

Rechtliche Aussagen

Koranische Ethik

Ausführlicher geht der Koran auf das Verhältnis der Geschlechter ein. Das geschieht vor allem in der vierten Sure *Die Frauen*. Zunächst muss aus theologischer Sicht festgehalten werden, dass Männer und Frauen vor Gott gleich sind. Seine Gebote und Verbote gelten für beide Geschlechter. Im Alltag weist der Koran den Männern zum einen eine den Frauen allerdings überlegene Stellung zu:

Verhältnis von Mann und Frau

> „Die Männer haben Vollmacht und Verantwortung gegenüber den Frauen, weil Gott die einen vor den anderen bevorzugt hat und weil sie von ihrem Vermögen (für die Frauen) ausgeben. [...] Ermahnt diejenigen unter ihnen, von denen ihr Widerspenstigkeit befürchtet, und entfernt euch von ihnen in den Schlafgemächern und schlagt sie. Wenn sie euch gehorchen, dann wendet nichts weiter gegen sie an." (Sure 4, 34).

Zum Anderen ist es die Pflicht der Männer, für den Lebensunterhalt der Frauen und Kinder zu sorgen. Damit wird dann begründet, dass den Männern der doppelte Anteil am Erbe im Vergleich zu den Frauen zusteht. Die schwächere gesellschaftliche Position der Frau kommt auch im Zusammenhang mit dem Zeugnis vor Gericht zum Ausdruck. Der Koran verfügt, dass die Wertigkeit des Zeugnisses eines Mannes dem von zwei Frauen entspricht. (vgl. Suren 2, 282; 4, 11).

Auch die rituellen Vorschriften, die den Muslimen aufgegeben sind, werden im Koran angesprochen. Allerdings ist von ihnen in den meisten Fällen nur in einer allgemeineren Form die Rede. Die genaue Form der einzelnen Rituale ist erst später entstanden. Der Koran for-

Rituelle Vorschriften

muliert auch Anweisungen in Bezug auf das Strafrecht. Er bietet jedoch keinen vollständigen Strafrechtskatalog. Konkret angesprochen werden vier Straftatbestände: Der Abfall vom Islam in Sure 4, 89, die sich auf die „Heuchler", aber auch auf die Apostaten bezieht, die ungerechtfertigte Tötung eines Menschen in Sure 2, 178f., die Unzucht in Sure 24, 2f. und Diebstahl in Sure 5, 38. In den zivilrechtlichen Bereich gehören die Anweisungen des Korans zum Erbrecht (Sure 4, 11f.) und zum Ehe- bzw. Scheidungsrecht (Sure 4, 2f., 22–24). So stellt der Koran zur Frage der Polygynie fest:

> „Und wenn ihr fürchtet, gegenüber den Waisen nicht gerecht zu sein, dann heiratet, was euch an Frauen beliebt, zwei, drei und vier. Wenn ihr aber fürchtet, sie nicht gleich zu behandeln, dann nur eine, oder was eure rechte Hand (an Sklavinnen) besitzt. Das bewirkt eher, dass ihr euch vor Ungerechtigkeit bewahrt." (Sure 4, 3)

Auch die innerhalb verwandtschaftlicher Beziehungen erlaubten bzw. verbotenen Heiratsbeziehungen sind im Koran genau geregelt (→ KAPITEL 10.2).

Gebete Eine weitere Themengruppe des Korans stellen Gebete und gebetsähnliche Passagen dar. Hier ist zunächst die Eröffnungssure des Korans, die *Fâtiha*, zu nennen, die in ihrer praktischen und rituellen Bedeutung mit dem Vaterunser im Christentum verglichen werden kann. Daneben finden sich aber noch weitere Suren wie die Suren 113 und 114, die als Gebete zitiert werden, oder einzelne Verse wie der Thron-Vers (arabisch *ayat al-kursî*).

Historische Berichte Schließlich sind noch verschiedene historische Berichte zu nennen, die alle didaktischen Charakter haben. Aus ihnen erfährt man von historischen Völkern, die den zu ihnen gesandten Propheten nicht geglaubt haben und daher von Gott bestraft und vernichtet worden sind. In diesem Zusammenhang kann man auch die Josephs-Geschichte (Sure 12) stellen. Neben den Berichten aus dem Alten Testament werden zudem Erzählungen aus apokryphen (außerkanonischen) Evangelien wiedergegeben.

Bedeutung des Korans Aus muslimischer Sicht kann der Koran in keiner Weise zusammengefasst werden. Er ist für sie der Ausgangspunkt und der Urgrund ihres religiösen Lebens und daher von nicht zu überschätzender Bedeutung. Freilich ist der Text sprachlich wie inhaltlich nicht einfach. Es finden sich zahlreiche komplizierte syntaktische Konstruktionen, Worte, die auch einem arabischen Muttersprachler fremd sind, Anspielungen auf Unbekanntes oder auch widersprüchliche Formulierungen, die dem Leser oder Hörer nicht ohne Weiteres einleuchten. Aus dieser Problematik hat sich die muslimische Koranauslegung entwickelt, die sich bis heute als eine der zentralen gelehrten Formen der Auseinandersetzung mit dem Koran erhalten hat.

Die Methoden, mit denen der Koran interpretiert werden kann, lassen sich auf eine überschaubare Zahl von Techniken zurückführen. Dazu gehört, dass seltene oder schwer verständliche Worte durch bekanntere Ausdrücke oder Umschreibungen erläutert werden. Eine andere Methode ist die syntaktische Erläuterung. Im Arabischen kann das Subjekt eines Verbalsatzes im Verb selbst ausgedrückt werden, ohne dass, wie im Deutschen, ein Personalsubstantiv oder -pronomen hinzugefügt wird. Dadurch können Ungenauigkeiten entstehen, die die Kommentatoren durch die namentliche Nennung des handelnden Subjekts präzisieren. Ein Korantext kann des Weiteren durch die Hinzuziehung eines anderen Textes erläutert werden. Man kann hier von der Methode der Querreferenz sprechen. Zur Interpretation können aber auch Aussprüche des Propheten Muhammad (arabisch *hadîth*) herangezogen werden. Inzwischen haben moderne muslimische Koraninterpreten auch die Methoden der modernen westlichen Hermeneutik und der Kommunikationstheorie für ihren Umgang mit dem Koran entdeckt. Eine größere Faszination auf muslimische Leser üben aber sogenannte naturwissenschaftliche Korankommentare aus, in denen Ärzte, Geologen, Physiker, Mineralogen usw. den Koran auf Formulierungen durchforsten, die als Aussagen zu naturwissenschaftlichen Phänomenen gedeutet werden können. Diese Koraninterpretationen werden auch mit elektronischen Massenmedien verbreitet und lebhaft debattiert.

Methoden der Koraninterpretation

2.3 Die westlichen Debatten um den Koran und seine Entstehung

Schon im Mittelalter war den ersten abendländischen Gelehrten, die sich mit dem Islam auseinandersetzten, die Bedeutung des Korans für die Muslime bewusst geworden. Daher wandten sie sich diesem Text mit großem Interesse zu, übersetzten und kommentierten ihn. Dass sie dabei nicht mit besonderen Bemühungen um Objektivität ans Werk gingen, darf nicht erstaunen, waren doch die Muslime über Jahrhunderte die großen Gegenspieler der abendländischen Kultur. Niketas von Byzanz, ein christlicher Theologe des 9. Jahrhunderts, nennt sein Buch gegen den Koran *Widerlegung des von dem Araber Mohammed gefälschten Buches*, und im Vorwort der ersten Überset-

André du Ryer

zung des Korans in das Französische schreibt André du Ryer 1647: „Dieses Buch ist ein langer Vortrag Gottes, der Engel und Mohammeds, den dieser falsche Prophet auf allzu plumpe Weise erfunden hat." (du Ryer 1647, zitiert nach: Bobzin 1999, S. 14)

Voltaire

Voltaire kommentierte 1740 den Text mit den Worten: „ein unverständliches Buch, das auf jeder Seite den gesunden Menschenverstand erschauern lässt." (Voltaire 1740, zitiert nach: Bobzin 1999, S. 15) Immerhin hatte sich seine Einschätzung 13 Jahre später geändert:

„Der Koran ist nicht ein historisches Buch, mit dem man die Bücher der Hebräer oder unsere Evangelien hätte nachahmen wollen. Er ist auch nicht nur ein reines Gesetzbuch, wie das dritte und vierte Buch Mose, noch eine Sammlung von Psalmen und Liedern, noch eine prophetische oder allegorische Vision im Stil der Apokalypse; er ist vielmehr eine Mischung all dieser unterschiedlichen Gattungen, eine Ansammlung von Predigten, in denen man einige Tatsachen findet, einige Visionen, sowie Offenbarungen, religiöse und säkulare Rechtsvorschriften." (Voltaire 1753, zitiert nach Bobzin 1999, S. 15)

Goethe

Differenziert sah auch Goethe den Koran; er schrieb 1819:

„Der Stil des Korans ist seinem Inhalt und Zweck gemäß streng, groß, furchtbar, stellenweise wahrhaft erhaben; so treibt ein Keil den anderen, und darf sich über die große Wirksamkeit des Buches niemand verwundern. Weshalb es denn auch von den echten Verehrern für unerschaffen und mit Gott gleich ewig erklärt wurde." (Goethe 1994, S. 159)

Dennoch heißt es kaum zehn Jahre später in *Iris. Unterhaltungsblatt für Freunde des Schönen*, eine Zeitschrift, in der u. a. Clemens Brentano oder Ludwig Börne publizierten, über den Koran:

„Dieses Buch ist uns sehr wenig bekannt; und, man muss es sagen, gewöhnt an Regelmäßigkeit, an Zusammenhang in den Gedanken, können wir uns nicht in dieses verwirrte Chaos überspannter Einbildungskraft, riesenmäßger Fictionen und Kindereien, hochklingender und doch gehaltleerer, widersprechender Lehren und Lügenhafter Prophezeihungen finden." (Anonym 1828, S. 565)

Adam Möhler

Zwar hat schon der katholische Theologe Adam Möhler (1796–1838) die Eigenständigkeit des Korans erkannt. Er ging im Gegensatz zu manchem seiner Zunftgenossen davon aus, dass Muhammad kein Betrüger und falscher Prophet sei. Bei einer solchen Annahme, so Möhler weiter:

„[…] werde am unerklärlichsten […] die Entstehung des Korans sein, in welchem uns häufig eine ganz originelle Pietät, eine rührende Andacht und eine ganz eigentümliche religiöse Poesie entgegentritt. Dies kann unmöglich etwas Erkünsteltes und Erzwungenes sein, was doch müsste angenommen werden, wenn wir in Mohammed einen bloßen Betrüger finden wollten. […] Viele Millionen Menschen nähren und pflegen aus dem Koran ein achtungswertes, religiös sittliches Leben und man glaube nicht, dass sie aus einer leeren Quelle schöpfen." (Möhler 1836, zitiert nach Bobzin 1999, S. 17)

Diese literarischen, theologischen oder feuilletonistischen Einschätzungen des Korans werden durch die Debatten der westlichen Islamwissenschaften ergänzt und erweitert. Die Parallelen zum Alten und Neuen Testament haben schon im 19. Jahrhundert Gelehrte dazu bewegt, den Koran auf die Stellen zu untersuchen, bei denen sie einen jüdischen oder christlichen Ursprung vermuteten. Diese Werke standen zunächst unter der fragenden Überschrift: Was hat Muhammad aus dem Judentum und dem Christentum übernommen? Seit den 1970er-Jahren haben sich hier jedoch weitere, noch weit schwerwiegendere Anfragen an den Text ergeben.

In Deutschland war es vor allem Günther Lüling, der sich gegen die Fachwelt stellte, als er in seiner Habilitationsschrift *Über den Ur-Koran. Ansätze zur Rekonstruktion vorislamischer christlicher Strophenlieder im Koran* (1974) die These aufstellte, der Koran sei ursprünglich ein christliches Strophengedicht. Seine Wirkung blieb auf einen überschaubaren Anhängerkreis beschränkt.

Günther Lüling

Lebhaftere Debatten riefen Thesen einer britischen Wissenschaftlergruppe um John Wansbrough, Patricia Crone und Michael Cook hervor. Diese gehen von dem interessanten Ansatz aus, dass man sich nach außerislamischen Quellen für die Entstehung des Korans umsehen und die islamischen Quellen beiseite lassen müsse. Crone und Cook erläutern ihr Vorhaben in der Einleitung zu ihren Studien *Hagarism. The Making of the Islamic World* (1977). Die islamische Kultur habe sich erst im ersten Jahrtausend nach Christus formiert. Daher müsse man sich vor allem auf zeitgenössische außerislamische Quellen stützen, was eine radikal neue Methode sei. Die Entwicklung des Islams könne nur im Kontext der Spätantike verstanden werden. Weiter heißt es:

Patricia Crone,
Michael Cook

„Schließlich sind wir mit einer gewissen Unbekümmertheit daran gegangen, eine kohärente Architektonik von Ideen auf einem Gebiet zu errichten, für das die Wissenschaft noch nicht einmal die

Fundamente gelegt hat. [...] Der Bericht, den wir über die Ursprünge des Islams vorlegen, ist nicht von solcher Art, dass er von irgend einem gläubigen Muslim akzeptiert werden könnte; nicht weil er in einer bestimmten Weise die historische Rolle Muhammads verkleinern würde, sondern weil sie ihn in einer Rolle darstellt, die sich grundsätzlich von der unterscheidet, die ihm die islamische Tradition zuschreibt. Dies ist ein Buch von Ungläubigen für Ungläubige, und es stützt sich aus muslimischer Sicht in unakzeptabler Weise auf das Zeugnis ungläubiger Quellen." (Crone/Cook 1977, S. 2)

Nach den Vorstellungen von Crone und Cook ist der Islam in seiner frühesten Phase keine neue Religion, sondern eine jüdisch-arabische messianistische Bewegung zur Errichtung eines jüdischen Königreichs in Palästina. Der Prophet Muhammad verkündet seinen Anhängern das Kommen des Messias und die Befreiung von Jerusalem. Dieser Messias soll Omar sein, den die islamische Welt als zweiten Kalifen kennt. Dieser hat jedoch den Beinamen al-Farûq, der Erlöser, was auf seine eigentliche religionsgeschichtliche Bedeutung hinweise. Die Hijra der Muslime von Mekka nach Medina im Jahre 622 habe nicht stattgefunden, sondern weise vielmehr auf den Exodus des Volkes Israel in das Heiligen Land hin. Dies seien die Anfänge der jüdischen Heilserwartungsbewegung, die sich erst später zum Islam entwickelt hätten. Die Anhänger dieser Bewegung hätten auch nicht den Namen Muslime gehabt, sondern Muhajirun, also diejenigen, die in das Heilige Land ausgewandert seien.

Messiaserwartung

Mit den politischen wie militärischen Erfolgen sei dann aber die jüdisch-messianistische Ideologie zu Gunsten einer christlichen Ideologie in Vergessenheit geraten. Auch diese Volte habe nicht ausgereicht, weil die Eroberten und die Eroberer, beide Christen, sich nun nicht mehr ideologisch von einander unterschieden. Benötigt wurde eine neue, eine eigene Identität für die Eroberklasse. Diese sei durch einen genealogischen Rückschritt hin zu dem gemeinsamen Urvater von Judentum und Christentum, zu Abraham, entstanden. Auf dieser Basis habe Muhammad, dessen historische Existenz bezweifelt wird, zum Erneuerer und Reformer des Monotheismus werden können. Muhammad sei zum Siegel, eine fiktive Gestalt einer Reihe geworden, bestehend aus jüdischen Propheten und Jesus, der als letzter Verkünder der göttlichen Botschaft an die Menschheit auftrat. Erst am Ende dieses Prozesses stehe dann der Koran. Cook und Crone meinen, dass dies nicht vor dem Ende des 8. Jahrhunderts geschehen sei.

Islam und Christentum

Dazu heißt es bei Ewald Wagner:

„[…] auf Grund weniger außermuslimischer Zeugnisse von nur wenigen Zeilen Länge (Doctrina Jacobi, zwischen 634 und 640; Geheimnisse von R. Simon b. Yohay, um 750; Armenische Chronik des Sebeos, um 660; Jacob von Edesse, † 708; Abraham von Bet Hale; Briefwechsel zwische Omar II und Leo) wird die umfangreiche frühislamische Literatur einschließlich dem Koran als spätere Erfindung zur Verschleierung des wahren Ursprungs des Islams abgetan. Dieser entstand aus einem jüdischen Messianismus. […] Im Kontext des Buches klingt das alles einleuchtender als in einer Kurzanzeige. Aber trotzdem: Wie glaubwürdig sind beiläufige Bemerkungen in fremden Quellen über eine neuentstandene Religion? Und: Die islamischen Quellen bedürfen zweifellos der kritischen Betrachtung. Aber gerade weil sie dem kritischen Betrachter kein geschlossenes Bild liefern, sondern erst unter der Kritik ein glaubhaftes Bild des Frühislams enthüllen […], können sie nicht eine nachträgliche Erfindung zur Verbergung dessen sein, was die Verfasser glauben." (Wagner 1978, S. 411)

Kritik an Crone und Cook

Die Mehrzahl der Kritiken an den Thesen von Crone und Cook aus der westlichen islamwissenschaftlichen Perspektive wurde auch in umfangreicheren Rezensionen in ähnlicher Weise formuliert, je nach dem Temperament der Rezensenten mehr oder weniger scharf. Knapp 30 Jahre nach dem Erscheinen von *Hagarism* hat sich Patricia Crone noch einmal zu ihren Thesen geäußert und dabei Teile der Kritik akzeptiert. So hält sie es nun für möglich, dass Muhammad eine historisch nachweisbare Persönlichkeit sei; vor allem aber akzeptiert sie, dass für ein komplettes Bild der islamischen Frühzeit auch die muslimischen Quellen herangezogen werden müssten (vgl. Crone 2006).

John Wansbrough stellt sich in seinem Buch *Qur'anic Studies. Sources and Methods of Scriptural Interpretation* (1977) auf die Seite von Crone und Cook, setzt aber die Entstehungszeit des Korans noch später, nämlich im 9. Jahrhundert an.

John Wansbrough

Inzwischen gibt es eine weitere Kontroverse um den Koran, die von dem Buch *Die syro-aramäische Lesart des Korans. Ein Beitrag zur Entschlüsselung der Koransprache* (2000) von Christoph Luxenberg (Pseudonym) ausgeht. Ausgangsfeststellung des Autors ist die unbestrittene Tatsache, dass die ersten schriftlichen Korantexte kaum diakritische Punkte oder gar Vokalisationen aufwiesen. Da häufig nur der Rasm, also das arabische Schriftbild ohne diakritische Punkte, vorhanden ist, kann solch ein Text auf verschiedene, vielfältige Weise gelesen werden. Solch eine offene Lesung unternimmt der

Christoph Luxenberg

Autor, wobei er das Syrische als Zielsprache seiner Bemühungen um den arabischen Text benutzt, d. h. er manipuliert den gegebenen arabischen Text so lange, bis durch die Hinzufügung der entsprechenden diakritischen Punkte aus dem arabischen ein syrischer Text entstanden ist. Er hält diese Vorgehensweise für berechtigt:

> „Das Aramäisch war über ein Jahrtausend die *lingua franca* im gesamten vorderasiatischen Raum, bevor es vom Arabischen ab dem VII. Jahrhundert nach und nach verdrängt wurde." (Luxenberg 2000, S. 9)

Verschriftlichung Weiter sei der Koran entstanden zu einer Zeit, als es noch keine arabische Schriftsprache gegeben habe. Also müsse er zwangsläufig zunächst auf Aramäisch fixiert worden sein. Zur Geschichte der arabischen Schrift hatte Gerhard Endress aber bereits im *Grundriß der arabischen Philologie* festgestellt, dass die Basisformen dieser Schrift schon im 4. Jahrhundert entstanden seien (Fischer 1982, Bd. 1, S. 165–197). Sie wurden dann kalligrafisch weiter entwickelt, mit diakritischen Punkten versehen, aber in ihrem Grundbestand nicht mehr erweitert oder verändert. Die Kritik an den Thesen von Luxenberg wird auch an weiteren Punkten verdeutlicht.

Fragen und Anregungen

- In welcher Form und in welchem Zeitraum wurde der Koran offenbart?

- In welcher Form und in welchem Zeitraum wurde der Koran schriftlich fixiert?

- Was sind die wichtigsten Themen, die im Koran angesprochen werden?

- Erläutern sie die Argumentation von Günther Lüling zum Ur-Qur'an.

- Was sind die Hauptargumente von Cook and Crone zum ‚Hagarism'?

- Recherchieren Sie, welche Konsequenzen die Thesen von Christoph Luxenberg über den Koran in den deutschen Medien hatten.

Lektüreempfehlungen

- Adel-Theodor Khoury: Der Koran, Gütersloh 1987 u. a.

Quellen

- Rudi Paret: Der Koran, Stuttgart 1982.

- Friedrich Rückert: Der Koran [posthum 1888], hg. von Hartmut Bobzin, mit erklärenden Anmerkungen von Wolfdietrich Fischer, Würzburg 2001.

Koran-Teilübersetzungen

- Hartmut Bobzin: Der Koran. Eine Einführung, München 1999. *Kompakte Einführung mit allen notwendigen Fakten.*

Forschung

- Navid Kermani: Gott ist Schön. Zur Ästhetik des Korans, München 1999. *Nachvollziehbare Erklärung der Faszination, die für Muslime vom arabischen Text des Koran ausgeht.*

- Dorothea Krawulski: Eine Einführung in die Koranwissenschaften, Frankfurt a. M. 2006. *Kompetente Beschreibung der verschiedenen Herangehensweisen an den Koran aus muslimischer Sicht.*

- Angelika Neuwirth: Studien zur Komposition der mekkanischen Suren, Berlin 1981. *Annäherung an die älteren Suren des Korans mit einer strukturalistisch-literaturwissenschaftlichen Methode.*

- Theodor Nöldeke: Geschichte des Qorans, 2., bearbeitete Auflage, von Friedrich Schwally und Gotthelf Bergsträsser, Teil 1–3, Leipzig 1909–38. *Klassische, historisch-kritische Untersuchung des Koran-Textes.*

- John Wansbrough: Quranic Studies. Sources and Methods of Scriptural Interpretation, Oxford 1977. *Zusammenstellung revisionistischer Positionen zum Koran in einer Aufsatzsammlung.*

- Stefan Wild (Hg.): The Qur'an as Text, Leiden 1996. *Der Sammelband bietet neue Einsichten in die modernen Kontroversen zwischen muslimischen Korankommentatoren.*

3 Authentizität oder Fälschung –
Die Prophetentraditionen

Abbildung 3: Türkische Zierkachel mit der Inschrift *Wie Gott will*, Keramik (19. Jh.)

Nach dem Koran haben sich die Studenten des islamischen Rechts den Überlieferungen der Aussprüche des Propheten Muhammad zu widmen. Dies geschieht, indem sie die kanonischen Sammlungen der Traditionen durchgehen, die ‚Klassen' der Gewährsleute dieser Prophetenaussprüche kennenlernen und die Kriterien für deren Verlässlichkeit zur Kenntnis nehmen. Diese Prophetenaussprüche werden in kunstvoll gestalteten Inschriften als Zier für Räume genutzt und machen so dem Gläubigen die ständige Gegenwart Gottes bewusst.

Nach dem Koran spielen insbesondere die Prophetentraditionen und die durch sie überlieferten Texte eine wichtige Rolle für das Selbstverständnis der verschiedenen islamischen Konfessionen: insbesondere der Schiiten und der Sunniten (→ KAPITEL 5). Ihre Inhalte regeln das religiöse aber auch das private Leben der Gläubigen. Im folgenden Kapitel wird ihre unterschiedliche Bewertung in der islamischen Tradition thematisiert, zudem aber auch die wissenschaftliche Beschäftigung westlicher Gelehrter angesprochen, die sich den Texten mit der historisch-kritischen Methode näherten. Ferner geht es um die Geschichte und die Ergebnisse der Debatten der westlichen Orientalistik um die Echtheit dieser Quellen.

3.1 **Bedeutung und Inhalt**
3.2 **Sammlung und islamische Bewertung**
3.3 **Die schiitischen Imam-Traditionen**
3.4 **Die westlichen Debatten**

3.1 Bedeutung und Inhalt

Neben dem Koran stellen die Prophetentraditionen (arabisch *Hadîth*, Plural *Ahâdîth*) die wichtigste Quelle für die verschiedenen Aspekte des islamischen Lebens dar. Ihre Gesamtheit wird auch als Sunna be- Sunna zeichnet. Bei den Prophetentraditionen handelt es sich um die Zusammenstellung von überlieferten Aussprüchen und Verhaltensweisen des Propheten Muhammad, die nach seinem Tod gesammelt und zusammengestellt worden sind. Da es nach Überzeugung der Muslime Muhammads Aufgabe war, die göttliche Offenbarung zu verkünden und authentisch zu interpretieren, wird diesen Traditionen von den Muslimen ein hohes Maß an Autorität zuerkannt. Sie können sich

Kategorien	Unterkategorien und Inhalt		
I Glaube Wissen Pflichten	**Islam und Glaube**	**Wissen**	**Religiöse Grundpflichten**
	• Dogmatik	• Islamische Frühgeschichte • Über den Propheten und die Prophetengefährten	• Absicht und Aufrichtigkeit • Rituelle Reinheit • Pflichtgebet • Gesetzliche Abgabe (Zakāt) • Fasten • Wallfahrt
II Beziehungen Regierung Sitten	**Soziale Beziehungen**	**Regierungsform und Regierungspraxis**	**Sitten und Gewohnheiten**
	• Handel, Geschäftsbeziehungen, Landwirtschaft • Löhne, Vermächtnisse • Freilassung von Sklaven • Ehe und Scheidung	• Gesetzliche Strafen und Bußgelder • Regieren und Rechtsprechung	• Eide und Gelübde • Jagd und Schlachttiere • Essen und Trinken • Kleidung • Heilkunde
III Vorzüge Auslegung Einsatz	**Vorzüge**	**Auslegung des Korans (Tafsīr)**	**Einsatz**
	• Prophetische Sendung • Vorzüge bestimmter Personen • Vorzüge des Korans		• Einsatz für den Islam • Berichte über das Verhalten im Feldlager
IV Tugenden Gehörtes	**Tugenden**	**Gehörtes**	
	• Guter Umgang • Askese • Gebete	• Verführungen und Anzeichen der Stunde des Gerichts • Auferstehung, Paradies und Hölle	

Abbildung 4: Die Themen der Prophetentraditionen

dabei auf den Koran berufen, in dem in den Suren 7, 157 und 33, 21 die besondere Bedeutung Muhammads angesprochen wird (→ KAPITEL 2.2). Vor allem der Satz: „Und gehorchet Gott und seinem Gesandten." (Sure 3, 32; 8, 1, 46; 3, 32; 33, 33, 66, 71 u. a.) macht die Autorität und Vorbildfunktion Muhammads für die Muslime **Verbindlichkeit** deutlich. Nach islamischer Lehre sind aber nur die Aussprüche des Propheten, die sich auf die Führung der muslimischen Gemeinde und die Feststellung von Rechtsnormen beziehen, verbindlich und haben normativen Charakter. Berichte über sein persönliches Verhalten oder Einschätzungen der Lebenserfahrung werden dagegen nicht als bindend aufgefasst. Allerdings nehmen viele Muslime diese Äußerungen ernst. Sie bilden für sie eine Art Richtschnur für ihre Lebensführung. Die Traditionen lassen den Propheten in seiner Menschlichkeit erscheinen und geben einen tiefen Einblick auch in die Alltagssituation der frühen muslimischen Gemeinde. Sie stellen daher auch eine interessante kulturgeschichtliche Quelle dar.

Man kann die Themen, die in den Prophetentraditionen angesprochen werden, in vier große Gruppen mit verschiedenen Untergruppen einteilen (→ ABBILDUNG 4).

3.2 Sammlung und islamische Bewertung

Prophetentradition Da die Prophetentraditionen in den frühen innerislamischen politischen und dogmatischen Auseinandersetzungen immer stärker als Argument für die eine oder andere Position angeführt wurden, blieb es nicht aus, dass Prophetenüberlieferungen manipuliert, gefälscht oder komplett neu erfunden wurden. Auch manche frommen Prediger ersannen Prophetenaussprüche, um ihr Publikum zu beeindrucken. Dies blieb der muslimischen Gemeinschaft nicht verborgen. Es setze daher im dritten Jahrhundert der islamischen Zeitrechnung, also seit dem Ende des 8. Jahrhunderts christlicher Zeitrechnung, im heutigen Irak eine große wissenschaftliche Bewegung ein, die sich bemühte, die authentischen von den falschen Überlieferungen zu scheiden. Dabei hatte eine Gruppe von Gelehrten dafür plädiert, von inhaltlichen Kriterien auszugehen. Alle Traditionen, die mit dem Koran übereinstimmten oder die von Nutzen für die Gemeinde der Gläubigen sein könnten, sollten als echt angesehen werden. Besonders die mangelnde Übereinstimmung mit dem Koran wurde durchaus als annehmbares Unterscheidungs- und Ausschlusskriterium angesehen.

Aber schon unter quantitativen Gesichtspunkten hätte es nicht ausgereicht, die Traditionen in Bezug auf ihre Echtheit zu beurteilen, die sich nicht im Widerspruch zu Aussagen des Korans befinden. Man begann also, auch die Form der Überlieferung kritisch zu prüfen. Nun besteht jede Prophetentradition aus zwei Teilen, der Überliefererkette (arabisch *isnâd*) und der eigentlichen Mitteilung (arabisch *matn*).

Kriterien
für die Echtheit

Hadîth-Gelehrte begannen die jeweiligen Überliefererketten unter bestimmten Gesichtspunkten zu betrachten. Ein Isnâd besteht aus mindestens drei Personen, von denen bekannt ist, dass die älteste Person den Propheten persönlich gekannt haben muss, die zweite Person der Kette muss die erste Person gekannt haben und die dritte die zweite. Der erste, der zweite und der dritte Überlieferer müssen jeweils einer anderen Generation angehören. Wir haben es also mit drei aufeinander folgenden Generationen von Überlieferern zu tun. Als Beispiel sei hier der folgende Hadîth angeführt:

Form der Tradition

„Ibn Juraij sagte: ‚Abu l-Zubair berichtete uns, dass er Jâbir ibn Abdallah sagen hörte: Meine Tante mütterlicherseits war geschieden und wollte ihre Dattelpalmen pflegen. Ein Mann hinderte sie daran, (zu dem Palmengarten) zu gehen. Da kam sie zum Propheten – Gott erhalte ihn und schenke ihm Heil. Er sagte zu ihr: ‚Nein, pflege deine Palmen! Vielleicht kannst du (von den Datteln) Almosen geben oder Gutes tun.'" (zitiert nach: Motzki 2002, S. 210, Übersetzung des Verfassers)

Die einzelnen Überlieferer in dieser Traditionskette wurden auch noch auf ihr persönliches Verhalten, auf ihre Einsichtsfähigkeit und einige andere Kriterien überprüft. Ein Tradent musste sich in seinem Glauben und seinem Verhalten tadelsfrei gezeigt haben, vertrauenswürdig sein und in dieser Eigenschaft allgemein akzeptiert worden sein. Er musste auch gewährleisten, dass er die Überlieferung richtig verstanden und sie korrekt weitergegeben hatte. Im Übrigen sollte der Tradent oder die Tradentin mehr als eine Überlieferung weitergegeben haben. Entscheidend ist auch, dass der Isnâd lückenlos ist. Ausdrücklich musste gesagt werden, dass Muhammad eine bestimmte Formulierung wirklich von sich gegeben oder eine überlieferte Handlung wirklich vollzogen hatte. Handelte es sich um eine Überlieferung, in der das Schweigen des Propheten bezeugt wurde, muss auch dies ausdrücklich ausgesprochen werden. Inhaltlich wurde geprüft, ob die Überlieferung tatsächlich in die kulturelle Umgebung der islamischen Frühgemeinde passte.

Tradenten

Die Hadîth-Gelehrten stellten also einen Bewertungskatalog für die überprüften Traditionen auf. Ein zuverlässiger Hadîth wird bis

Bewertungskriterien

heute als *sahîh* (arabisch für: gesund) bezeichnet. Die zweite, weniger zuverlässige Überlieferung nennt man *hasan* (arabisch für: schön). Überlieferungen, deren Traditionskette oder Inhalt als problematisch angesehen wurde, nennt man *da'îf* (arabisch für: schwach). Im Lauf der Zeit entwickelten sich mehrere Hadîth-Sammlungen, die von der sunnitischen Gelehrsamkeit auf der einen und andere, die von der schiitischen Hadîth-Wissenschaft auf der anderen Seite als kanonisch betrachtet werden. Sie sind entweder in einzelnen Kapiteln nach inhaltlichen Gesichtspunkten oder nach dem Ordnungsprinzip der Überliefererkette zusammengestellt. Im zweiten Fall werden die einzelnen Isnâd-Ketten alphabetisch angeordnet. In diese kanonischen Sammlungen wurden nur Überlieferungen der Kategorie *sahîh* aufgenommen. Zwar wurden auch Traditionen der Kategorien *hasan* und sogar der Kategorie *da'îf* notiert, sie haben jedoch keine Autorität und werden eher aus antiquarischem Interesse erhalten.

Die Sammlung und Prüfung der Traditionen kann seit dem 10. Jahrhundert als abgeschlossen betrachtet werden. Es hatte sich eine Gruppe von fünf oder sechs Hadîth-Sammlungen herausgestellt, die einen allgemein akzeptierten Autoritätscharakter erhalten haben. Die muslimischen Autoritäten sind sich nicht bei allen Textsammlungen über deren Verbindlichkeit einig. Im Übrigen gibt es bis heute Kontroversen um einzelne Überlieferungen.

Überlieferer

So scheiden bis heute schiitische Gelehrte all die Traditionen aus, in deren Überliefererkette Aischa, die Lieblingsfrau des Propheten Muhammad genannt wird. Der Grund dafür ist, dass sich Aischa bei den Auseinandersetzungen um die Führungspositionen in der muslimischen Gemeinde nach dem Tod Muhammads im Jahr 632 vehement für die Partei ausgesprochen hatte, die ihren Vater, Abu Bakr, unterstützte, und sich gegen Ali, den Schwiegersohn des Propheten gewandt hatte. Sie wurde daher zu einer von den Schiiten äußerst kritisch betrachteten Person der islamischen Frühzeit (→ KAPITEL 5.1). Schiiten lehnen auch andere Überlieferer ab, die sich in den Auseinandersetzungen um die Leitung der muslimischen Gemeinde gegen Ali ausgesprochen hatten. Doch auch innerhalb der sunnitischen Gelehrtenschaft finden sich Einzelne, die z. B. grundsätzlich allen Prophetentraditionen Autorität absprechen, in deren Überliefererkette Frauen genannt werden. Damit werden auch Prophetenaussprüche, die von Aischa oder anderen Gattinnen Muhammads überliefert werden, in ihrer Authentie bestritten.

Das Interesse an den Aussprüchen des Propheten soll übrigens von dem frommen Umayyadenkalifen Umar ibn Abd al-Aziz (681–720) ausgegangen sein. Ihm ging es eher darum, die Worte des Propheten als fromme Erinnerung zu sammeln. Zweck ihrer Lektüre oder Rezitation war es, der Erbauung zu dienen. Als Rechtsquelle wurden sie zunächst nicht angesehen.

Zu den heute von der Mehrheit der Sunniten als echt und damit verbindlich anerkannten Hadîth-Sammlungen, die damit als kanonisch bezeichnet werden können, gehören u. a. die von al-Bukhârî (810–870), von al-Tirmidhî (815–892), al-Muslim (821–875), von Abû Dâwûd (817–888), Ibn Mâjâ (824–886), von al-Nasâî (830–915) und von Ahmad ibn Hanbal († 865). Insgesamt soll es sich um etwa 60 000 unterschiedliche Traditionen handeln, die auf den Propheten Muhammad zurückgeführt werden. Etliche werden in allen Sammlungen mit kleinen Variationen überliefert, sodass das quantitative Material noch sehr viel umfangreicher ist. Die Kanonisierung der tradierten Sammlungen hat dazu geführt, dass in den innerislamischen Debatten häufig die Überliefererketten ausgelassen werden und stattdessen der Namen des jeweiligen großen Hadîth-Sammlers genannt wird.

Kanonische Sammlungen

3.3 Die schiitischen Imam-Traditionen

Neben den Prophetentraditionen kennt die schiitische Religionsgelehrsamkeit auch noch die Überlieferung der Imame. Die Bedeutung dieser Traditionen ist darin begründet, dass schiitische Gläubige der Leitung durch einen lebendigen Imam für ihre Seligkeit bedürfen. Für die Zwölferschia, die zahlenmäßig größte schiitische Gruppe, trat nach dem Tod des 11. Imams und der Entrückung des 12. Imams, von dem die Schiiten glauben, dass er sich in der großen Verborgenheit (arabisch *ghayba*) befindet, aus der er als der sehnsüchtig erwartete Erlöser zurückkehren wird, ein Problem auf, das die sunnitische Mehrheit nach dem Tod des Propheten bewältigen musste. Da alle Imame nach schiitischer Überzeugung sündenlos sind, haben die über sie überlieferten Handlungen und Aussprüche einen Vorbildcharakter. Die Schia reagierte darauf analog dem Verhalten der Sunniten. Auch die Schiiten stellten nun Sammlungen von den Aussprüchen der Imame zusammen. Für sie stellte sich die Unterscheidung zwischen echten und gefälschten Überlieferungen aber insofern als einfacher heraus, als die Lehren und die Aussprüche der Imame vor allem seit dem 5. Imam, Mûsâ Qâzim († 799), im Bewusstsein der Bedeutung dieser Aussprüche mündlich überliefert und schriftlich festgehalten wurden. Es handelte sich bei der Erstellung

Überlieferung der Imame

der schiitischen Überlieferungen also eher um eine Herausgebertätigkeit.

Es begann eine Sammlungsaktivität über die Aussagen, Handlungen und stillschweigenden Billigungen der Imame, wobei es sich konkret vor allem um die des 5. und 6. Imam handelt. Auch westliche Forscher wie Paul Sander halten den überwiegenden Teil der Imam-Traditionen für authentisch. Dieser weist zugleich darauf hin, dass es sich um Selbstaussagen der Imame handelt:

„Es wird also allenfalls ein Anspruch formuliert [...]. Wenn man die Überlieferung unter diesem Gesichtspunkt betrachtet, dann zeigen sie nicht unbedingt souveräne Führer ihrer Gemeinde, sondern Imame, die um ihre führende Rolle kämpfen müssen. Wäre die charismatische Autorität der Imame unter ihren Anhängern kritiklos und unbedingt anerkannt gewesen, dann müssten die Traditionen uns gar nicht erst von Ermahnungen der Imame berichten, sich im Zweifelsfall doch unbedingt an sie zu wenden." (Sander 2005, S. 74)

Die Sammlungen entstanden spätesten zu Ende des 9. Jahrhunderts. Als für die Schiiten kanonische Sammlungen werden die von al-Kulainî (†940), Ibn Bâbawayh (auch: Ibn Bâbûya, †991), Hasan al-Tûsî (†1274), auf den zwei dieser Sammlungen zurückgehen, angesehen.

3.4 Die westlichen Debatten

Zum Ende des 19. Jahrhunderts entstand in der westlichen Islamwissenschaft eine Debatte um die Frage, ob es sich bei den kanonischen Traditionen um authentische Aussprüche des Propheten Muhammad handele.

Vor allem der ungarische Mitbegründer der modernen westlichen Islamwissenschaft, Ignaz Goldziher, untersuchte mit einer aus den Bibelwissenschaften bekannten historisch-kritischen Methode diese genuin islamische Textsorte. Bei dieser Methode werden u. a. die Text- und Redaktionsgeschichte wie die Form des Textes, die Begriffs- und Motivgeschichte und nicht zuletzt der politische und soziale Kontext der Gesellschaft, in der der Text entstanden ist, untersucht. Goldziher unterzog also die Hadîth-Sammlungen einer genauen Untersuchung, bei der er einzelne Überlieferungen miteinander verglich und versuchte, sie in einen politisch-historischen Kontext einzufügen. Er kam zu dem Ergebnis, dass die von den muslimischen Gelehrten als authentisch betrachteten Traditionen als jünger einzuschätzen sind. Sie seien erst nach

dem Tod des Propheten im Jahre 632 entstanden, und zwar teilweise
erheblich später. Dies begründete er u. a. mit der Feststellung, dass
zahlreiche Traditionen sich auf politische und militärische Auseinandersetzungen beziehen, die sich erst nach 632 ereignet haben. Er erklärt
diese Entwicklung damit, dass man die Lehrsätze nur mit der Autorität
des Propheten legitimieren könne. Zugleich sei diese nachträgliche
Zuschreibung kein Geheimnis gewesen. Muhammad selbst habe diese
Entwicklung vorausgesagt und gebilligt. Es heißt bei Goldziher:

> „Der Traditionsforscher ʿÂsim al nabîl (starb in Basra im Jahre
> 212 [828/829 christlicher Zeitrechnung] im Alter von 90 Jahren)
> sagt es rund heraus: ,Ich habe die Erfahrung gemacht, dass der
> Fromme hinsichtlich keiner anderen Sache zur Lüge mehr bereit
> bist, als hinsichtlich des Hadîth'; [...] Die Muhammedaner hatten
> im II. Jahrhundert [8./9. Jahrhundert christlicher Zeitrechnung]
> das volle Bewußtsein davon, dass die Anlehnung eines Spruchs an
> Muhammad bloß die Form für die Anerkennung seiner Berechti-
> gung darzustellen habe und daß unter den guten Hadithen vieles
> Falsche zu finden sei. Sie lassen diese Beobachtung durch den Pro-
> pheten selbst in einem Hadîth ausdrücken, welches diese Verhält-
> nisse in schlagender Weise zu charakterisieren geeignet ist. ,Nach
> meinem Hingange – sagt der Prophet – werden die mir beigeleg-
> ten Aussprüche sich vermehren, ebenso wie man auch den frühe-
> ren Propheten in großer Anzahl Aussprüche zugeschrieben hat.
> Was man euch nun als meinen Spruch mitteilt, daß müsst ihr mit
> dem Gottesbuch [Koran] vergleichen; was mit diesem im Einklang   **Der Koran**
> ist, das ist von mir, ob ich es auch wirklich gesagte habe oder   **als Maßstab**
> nicht.' Freier konnte man wohl nicht erklären, daß es nicht so
> sehr auf die wirkliche Authentie, als auf die religiöse Correctheit
> des Ausspruchs abgesehen ist, und daß man im Namen des Pro-
> pheten Sprüche und Lehren tradiren könne, die nie aus seinem
> Munde gekommen. ,Was zu guter Rede gesagt ist, das habe ich
> selbst gesagt' – so lässt man Muhammad diesen Grundsatz noch
> allgemeiner aussprechen." (Goldziher 1888, S. 47f.)

Die westliche Debatte um die Echtheit der Prophetentraditionen ging   **Zur Echtheit**
in der Folgezeit dann jeweils mit Auseinandersetzungen um die
Authentizität der Quellen zur frühislamischen Geschichte und zum
Leben des Propheten Muhammad einher. Diese halten bis auf den
heutigen Tag an. So fasst Marco Schöller zusammen:

> „Für die Rekonstruktion der islamischen Überlieferung bedeutet
> die aufgezeigte Entwicklung, daß wir zwar wichtige, oft ,unortho-
> doxe' Elemente der *Tafsîr*- und *Sîra*-Tradition aus den erhaltenen

Quellen herausarbeiten und die darauf einwirkenden Interessen der *Fiqh*-Gelehrten bloßlegen können, dass wir jedoch aufgrund dieser Elemente noch nicht in der Lage sind, Aussagen zu den historischen Abläufen im Hijaz des beginnenden 1./9. Jahrhunderts zu machen. Vielmehr haben wir damit nur die unterschiedlichen, heute zugänglichen Inhalte der Überlieferung, im Verbund mit den späteren Mechanismen ihrer Überarbeitung und Umformung ans Licht geholt. Das Verhältnis, das zwischen dem Inhalt der verschiedenen Traditionen und den tatsächlichen historischen Geschehnissen besteht, bleibt unbekannt." (Schöller 1998, S. 468) In dieser Position wurde der belgische Jesuit Lammens (1862–1937) durch den Rechtshistoriker Joseph Schacht (1902–69) unterstützt, der sich in seinen Werken zu den Ursprüngen des islamischen Rechts, z. B. in *Origins of Muhammadan Jurisprudence* (1950) ebenfalls mit seiner historisch-kritischen Methode mit den Prophetentraditionen auseinandersetzt.

Kritik daran, die Historizität der Hadîthe in ihrer Gesamtheit zu verwerfen, war von Carl Heinrich Becker wie von Theodor Nöldeke gekommen. Joseph Schacht nahm nun die Überlegungen Goldzihers wieder auf. Er hatte sich ausführlich mit der Entstehungsgeschichte des islamischen Rechts befasst und war dabei zu der Auffassung gekommen, dass Anwendung von Prophetentraditionen in den frühen islamischen Rechtsbüchern nicht besonders hervorgehoben oder ihnen keine herausragende Bedeutung zuerkannt wurde (→ **KAPITEL 1**). Daraus ergab sich für ihn die Frage, ob es überhaupt einen authentischen Kern an Informationen, die auf den Propheten zurückgingen, gäbe. Die Debatte wandte sich dann einem anderen Feld zu. Durch die Festlegung des Übergangs von der Mündlichkeit der Prophetentraditionen zu deren schriftlicher Fixierung hofften vor allem jüngere westliche Islamwissenschaftler, zu einer historischen Versicherung der Echtheit der Traditionen zu gelangen.

Die bedeutende Papyrusforscherin Nabia Abbot (1896–1981) setzt die Verschriftlichung zum Ende des ersten Jahrhunderts der islamischen Zeitrechnung, also in den ersten Jahrzehnten des 8. Jahrhunderts christlicher Zeitrechnung an. Noch weiter zurück geht der in Frankfurt am Main lebende Fachmann für frühe arabisch-islamische Literatur Fuat Sezgin, der in seiner umfangreichen Darstellung der arabischen Literaturgeschichte *Geschichte des arabischen Schrifttums* (erschienen ab 1967) die Auffassung vertritt, dass die Aussprüche des Propheten schon zu dessen Lebzeiten schriftlich festgehalten wurden. Gregor Schoeler hat diese Thematik dann Ende der

Joseph Schacht

Nabia Abbott

1990er-Jahre noch einmal in seinem Buch *Charakter und Authentie der muslimischen Überlieferung über das Leben Mohammeds* (1996) aufgenommen. Auch Harald Motzki macht in seinen Forschungen zur Frühgeschichte des islamischen Rechts, z. B. in *The Origins of Islamic Jurisprudence* (2002), deutlich, dass die Feststellungen von Joseph Schacht über die mangelnde Echtheit der frühislamischen Rechtsquellen noch einmal kritisch betrachtet werden müssen. Motzki kommt ebenfalls zu dem Ergebnis, dass die frühen Quellen ein hohes Maß an Authentizität haben und älter sind, als die früheren Betrachter gemeint haben. Gautier H. A. Juynboll gewinnt in seiner ausführlichen Untersuchung aber schließlich die Erkenntnis, dass es wohl keine Methode gibt oder geben kann, die echte und nicht echte Prophetentraditionen voneinander unterscheiden könnte:

> „Es ist sicher unwahrscheinlich, dass wir jemals eine auch nur ansatzweise erfolgreiche Methode finden werden, mit der wir mit unwiderlegbarer Sicherheit in der Lage sind, die Historizität der Zuschreibung einer Aussage zum Propheten nachzuweisen, von wenigen einzelnen Fällen abgesehen." (Juynboll 1983, S. 71, Übersetzung des Verfassers)

So ein überzeugender Versuch, eine Überlieferung in das erste Jahrhundert islamischer Zeitrechnung (7. Jahrhundert christlicher Zeitrechnung), wenn nicht gar in die Lebenszeit des Propheten zu datieren, ist von Harald Motzki unternommen worden. Er schreibt:

> „Die ganze Theorie einer ursprünglich anonymen *lebendigen Tradition*, die retroaktiv zurückreproduziert wurde zunächst auf die Nachfolger [die zweite Generation nach den Prophetengenossen], dann auf die *Sahâba* [Prophetengenossen] und schließlich auf den Propheten selbst, ist ein Konstrukt, der in dieser Form nicht aufrecht erhalten werden kann. Selbstverständlich hat es zahlreiche Projektionen von Meinungen auf den Propheten und die *sahâba* gegeben. Aber dies ist ein Phänomen, das erst ziemlich spät einsetzte [...]." (Motzki 2002, S. 296, Übersetzung des Verfassers)

Mögen auch diese Untersuchungen trotz allen darin aufgebrachten Geistes und Fleißes den Bereich der historisch-kritischen Methoden im Grunde noch nicht verlassen haben, so führt der Göttinger Islamwissenschaftler Tilman Nagel auf eine neue, andere kognitive Ebene. Er meint, dass es müßig sei, der Echtheit des Hadîth nachzugehen. Er sei schlicht als eine der koranischen Heilsbotschaft verwandte Literaturgattung aufzufassen, die eine Besonderheit des Islams darstellt. Neben der Einführung der Gebetsrichtung nach Mekka, die die Gläubigen überall auf der Welt auf ein gemeinsames Zentrum hin ausrich-

Harald Motzki

Tilman Nagel

tet, war die Entstehung des Hadîth einer der Gründe für die weltgeschichtliche Bedeutung des Islams.

„[…] in ihm erfährt die göttliche Rechtsleitung, die Muhammad in Medina für sich beanspruchte – nicht zuletzt gegen die ganz andere Auffassung der Juden von der Prophetenschaft – ihre Ablösung von der Person des in seiner Gemeinde Wirkenden und eröffnet den Weg zu einer nach muslimischen *âdâb* [Verhaltensnormen] gestalteten Gemeinschaft […] Der Islamwissenschaft, speziell der *hadîth*-Forschung, stellt sich daher die dringliche Aufgabe, Wesen und Funktion des *hadîth* in dem skizzierten Zusammenhang zu ermitteln. Diese nicht einfache Aufgabe […] führt meines Erachtens zu wesentlichen Erkenntnissen über die islamische Kultur und wird auch die Erfassung der religiösen Eigenart ihres Fundaments ermöglichen, das der zeitgenössischen Forschung trotz oder wegen aller Themenvielfalt aus dem Blick geraten ist." (Nagel 2002, S. 87)

Fragen und Anregungen

• Welche Bedeutung haben die Überliefererketten für die Echtheit der Prophetentraditionen aus islamischer Sicht?

• Was sind die Unterschiede zwischen sunnitischen und schiitischen Hadîthen?

• Welches sind die wichtigsten Hadîth-Sammlungen?

• Erläutern Sie, wie sich die Einschätzungen von Joseph Schacht und Harald Motzki in Bezug auf die Authentizität der sunnitischen Prophetentraditionen unterscheiden?

Lektüreempfehlungen

• Erik Dickinson: The Development of Early Sunnite Hadîth Criticism, Leiden 2001. *Untersuchung am Beispiel von Ibn Abî Hâtim al-Râzî, einem Gelehrten, der kurz nach der Kanonisierung der Hadîth-Sammlungen lebte, wie innerhalb der muslimischen Gelehrtenschaft ein kritisches Nachdenken über die Verwendung von Prophetentraditionen entstand und welche Gefahren sie wegen des Streits um die Hadîth-Literatur für die Einheit der islamischen Welt befürchtete.*

- Claude Gilliot / Tilman Nagel (Hg.): Das Propheten*hadîth*. Dimensionen einer islamischen Literaturgattung, Göttingen 2005. *In diesem Sammelband verschiedener Autoren werden die unterschiedlichsten Aspekte der aktuellen Hadîth-Forschung von der philologischen Bedeutung des Wortes „hadîth" über Einzelaspekte wie den Teufel im Hadîth bis zur Bedeutung des Hadîth für die islamische Mystik untersucht.*

- Ignaz Goldziher: Muhammedanische Studien II, Halle 1888. *Bedeutendste Schrift des ungarischen Vaters der Islamwissenschaft. Während der erste Band die Zusammenstellung verschiedener Einzeluntersuchungen zu verschiedenen kulturgeschichtlichen Themen darstellt, analysiert Goldziher im zweiten Band die Prophetentraditionen und gab damit den Anstoß zu einer bis in die Gegenwart andauernden Debatte.*

- Gautier H. A. Juynboll: Muslim Traditions. Studies in Chronology, Provenance and Authorship of early Hadîth, Cambridge 1983. *Beschreibung der historischen Entwicklung der Prophetentraditionen und zeitliche Einordnung in das Ende des ersten islamischen Jahrhunderts, also das frühe achte Jahrhundert christlicher Zeitrechnung.*

- Gregor Schoeler: Charakter und Authentie der muslimischen Überlieferung über das Leben Muhammads, Berlin 1996. *Komplexe Studie über einige wenige Prophetenüberlieferungen, die diese sehr weit in die islamische Frühzeit zurückverfolgen kann.*

4 Das islamische Recht in Geschichte und Gegenwart

Abbildung 5: Marokkanische Gerichtssekretärin an der Schreibmaschine (1970er-Jahre)

Marokko ist eines der Länder, in denen verschiedene Rechtssysteme nebeneinander existieren. In großen Rechtsgebieten wie dem Personalrecht können die Rechtsuchenden z. B. entscheiden, ob sie nach islamischem oder säkularem Recht ein Urteil erhalten. Von dieser Entscheidung ist auch das rechtliche Prozedere abhängig. Richter und ihre Helfer sind nicht selten in beiden Rechtsformen bewandert und wechseln nur die Lokalität, in der die Verhandlung stattfindet. Auch Frauen können sich an diese Gerichte wenden. Allerdings bedarf die Anrufung eines Gerichts einer schriftlichen Eingabe. Für des Lesens und Schreibens Unkundige steht dafür ein professioneller Schreiber zur Verfügung.

Die unterschiedlichen Quellen des islamischen Rechtes bestehen aus dem Koran, dem Hadîth und dem Konsens, die sich teilweise ergänzen, aber auch teilweise widersprechen. Ihre Rolle wird von den unterschiedlichen Konfessionen jeweils unterschiedlich bewertet, was sich aus der uneinheitlich bemessenen Bedeutung der Rechtsgelehrten erklärt. Daraus folgt die Existenz verschiedener Rechtssysteme, die auch nebeneinander im gleichen Staat existieren können. Die Debatte um die Entstehung des islamischen Rechtes verdeutlicht letztlich die hohe Autorität, die das islamische Recht unter den Gläubigen genießt.

4.1 **Quellen der Rechtsprechung**
4.2 **Bedeutung und Funktion der Rechtsgelehrten**
4.3 **Parallelität verschiedener Rechtssysteme**
4.4 **Die Debatte um die Entstehung des islamischen Rechts**

4.1 Quellen der Rechtsprechung

Die auf verschiedenen gesellschaftlichen Ebenen innerhalb und außerhalb der islamischen Welt geführten Debatten um das islamische Recht drehen sich vornehmlich um die Frage, wie sehr dieses Recht auf die juristischen Systeme der jeweiligen Staaten Einfluss nehmen soll. Die Islamizität eines Staates wird im Positiven wie im Negativen von der Bedeutung des islamischen Rechts abhängig gemacht. Diese Einschätzungen werden von den Vertretern radikal-islamischer Vorstellungen ebenso vorgenommen wie von westlichen politischen Akteuren. Dabei wird häufig nicht weiter definiert, worum es sich beim islamischen Recht eigentlich handelt. Da werden Begriffe wie Scharia, Fiqh und Sunna verwendet, traditionelle nichtislamische Rechtsformen und -praktiken werden islamisiert, eindeutige Regelungen des islamischen Rechts werden dagegen ignoriert oder missachtet. Das darf insofern nicht erstaunen, als das islamische Recht auf eine besondere Tradition zurückblicken kann, die fast so alt ist wie der Islam selbst. Rechtsreformen hat es in dieser Zeit kaum gegeben, vielmehr erweiterte sich das Material, auf dessen Grundlage sich das islamische Recht entwickelt, immer weiter, nahm je nach der Region lokale und regionale Formen der Rechtssprechung auf und hat inzwischen eine nicht mehr überschaubare Komplexität.

Staat und Religion

Die islamische Jurisprudenz (arabisch *fiqh*) im sunnitischen wie schiitischen Islam beruht auf verschiedenen Rechtsquellen, die hierarchisch strukturiert sind. Die wichtigste Rechtsquelle ist selbstverständlich der Koran. In diesem finden sich rechtliche Festlegungen zu verschiedenen Bereichen des öffentlichen wie des privaten Lebens. Problematisch ist dabei, dass sich einige dieser Festlegungen widersprechen oder zu widersprechen scheinen.

Fiqh

Rechtsquelle Koran

Dies lässt sich z. B. am Beispiel des Weinverbots dokumentieren. Dort heißt es zunächst:

> „Und wir gaben euch von den Früchten der Palmen und der Weinstöcke, woraus ihr euch ein Rauschgetränk und einen schönen Unterhalt nehmt. Darin ist ein Zeichen für die Leute, die verständig sind." (Sure 16, 67)

In Sure 4, 43 werden die Gläubigen aufgefordert, nicht betrunken zum Gebet zu kommen. Dann heißt es schließlich:

> „O ihr, die ihr glaubt, der Wein, das Glücksspiel, die Opfersteine und die Lospfeile seien ein Gräuel von Satans Werk, meidet es, auf dass es euch wohl ergehe. Der Satan will ja durch Wein und

Glücksspiel Feindschaft und Hass zwischen euch erregen und euch vom Gedenken Gottes und vom Gebet abbringen. Werdet ihr nun wohl aufhören?" (Sure 5, 90f.)

Die Korankommentatoren erklären diese Diskrepanz im Text mit einem didaktischen Prinzip. Die barbarischen vorislamischen Araber konnten nur schrittweise von ihren Praktiken abgebracht werden. Wäre das Weinverbot unvermittelt offenbart worden, hätte es die Abneigung gegen den Islam verstärkt. Daraus ergab sich für die islamische Rechtsgelehrsamkeit, dass es zwei Arten von rechtlichen Bestimmungen im Koran geben muss. Die erste wird als definitiv (arabisch *hâsim*) bezeichnet. Diese Festlegungen sind nicht interpretierbar. Als Beispiel gelten verschiedene strafrechtliche Bestimmungen oder die erbrechtlichen Regelungen. Andere Regelungen werden als präsumtiv (arabisch *zanni*) bezeichnet. So lässt die in Sure 5, 38 angeordnete Bestrafung des Diebstahls durch die Amputation der Hand offen, ob es sich um die linke oder die rechte Hand handelt und an welcher Stelle des Arms diese erfolgen soll, am Handgelenk, bis zum Ellbogen oder bis zur Schulter. Hier besteht also ein rechtlicher Spielraum.

Gemeinhin werden bei den rechtlichen Bestimmungen des Korans des Weiteren allgemeine und spezielle Bestimmungen unterschieden. Dabei übersteigt die Zahl der allgemeinen Regelungen die speziellen um ein Mehrfaches. Spezielle rechtliche Festlegungen finden sich vor allem in den Vorschriften zu den Glaubenspflichten, im Bereich des Personalstatus und im Erbrecht. Bei den rechtsrelevanten Äußerungen des Korans wird ferner unterschieden zwischen den Regelungen, die das Verhältnis des Menschen zu Gott ordnen, und denen, die die Beziehungen der Menschen untereinander bestimmen. Bei letzteren werden von den muslimischen Rechtstheoretikern sieben Gegenstandsgruppen unterschieden. Nach ihrem Umfang gelistet ergibt sich folgende Ordnung:

- Personalstatut
- Zivilrechtliche Bestimmungen
- Strafrecht
- Prozessrecht
- Völkerrecht
- Staats- und Verfassungsrecht
- Wirtschafts- und Finanzrecht.

Problematisch aus der Sicht der Gelehrten ist die Tatsache, dass einzelne Aussagen des Korans von eben diesem wieder zurückgenommen bzw. eingeschränkt worden sind. Es herrscht jedoch über die Stellen, die aufgehoben werden, keine Einigkeit.

Didaktisches Prinzip

Allgemeine und spezielle Bestimmungen

Rechtliche Inhalte

Die in der Hierarchie der Rechtsquellen auf den Koran folgende ist das Vorbild des Propheten Muhammad, wie es in den Hadîth-Sammlungen dokumentiert wird.

Allerdings finden sich einige muslimische Gelehrte, die sich gegen die Nutzung der Aussprüche des Propheten als Rechtsquelle gewandt haben und dies mit dem Koran selbst, z. B. Sure 6, 38 begründen: „Wir haben im Buch nichts übergangen." Dennoch hält eine Mehrheit von Gelehrten dafür, dass die Prophetentraditionen eine wichtige Ergänzung und Erläuterung der rechtlichen Bestimmungen des Korans darstellen. Sie bestätigen, verdeutlichen und begründen seine Regelungen, wo das erforderlich ist oder erforderlich erscheint. Den Gelehrten des islamischen Rechts ist aber bewusst, dass sich verschiedene der überlieferten und als echt anerkannten Äußerungen des Propheten widersprechen. In diesen Fällen kann daher über eine Aufhebung der Festlegungen nachgedacht werden. Darüber aber, welche die andere aufhebt, herrscht keine Übereinstimmung. In einigen wenigen Fällen meinen die Gelehrten erstaunlicher Weise, dass eine Prophetentradition eine Festlegung des Korans aufheben kann.

Rechtsquelle Hadîth

„Die Gelehrten einigten sich darauf, dass die Abrogation von Koran durch Sunna vom Verstand her möglich ist, aber sie waren unterschiedlicher Meinung darüber, ob sie mit Blick auf das Offenbarungsrecht (shar'an) stattfand. Da gelangte die Allgemeinheit zu der Auffassung, dass jenes möglich ist und stattfand." (zitiert nach: Krawietz 2002, S. 166)

Für das schiitische Recht werden die beiden Rechtsquellen Koran und Prophetentraditionen noch durch die Überlieferungen der Aussprüche der Imame ergänzt.

Neben diesen primären Rechtsquellen hat das islamische Recht sekundäre Rechtsquellen entwickelt. Hier ist zunächst der Konsens (arabisch *ijmâ'*) zu nennen. Die Mehrzahl der Gelehrten versteht darunter die Übereinstimmung in einer rechtlichen oder dogmatischen Frage innerhalb der gesellschaftlichen Gruppe der Gelehrten einer Konfession oder einer Rechtsschule und nicht etwa der muslimischen Gemeinschaft in ihrer Gesamtheit. Die Definition derer, die an diesen Entscheidungsprozessen teilnehmen dürfen, ist jedoch nicht präzise. Wie oft in Fragen des Rechts, des Ritus oder des Dogmas wird zunächst eine negative Auswahl getroffen. Zu den nicht zur Teilnahme am Konsens Befugten gehören Kinder, Geisteskranke, Tote oder noch nicht Geborene. Juristische Laien werden ebenfalls ausgeschlossen. Umgekehrt kann das Recht zur Beteiligung am Ijmâ' durch die Absolvierung einer entsprechenden Ausbildung erworben werden. Bei

Rechtsquelle Konsens

den entsprechend Gebildeten besteht geradezu die Notwendigkeit, diese am Entscheidungsprozess durch Ijmâ' zu beteiligen. Früher kam auch noch ein regionales Prinzip hinzu, nach dem der Ijmâ' rechtlich verbindlich war, wenn die Gelehrten einer Region sich auf eine bestimmte Meinung verständigt hatten. Begründet wird die Valenz des Ijmâ' u. a. mit dem Koranvers:

> „Ihr seid die beste Gemeinschaft, die je unter den Menschen hervorgebracht worden ist. Ihr gebietet das Rechte und verbietet das Verwerfliche und glaubt an Gott." (Sure 3, 110)

Nach einer Prophetentradition soll Muhammad festgestellt haben, dass seine Gemeinde in ihrer Gesamtheit in einer wichtigen Sache nicht in die Irre gehen werde. Drohe dies, werde gewiss jemand auftreten, der diese Verirrung anprangern und damit den Konsens verhindern werde (vgl. Krawietz 2002, S. 184).

Formen des Konsens

Umstritten ist unter den Gelehrten auch, in welcher Form der Konsens hergestellt werden müsse. Eine Mehrheit ist der Meinung, dass die Zustimmung zu einer zunächst nicht geklärten Problematik schriftlich oder mündlich, also ausdrücklich und daher letztendlich dokumentierbar, zu erfolgen habe. Auch ein entsprechendes Handeln durch einen Gelehrten kann als Form der Zustimmung gewertet werden. Stillschweigen wird nur von wenigen Gelehrten als Form der Zustimmung gewertet.

Regionalisierungen

Gerade die Regionalisierung des Ijmâ' brachte mit der Verbesserung der Kommunikation zwischen den verschiedenen Teilen der islamischen Welt Probleme für den Ijmâ' mit sich. Auf dem Konsens beruhende Vorschriften des islamischen Rechts konnten in verschiedenen Regionen durchaus unterschiedlich ausfallen. Solche kontroversen Stellungnahmen waren geeignet, die Autorität der Gelehrtenschaft infrage zu stellen, wenn diese Differenzen einer breiteren Schicht von Gläubigen bekannt und in ihren Konsequenzen bewusst wurden.

Akademie für islamisches Recht

Daher ist in den 1980er-Jahren durch die Islamische Weltliga eine Akademie für islamisches Recht (Fiqh) eingerichtet worden, in der auf regelmäßigen Treffen muslimische Rechtsgelehrte unter Assistenz von Akademikern aus den verschiedensten Bereichen der modernen Wissenschaften über die Billigung oder das Verbot der zahlreichen Erfindungen und Entdeckungen in den Bereichen, Medizin, Technologie, Wirtschaft und Kultur debattieren und ihre Beurteilungen dieser Phänomene abgeben. Diese Entscheidungen werden mit allen Möglichkeiten der modernen Kommunikationstechnologie in der islamischen Welt verbreitet. Wie weit sie dann von den Gläubigen tatsächlich akzeptiert werden, bleibt zu untersuchen.

Eine weitere sekundäre Rechtsquelle ist der Analogieschluss (arabisch *qiyâs*). Dabei werden rechtliche Festlegungen getroffen, bei denen vergleichbare Vorgaben aus dem Koran oder den Prophetentraditionen herangezogen werden. Auch Regelungen, die auf Konsens beruhen, können für den Analogieschluss verwendet werden. Natürlich finden sich Koran- und Hadîth-Zitate, die zur Rechtfertigung dieser Rechtsquelle herangezogen werden. Bemerkenswert ist aber, dass vor allem rationale Argumente herangezogen werden. Die islamische Rechtsgelehrsamkeit stellt in diesem Zusammenhang fest, dass die auf der Basis von Koran, Hadîth und Konsens festgelegten rechtlichen Bestimmungen endlich sind, dass aber die möglichen Rechtsfälle in ihrer Gesamtheit wahrscheinlich eine unendliche Zahl aufweisen. Daraus ergibt sich die folgende Schlussfolgerung: Endliches vermag nur dann Unendliches zu regeln, wenn man die vorhandenen Regelungen versteht und sie auf neue Sachverhalte anwendet, also Analogieschluss betreibt. Unter theologischen Gesichtspunkten kann man so argumentieren:

> „Gott führte Gesetze nur auf Grund allgemeinen Interesses oder des Allgemeinwohls (maslaha) ein. Wenn ein im Koran geregelter Sachverhalt und ein nicht erwähnter ähnlicher Sachverhalt zur Entscheidung anstehen, ist es ein Gebot der Weisheit und der Gerechtigkeit, diese gleich zu behandeln." (Krawietz 2002, S. 212)

Häufig werden damit die islamischen Rechtsquellen abgeschlossen. Es ist aber darauf hinzuweisen, dass vom Beginn der islamischen Rechtsgeschichte an noch weitere Kriterien für die Rechtsfindung genannt werden.

Hier ist vor allem der gesunde Menschverstand (arabisch *´aql*) zu nennen. Als Beispiel für diese Form der Argumentation mag dazu der folgende Fall aus dem Bereich der rituellen Reinheit dienen: Wenn nach anderen Quellen, also dem Koran, den Prophetentraditionen oder dem Konsens der Gelehrten festgestellt wird, dass der Speichel eines Hundes als rituell unrein zu betrachten ist, dann kann auch der Urin eines Hundes nicht als rituell rein betrachtet werden, auch wenn es weder im Koran, den Prophetentraditionen noch im Konsens der Gelehrten eine entsprechende Feststellung gibt. Nach der aktuellen Einschätzung westlicher Wissenschaftler handelt es sich hier um die älteste Methode der islamischen Rechtsschöpfung.

Für die rechtlichen Entscheidungen eine Rolle spielt auch das Konzept des Gutdünkens (arabisch *istihsân*) eine Rolle. Ferner wird immer wieder das Gewohnheitsrecht, also die rechtlichen Traditionen der vorislamischen Zeit, als Entscheidungskriterium einer rechtlichen Entscheidung beigezogen.

Analogieschluss

Gesunder Menschenverstand

Gutdünken

Gemeinwohl

Die islamische Rechtsgelehrsamkeit macht immer wieder deutlich, dass das Ziel des rechtlichen Handelns die Erkennung und Durchsetzung regelmäßiger, schützenswerter Interessen oder des Gemeinwohls ist. Zwar können die Menschen die Prinzipien des Allgemeinwohls mithilfe des Verstandes durchaus erkennen. Diese Erkenntnis ist allerdings durch die menschliche Begrenzung des Wissens und der Erkenntnis nicht immer gegeben:

> „Die Interessen des Menschen im Leben sind zahlreich und unterschiedlich; denn sie befinden sich nicht im Gleichklang, sondern sind verschiedenartig und untereinander widerstrebend, einige davon sind feststehend und ändern sich nicht, während andere hinzukommen und nicht von dauerhafter Natur sind." (Krawietz 2002, S. 226)

Diese persönlichen Interessen führen dann dazu, dass der einzelne Mensch Ziele verfolgt, die im Endeffekt nicht zum Ziel des Allgemeinwohls führen. Daher ist nur eine über alle menschlichen Interessen hinausgehende Autorität in der Lage, mit ihren Sanktionen und Versprechungen die schwachen menschlichen Geschöpfe zu einer wirklich vernünftigen Handlung zu bewegen. Schließlich muss noch darauf hingewiesen werden, dass die Entwicklung des islamischen Rechts auch von den vor der Entwicklung des Islams vorhandenen rechtlichen Vorstellungen beeinflusst worden ist, und noch immer beeinflusst wird. Diese werden als Âdât bezeichnet und unterscheiden sich natürlich je nach den sozialen und politischen Traditionen der jeweiligen Regionen. Dies gilt vor allem für die Praxis des Alltagsrechts. Auch von den heutigen islamischen Rechtsgelehrten wird dieses Gewohnheitsrecht als eine Grundlage ihrer Entscheidungen anerkannt. Das ist vor allem dann der Fall, wenn die zu entscheidenden Fragen sich auf das Alltagsleben beziehen.

Einfluss vorislamischen Rechts

Nach der Vorstellung der islamischen Gelehrten müssen drei von durch das Recht zu schützenden Interessen festgestellt werden:

• ‚notwendige Interessen‘
• ‚bedürfnisorientierte Interessen‘
• ‚auf Verbesserung orientierte Interessen‘.

‚Notwendige Interessen‘

An erster Stelle stehen dabei die ‚notwendigen Interessen‘. Es handelt sich um Dinge,

> „[...] auf die im Hinblick auf das Bestehen der menschlichen Gesellschaft und die Existenz menschlichen Lebens nicht verzichtet werden kann. [...] um Angelegenheiten, von denen das gesellschaftliche und das religiöse Leben der Menschen insofern abhängt, als das Leben im Diesseits in Unordnung gerät, wenn sie

nicht bedacht werden, und im Jenseits die Glückseligkeit verloren geht und Bestrafung ausgelöst wird." (Krawietz 2002, S. 228) Dabei geht es nicht nur um das Wohl und Wehe des Einzelnen, sondern auch der Gemeinschaft insgesamt, im Diesseits wie im Jenseits. Ohne sie würde die Ordnung des Lebens aufgelöst, und Verderben und Chaos würden sich ausbreiten. Es handelt sich dabei um fünf grundlegende, basale Rechtsgüter:

• Religion
• Leben
• Vernunft
• Reinheit der Abstammung
• Besitz.

Es ist die vornehmste Aufgabe des Rechts, diese unterschiedlichen Rechtsgüter zu bewahren und vor Angriffen zu beschützen.

Neben den grundlegenden Interessen, die das Recht zu schützen hat, gibt es auch ‚bedürfnisorientierte Interessen'. Dabei handelt es sich um Dinge oder Handlungen, die erforderlich sind, um Schäden abzuwehren oder Bedrängnissen zu entkommen. Die Gelehrtenschaft begründet dieses Ziel rechtlichen Handelns mit zahlreichen Koranversen, nach denen es Gott den Menschen nicht schwer, sondern leicht machen wolle. Hervorzuheben ist im Zusammenhang mit den schützenswerten Interessen vor allem, dass sogar Vorschriften des Korans außer Acht gelassen werden können: Kranke müssen nicht fasten wie auch die Kämpfer im Glaubenskampf. Vor allem aber dürfen Nahrungsmitteltabus übertreten werden, wenn ansonsten der Hungertod droht.

,Bedürfnisorientierte Interessen'

Schließlich gibt es noch die ‚auf Verbesserung orientierte Interessen', die den Schutz des islamischen Rechts erfahren. Diese lassen die guten Dinge stärker in den Vordergrund des Interesses der Gläubigen treten und drängen die schlechten Dinge zurück. Ohne dieses Konzept der Beförderung des Guten und der Zurückdrängung des Schlechten gerät die allgemeine Ordnung in Gefahr. Grundlage dieser Vorstellung ist ein Ausspruch des Propheten: „Ich wurde vielmehr gesandt, um die edlen Sitten vollkommen zu machen." (zitiert nach: Krawietz 2002, S. 235) Zu den auf Verbesserung orientierten Interessen können wichtige oder weniger wichtige Dinge gehören. Als Beispiele können eher marginale Regelungen wie die Verbesserung von Tischsitten genannt werden oder die Regel, dass keine Nahrungsmittel verschwendet werden sollen. Dieses rechtliche Konzept wird heute vor allem dann angewandt, wenn Entscheidungen im Zusammenhang mit modernen Erfindungen getroffen werden sollen. Häufig fin-

,Auf Verbesserung orientierte Interessen'

den sich rechtliche Feststellungen im Bezug auf Neuerungen, die das Leben der Menschen erleichtern können. Dabei kann es um Transportmittel wie Kraftfahrzeuge oder Flugzeuge ebenso gehen, wie um Waschmaschinen oder moderne elektronische Kommunikationsmittel. Es kann aber nicht erstaunen, dass sich die muslimischen Rechtsgelehrten nicht darüber einigen konnten, was die auf Verbesserung orientierten Interessen eigentlich sein könnten.

Recht und Staat

Vor allem die modernen muslimischen Rechtstheoretiker sind der Ansicht, dass das islamische Recht durch die Hand der Regierung Dinge verbieten muss, die durchaus über positive Eigenschaften verfügen, aber im Endeffekt als negativ betrachtet werden. Als Beispiel für diese Situation wird folgendes Beispiel vorgetragen: Es geht um die Frage der Genehmigung der Übersetzung des Korans in andere Sprachen. Übersetzungstätigkeit ist grundsätzlich nicht zu beanstanden. Die Gelehrten sind im Gegenteil der Meinung, dass die Übersetzungstätigkeit eine gute Möglichkeit ist, Muslime unterschiedlicher Herkunft einander geistig näher zu bringen. Anders verhält es sich

Übersetzen des Korans

aber mit der Übersetzung des Korans. Hier wird die Übertragung auch nur eines einzigen Wortes des arabischen Textes in eine andere Sprache als ein Verstoß gegen die Vorgaben der Regeln des islamischen, aber auch des byzantinischen Rechts angesehen. Auch die Schreibung von Korantexten mithilfe von Gerätschaften wie Schreibmaschine oder Computer wird von zahlreichen Gelehrten als problematisch betrachtet. Denn Texte des heiligen Buches der Muslime in einer Zeitung oder Zeitschrift könnten immer wieder einmal in einem politischen oder religiösen Kontext, aber auch in einem anderen redaktionellen Zusammenhang erscheinen, der der Würde des heiligen Wortes nicht angemessen sei.

Nichtreligiöse Feste

Ein anderes Thema bezüglich der Frage der auf Verbesserung orientierten Interessen können z. B. auch Fragen nach Festen ohne einen religiösen Hintergrund sein. Ist es also erlaubt, Feste wie Neujahr, Muttertag, Tag des Kindes, Internationaler Frauentag, Hochzeitstag usw. feierlich zu begehen? Dies muss vor allem angesichts der Tatsache gefragt werden, dass durch die Vielzahl dieser säkularen Feste die Konzentration auf die beiden muslimischen Hochfeste, das Fest des Fastenbrechens und das Opferfest, verloren gehen kann. Eine andere, immer wieder behandelte Thematik ist auch die Frage nach der Billigung der beruflichen Tätigkeit von Frauen. Diese Frage wird gestellt, weil manche Rechtsgelehrte eine Gefahr für das ‚basale' Rechtsgut der Reinheit der Abstammung gefährdet sehen.

4.2 Bedeutung und Funktion der Rechtsgelehrten

Bei Gelegenheit meinte ein bedeutender deutscher Rechtsanwalt, nachdem ihm die Rolle der islamischen Rechtgelehrten erläutert worden war, dass es sich bei dem islamischen Recht um ein durchaus anwaltsfreundliches Rechtssystem handele. Diese pragmatische Einschätzung ist in mancherlei Hinsicht durchaus zutreffend, auch wenn der Vergleich zwischen dem deutschen Rechtssystem und der Art der islamischen Rechtsschöpfung eigentlich nicht zulässig ist. Denn das islamische Recht ist ein komplexes System von Regelungen und methodologischen Vorgaben, das sich ständig weiterentwickelt, wobei es nicht von politischen Gesetzgebern abhängig ist, sondern von Rechtsgelehrten mit ihren individuellen Ansichten und Auslegungen der autoritativen Rechtsquellen.

Die Notwendigkeit der Weiterentwicklung hängt mit der muslimischen Überzeugung zusammen, dass alle Handlungen des Menschen bei Gott als dem gerechten Richter einer Überprüfung unterzogen werden. Diese Handlungen stehen in einem konkreten Zusammenhang mit allen kulturellen und technologischen Veränderungen, die der Mensch im Verlauf seines Lebens zur Kenntnis nimmt und die er in der Folge auch nutzt.

Hier ergibt sich notwendigerweise die Frage, ob z. B. die technologischen Innovationen, die Eingang in das Alltagsleben gewinnen, den göttlichen Vorgaben entsprechen. Einfache Gläubige können diese Fragen aus ihrer Kenntnis der religiösen Vorgaben nicht beantworten. Sie bedürfen dazu der Hilfe von kompetenter Stelle: von den muslimischen Rechtsgelehrten. Die Gelehrten haben im Verlauf eines Studiums, das unter Umständen Jahrzehnte gedauert hat, Methoden und Techniken gelernt, die es ihnen ermöglichen, die Fragen der einfachen Gläubigen zu beantworten. Auf die entsprechenden Fragen der Gläubigen hin erstatten sie ein Rechtsgutachten (arabisch *fatwâ*).

Es handelt sich hierbei um eine Rechtsmeinung und nicht um einen Urteilsspruch. Die Frage der Verbindlichkeit eines solchen Fatwa stellt sich bei Sunniten und bei Schiiten unterschiedlich dar. Im sunnitischen Islam ist ein Rechtsgutachten für den einzelnen Gläubigen nicht absolut verbindlich. Natürlich wird er sich zunächst nur an einen Gelehrten wenden, von dessen Kompetenz und moralischer Haltung er überzeugt ist. Andererseits sind die Fragenden aber auch nicht durch ein Dogma verpflichtet, sich an die Äußerungen des Gelehrten zu halten. Dies gilt vor allem dann, wenn bekannt ist, dass sich andere Gelehrte zur der gleichen Frage in gegensätzlicher Weise

Gott als gerechter Richter

Technologische Innovationen

Fatwa

63

geäußert haben. Wie weit die sunnitischen Gläubigen den Rechtsmeinungen und Gutachten der Gelehrten folgen, bleibt ihre eigene Entscheidung.

Anders verhält es sich bei den Anhängern des schiitischen Islams. Nach schiitischer Vorstellung kann der Gläubige nur durch die Führung der Imame das Heil erlangen. Da sich der letzte Imam in der Verborgenheit aufhält, ist die geistige und religiöse Führung der schiitischen Gemeinschaft in die Hand der Rechtsgelehrten übergegangen. Jeder Gläubige muss sich der Führung eines Rechtsgelehrten anvertrauen. Er kann diesen Gelehrten frei wählen. Wenn er sich aber für einen von ihnen entschieden hat, dann muss er in Zukunft allen seinen Anweisungen folgen. Sie sind für seine Lebensführung und sein Glaubensleben verbindlich. Diese Autoritätsbeziehung wird erst durch den Tod des Gelehrten oder des Gläubigen beendet.

4.3 Parallelität verschiedener Rechtssysteme

Wenn man die rechtlichen Verhältnisse in islamischen Staaten betrachtet, kann man drei nebeneinander existierende Rechtssysteme feststellen. Das ist auch dann der Fall, wenn Regierungen aus ideologischen oder politischen Gründen behaupten, dass bei ihnen ausschließlich das islamische Recht zur Anwendung gelange.

Von jeher gab es in islamischen Staaten neben dem islamischen Recht auch andere rechtliche Bestimmungen. Diese bezogen sich zunächst auf die im islamischen Staat lebenden Nicht-Muslime, unter denen ein jeweils eigenes Recht galt, dass von den Führern der Minderheiten formuliert, weiterentwickelt und exekutiert wurde. Im islamischen Kontext gab es neben den islamischen Gerichtshöfen auch staatliche Gerichte, an die sich die Untertanen wenden konnten. Hier spielte gewiss das islamische Recht eine Rolle. Die Entscheidungen konnten aber auch nach anderen rechtlichen Grundsätzen erfolgen. Dabei spielten praktische Verwaltungserwägungen ebenso eine Rolle wie das Gewohnheitsrecht der jeweiligen islamischen Region. Man denke nur an die unterschiedlichen erbrechtlichen Traditionen in patrilinearen Gesellschaften wie denen der Araber oder matrilinearen Gruppen wie den Minankabau im indonesischen Sumatra oder den Hausa in Westafrika.

Diese Zweigleisigkeit ist bis heute festzustellen, wenn es je nach den politischen Rahmenbedingungen neben dem islamischen Recht den königlichen Befehl (arabisch *amr malikî*) in den islamischen Monarchien, z. B. in Saudi-Arabien, oder den Befehl eines ‚revolutionä-ren Kommandorates', wie in manchen islamischen Staaten nach einem erfolgreichen politischen Umsturz, gibt, die Rechtswirkung ha-ben. Zumindest in Saudi-Arabien ist der *amr malikî* inzwischen zu einem auch von den islamischen Gelehrten anerkannten Rechtsprin-zip geworden. Mit dem wachsenden europäischen Einfluss in ver-schiedenen islamischen Staaten, vor allem durch die koloniale Ex-pansion, sind weite Bereiche des islamischen Rechts in der Praxis durch juristische Konzepte und Texte ersetzt worden, die aus dem modernen westlichen Recht stammen.

Dies gilt für das Verfassungsrecht, das internationale Recht oder das Strafrecht. Auch in weiten Bereichen des Zivilrechts konnten westliche Rechtsvorschriften gegenüber dem islamischen Recht Raum gewinnen. In manchen Ländern wie Marokko, Ägypten, Syrien oder Indonesien bestehen gerade im Zivilrecht das westliche und das isla-mische Recht auch gleichzeitig nebeneinander. In solchen Fällen kön-nen die streitenden Seiten bestimmen, nach welchem Recht das Ver-fahren geführt werden soll. In anderen Staaten werden nur Teile des islamischen Rechts wie z. B. das Erbrecht angewendet.

Westliches Recht

Gerade im Alltag spielt ferner das Gewohnheitsrecht eine große, manchmal die entscheidende Rolle. Es ist nicht ausgeschlossen, dass staatliche Gerichte die Konfliktparteien auf das Gewohnheitsrecht verweisen und eine Entscheidung ablehnen. In machen Fällen können die Entscheidungen der staatlichen Gerichte auch durch Gerichte, die nach dem Gewohnheitsrecht urteilen, ergänzt werden.

Gewohnheitsrecht

4.4 Die Debatte um die Entstehung des islamischen Rechts

Hatten sich die ersten westlichen Gelehrten, wie Eduard Sachau (1845–1930), die sich mit dem islamischen Recht und seiner Ge-schichte auseinandersetzten, noch kaum einen Gedanken um die His-torizität der Quellen, aus denen sich dieses Recht entwickelte, ge-macht, veränderte sich dies durch die Forschungen von Ignaz Goldziher, der pauschal die Authentizität der Prophetentraditionen infrage gestellt hatte.

Eduard Sachau

Ignaz Goldziher

Joseph Schacht hatte dann vor allem in seinem mehrfach nach-gedruckten Werk *Origins of Mohammadan Jurisprudence* (1950) festgestellt, dass das islamische Recht nicht im 1. Jahrhundert der Hijra, also des 7. Jahrhunderts christlicher Zeitrechnung, sondern

Joseph Schacht

erst im darauf folgenden Jahrhundert in seinen Gründzügen entstanden sei. Unter Bezug auf Goldziher konstatierte er zum Beispiel, dass die Feststellung der muslimischen Tradition, die Entstehung des Rechts mit den klassischen Quellen, Koran, Hadîth und dem Konsens der Gelehrten beginnen zu lassen, nicht haltbar sei. Vielmehr habe die Rechtsprechung zunächst auf der persönlichen Einschätzung (arabisch ra´y) der ersten muslimischen Juristen beruht. Daneben war er der Ansicht, dass die Grundlagen des islamischen Rechts von Richtern (arabisch qâdî) und Gouverneuren der Omayyadenzeit (661–750) gelegt worden seien. Die berühmten Rechtsgelehrten, auf die die Ursprünge des islamischen Rechts gemeinhin zurückgeführt werden, hätten damit nichts zu tun gehabt. Zwar stimmten nicht alle damaligen Rezensenten dieser These zu, die Mehrheit der westlichen Islamwissenschaftler äußerten sich aber sehr positiv, und der Nachdruck des Werks, der für ein Buch eines so speziellen Inhalts ungewöhnlich ist, macht die Wirkungsmächtigkeit deutlich. Kritik kam vor allem von muslimischen Rechts- und Wissenschaftshistorikern. Besonders scharf äußerte sich Muhammad M. Azami, der von Schacht schreibt, dass er die wichtigsten Texte nicht berücksichtige, dass die Stellen, die er zitiere, seiner Aussage widersprächen, und dass er die Zitate verfremde. Letztlich sei seine Methode unwissenschaftlich (vgl. Motzki 2002, S. 40).

Kritik an Schacht

Diese Kritik, wie auch die von den Islamwissenschaftlern Johann Fück (1894–1974) oder Erwin Gräf, wurde kaum zur Kenntnis genommen. Erst eine umfassende Untersuchung von Harald Motzki machte deutlich, dass Schachts These einer Revision unterzogen werden muss. Motzki zeigt, dass die generelle Feststellung von Schacht bezüglich der Bedeutung des Ra´y nicht durch die Quellen bestätigt wird. Vielmehr habe man sich auch schon im 1. Jahrhundert der islamischen Zeitrechnung (7. Jahrhundert christlicher Zeitrechnung) auf den Koran und die Aussprüche des Propheten bezogen, wenngleich dies noch nicht in dem Maße erfolgte wie in späteren Zeiten. Auch gegen die den Richtern und politischen Autoritäten zugeschriebene Rolle erhebt Motzki Einspruch. Dabei unterscheidet er zwischen dem Privat- und dem Strafrecht. Zumindest im Privatrecht spielen diese politischen Kräfte nur eine marginale Rolle, was im Bereich des Strafrechts anders aussehen kann.

Die Debatte um die Geschichte des islamischen Rechts ist deshalb von so großer Bedeutung, weil dessen Autorität bei den gläubigen Muslimen eben auf der Herkunft aus der Zeit des Propheten und des Frühislams beruht. Das islamische Recht aber spielt in den aktuellen

Auseinandersetzungen um eine wahre islamischen Gesellschaft und den Aufbau und die Strukturen eines ‚echten' islamischen Staates eine zentrale Rolle. Vor allem konservative und radikale muslimische Autoren propagieren die Bedeutung des islamischen Rechts für einen islamischen Staat. Länder, in denen dieses Recht nicht in allen Bereichen gültig ist, dürfen nach deren Ansicht nicht als islamisch verstanden werden. Konservative, stark traditionell ausgerichtete Staaten wie Saudi-Arabien weisen in offiziellen Verlautbarungen immer wieder darauf hin, dass die Durchsetzung und Anwendung des islamischen Rechts eine der Hauptaufgaben aller staatlichen Institutionen sei.

Fragen und Anregungen

- Welches sind die islamischen Rechtsquellen?

- Überlegen Sie, worin sich sich sunnitische und schiitische Rechtsquellen unterscheiden.

- Welches sind die basalen Rechtsgüter für das islamische Recht?

- Erläutern Sie, welches die islamischen Rechtsschulen sind und wo sie verbreitet sind.

Lektüreempfehlungen

- Noel N. Coulson: A History of Islamic Law, Edinburgh 1994. *Eine knappe Überblicksdarstellung über die verschiedenen Begriffe und rechtlichen Konstruktionen des islamischen Rechts.*

- Birgit Krawietz: Die Hierarchien der islamischen Rechtsquellen, Berlin 2002. *Auf der Basis neuerer islamischer Rechtsliteratur werden die Entwicklung und die unterschiedliche Valenz der verschiedenen islamischen Rechtsquellen untersucht und damit ein Einblick in die gegenwärtigen Positionen muslimischer Rechtsgelehrter gegeben.*

- Chibli Mallat: The Renewal of Islamic Law. Muhammad Baqer as-Sadr, Najaf, an the Shi' I International, Cambridge 1993. *Studie, die aufzeigt, wie sich die Modernisierung des schiitischen Rechts vollziehen kann und welche Hindernisse derartige Prozesse erschweren.*

- Harald Motzki: The Origins of Islamic Jurisprudence. Meccan Fiqh before the Classical Schools, Leiden 2002. *Überzeugende Auseinandersetzung mit den verschiedenen westlichen wissenschaftlichen Positionen zur Entstehung des islamischen Rechts und eine klare Präzisierung der Entwicklung auf der Grundlage einer Vielzahl arabischer Quellen.*

- Lawrence Rosen: Bargaining for Reality. The Construction of Social Relations in a Muslim Community, Chicago 1984. *Rechtsethnologischen Untersuchung, die die praktische Seite der Anwendung islamischen Rechts in Marokko beschreibt.*

5 Orthodoxie und Heterodoxien im Islam

Abbildung 6: Die Goldene Moschee von Samarra (Irak) (2006)

Stärker als im sunnitischen Islam spielen im schiitischen Islam Heils-erwartungsvorstellungen eine wichtige Rolle. Die Mehrheit der Schi-iten glaubt daran, dass vor dem Ende der Welt und dem Jüngsten Gericht ein Messias erscheinen wird, der die Welt mit Gerechtigkeit und Frieden erfüllen wird. Erst nachdem er ein Reich von tausendjäh-riger Dauer geschaffen hat, wird an dessen Ende das Jüngste Gericht eintreten. Zu sehen ist hier die 2006 zerstörte Goldene Moschee von Samarra im Irak, in der sich das Grabmal des 11. Imams des schiiti-schen Islams befindet. Hier wird auch des in der großen Verborgen-heit verweilenden 12. Imams, des Mahdi, gedacht.

Im Islam kam es bald nach dem Tod des Propheten zu Spaltungen in verschiedene Gruppierungen, von denen die Sunniten und die Schi-iten die wichtigsten sind. Ursache der Trennung ist der Streit um die Nachfolger des Propheten und ihre Bedeutung. Die Schiiten erkennen als religiöse Führer nur die direkten Nachkommen Muhammads an, da nur ihnen die göttliche Offenbarung zuteil würde. Die Sunniten hingegen wählen ihre Führer nach deren religiösen und politischen Fähigkeiten, wobei die Abstammung vom Propheten nur eine unter-geordnete Rolle spielt. Die Besonderheiten der Konfessionen, ihre Untergruppierungen und die innerislamische Debatte um die Schia werden hier erläutert.

5.1 Die konfessionelle Spaltung

5.2 Die Sunniten

5.3 Die Schiiten

5.4 Die innerislamische Debatte um die Schia

5.1 Die konfessionelle Spaltung

Wie jedes große kulturelle und religiöse System hat sich auch der Islam im Verlauf seiner Geschichte in verschiedene Gruppen und Untergruppen unterschiedlicher Größe und historischer Kontinuität aufgeteilt. Die wichtigste Unterscheidung ist die zwischen Sunniten und Schiiten. Dabei stellen die Sunniten mit ca. 80 % der Muslime der Welt eine deutliche Mehrheit dar. Während sich die sunnitische Mehrheit aber weitgehend ihre Einheit bewahrte, haben sich die Ausdifferenzierungen bei den Schiiten weiter fortgesetzt. Der Ursprung der Trennung von Sunniten und Schiiten, die von den Muslimen insgesamt als ‚große Heimsuchung' (arabisch *al-fitna al-kubra*) bezeichnet wird, liegt in der ungeklärten Frage der Nachfolge des Propheten Muhammad als Führer der jungen muslimischen Gemeinde, als der Prophet im Jahr 632 starb. Im Grunde standen sich zwei unterschiedliche politische Konzepte gegenüber. Die Vertreter der einen Seite plädierten für Ali, den Cousin und Schwiegersohn Muhammads, als den rechten Nachfolger. Die andere Seite votierte für Abu Bakr, einen der frühesten Anhänger Muhammads außerhalb seiner direkten Familie. Er gehörte nur indirekt durch die Ehe seiner Tochter Aischa mit dem Propheten zur Familie Muhammads. In dieser Konfrontation standen sich zwei traditionelle arabische gesellschaftliche Konzepte gegenüber.

> Die ‚große Heimsuchung'

Die einen vertraten das genealogische Konzept, nach dem die Herrschaft im Clan bzw. in der Sippe in einer Linie vom Inhaber der Herrschaftsgewalt auf den ältesten männlichen Nachkommen übergehen soll, während die anderen, welche die Befürwortung der Übernahme der Macht über die Gemeinde von Medina durch Abu Bakr vertraten, von einem egalitären Konzept ausgingen, nach dem es nicht auf den Grad der Verwandtschaft zum Herrscher ankam, sondern auf die politischen, strategischen, rhetorischen und anderen Fähigkeiten, um die Gemeinschaft der Muslime erfolgreich zu führen. Im Endeffekt konnte sich Abu Bakr durchsetzen. Er übernahm das Amt des Kalifen (arabisch *Khalîfa*, eigentlich Stellvertreter) von 632 bis 634. Ali hielt zunächst still, ohne aber seine Ansprüche aufzugeben. Als er endlich 656 an die Macht kam, hatte sich das islamische Gemeinwesen beträchtlich verändert. Unter der Herrschaft des Kalifen Omar (634–644) hatten islamische Heere sich bis nach Nordafrika und über den Iran bis nach Indien vorgewagt und ein großes Reich geschaffen. Der dritte Kalif, Osman (644–656), war ein frommer, politisch aber unerfahrener Mann, der sich bei seiner Herr-

> Die Spaltung

schaftsausübung vor allem auf seine verwandtschaftlichen Beziehungen verließ. So etablierte er einen seiner Verwandten, Mu´awiya, in Damaskus als Gouverneur. Als Osman ermordet wurde, wurde die Tat mit Ali in Verbindung gebracht. Dieser konnte zwar das Kalifat übernehmen, musste sich aber von Anfang an des Vorwurfs erwehren, er sei in das Komplott gegen Osman verwickelt gewesen. In Damaskus erkannte Mu´awiya seine Herrschaft nicht an. Es kam zu politischen und militärischen Auseinandersetzungen, bei denen Ali ungeschickt taktierte. Schließlich fand er sich bereit, sich einem Schiedsspruch zu unterwerfen, weshalb er einen Teil seiner Anhänger verlor.

Kharijiten Diese werden als Kharijiten (arabisch für: die, die weggezogen sind) bezeichnet. Nachfolger dieser Oppositionsgruppe existieren bis heute als Ibaditen (arabisch für: Diener Gottes) in Oman, Tunesien und Algerien.

5.2 Die Sunniten

Sunna Das Wort Sunniten wird vom arabischen *sunna* abgeleitet. Dies kann mit Herkommen, Brauch wiedergegeben werden. Ein Sunnit versteht sich als ein Muslim, der sich bemüht, nach der Sunna zu leben. Darunter ist wiederum das Vorbild des Propheten Muhammad zu verstehen, das in den Berichten über sein Leben und durch seine Aussprüche als bezeugt angesehen wird. Da sich der Prophet wie kein anderer Mensch an die im Koran formulierten göttlichen Vorgaben gehalten hat, steht auch für den sunnitischen Muslim der Koran an erster Stelle. Die Sunniten machen mit einem Anteil von mehr als 80 % die eindeutige Mehrheit der Muslime aus. Deshalb werden sie häufig als die muslimische Orthodoxie gesehen. Ihre dogmatischen Vorstellungen und rituellen Praktiken werden auch in den allgemeinen Darstellungen des Islams als die Grundformen betrachtet, von denen sich die Glaubensvorstellungen und Praktiken der anderen Gruppen unterscheiden. Letztere werden daher als heterodox beschrieben, obwohl sich natürlich die Schiiten selbst ebenfalls als orthodox sehen.

Koranbezug Der sunnitische Islam ist in seiner religiösen und rechtlichen Praxis durch eine strikte Bezugnahme auf den Koran und die Überlieferungen der Sprüche des Propheten Muhammad gekennzeichnet. Zwar haben sich daneben auch die weiteren Rechtsquellen wie der Konsens und der Analogieschluss entwickelt (→ KAPITEL 4), diese werden jedoch nicht von allen sunnitischen Rechtsschulen vertreten. Die sunnitischen

Rituale stellen sich als eher karg dar. Betont wird die Unmittelbarkeit der Beziehung des Gläubigen zu seinem göttlichen Schöpfer. Religiöse Funktionsträger sind daher im Grunde nicht erforderlich. Ein Lehramt, das für die Sunniten verbindliche Vorschriften macht, kann es deshalb eigentlich nicht geben. Zwar hat sich inzwischen ein System von Rechtsgutachten und Gutachtern ergeben, die über eine gewisse Autorität gegenüber den Gläubigen verfügen, eine abschließende Entscheidungsmacht ist aber weiterhin nicht vorhanden.

Die beiden großen Konfessionen des Islams, Sunniten und Schiiten erkennen sich gegenseitig an. In der Alltagspraxis kommt es aber nicht selten zu Konflikten, wenn die beiden Religionsgruppen in unmittelbarer Nähe zueinander ansässig sind. Dies ist z. B. im Libanon oder im Irak der Fall. Dabei stellt sich heraus, dass es neben dogmatischen vor allem rituelle Unterschiede sind, die die Konflikte stimulieren. Beide Seiten stellen die rituelle Reinheit der anderen infrage. Andere Konflikte sind im Ehe- und Erbrecht festzustellen.

Konflikte zwischen Konfessionen

5.3 Die Schiiten

Unter Mu´awiya (603–680), der sich als erster Kalif der Dynastie der Omayyaden in Damaskus etabliert hatte, und unter seinen Nachfolgern kam es immer wieder zu Aufständen in den verschiedenen Bereichen des omayyadischen Herrschaftsbereichs. Diese Konflikte mögen vornehmlich auf wirtschaftliche oder politische Motive zurückzuführen sein, sie äußerten sich aber in einer Terminologie, die von den Vorstellungen der Anhänger der Partei Alis, der Schiiten, gekennzeichnet war.

Omayyaden

Für die Schiiten waren Mu´awiya und alle anderen Herrscher, die nicht aus der Familie des Propheten über seine Tochter Fatima stammten, Usurpatoren, deren Herrschaftsansprüche und folglich auch deren Herrschaft illegitim waren. Der folgenreichste dieser Aufstände ereignete sich im Jahr 680 im mesopotamischen Kufa. Die Aufständischen riefen Hussein, den Sohn Alis und Enkel des Propheten Muhammad, zu Hilfe. Hussein, der damals schon kein junger Mann mehr war, machte sich mit geringer militärischer Begleitung von Medina aus auf und traf in Kerbela, in der Nähe von Kufa, wo der Aufstand inzwischen niedergeschlagen war, auf eine überlegene omayyadische Streitmacht. Bei dem sich ergebenden Gefecht fanden alle männlichen Mitglieder der Gruppe Husseins den Tod, unter ihnen auch der Prophetenenkel selbst.

Schlacht von Kerbala

Die gesamte islamische Welt, vor allem aber die Schiiten, trauert noch heute am Todestag des Prophetenenkels, dem 10. Muharram. Diese militärische Auseinandersetzung, die man eher als ein Scharmützel bezeichnen könnte, hatte für die Zukunft der islamischen Welt eine größere Bedeutung als manche Schlacht, an der tausende von Kämpfern beteiligt waren. Das Ende Husseins bei Kerbela wurde von den Schiiten als Opfertod geheiligt. Hussein habe den Tod auf sich genommen, um für die Sünden der Menschheit zu büßen.

Opfertod Husseins

In einem komplizierten religionsgeschichtlichen Prozess entwickelte sich unter den Schiiten die Vorstellung, dass die großen Gestalten der schiitischen Frühzeit, also zunächst Ali und seine Söhne Hassan und Hussein, durch die Vermittlung des Propheten Muhammad über besondere Fähigkeiten verfügten, den Koran in einer absoluten Weise auszulegen. Dieses Wissen um die äußere (arabisch *zâhir*), vor allem aber die innere (arabisch *bâtin*) Wahrheit des Wortes Gottes, das Ali, seinen Söhnen und einigen von deren Nachkommen zueigen sei, ist nach schiitischer Überzeugung für die Gläubigen notwendig, um das Heil zu erlangen. Unter der äußeren Wahrheit wird die direkte und offenkundige Bedeutung des Korantextes verstanden: Das, was der Koran sagt, ist wahr, auch wenn dem Menschen seine Bedeutung nicht klar ist. Die innere, die verborgene Wahrheit meint dagegen die Aussagen des Korans, die nur wenigen Menschen zugänglich sind. Die verborgene Wahrheit kann sich von der äußeren Wahrheit deutlich unterscheiden.

Innere und äußere Wahrheit

Die Nachkommen Muhammads, die nach schiitischem Glauben diese Fähigkeit besitzen, werden als Imame bezeichnet. Sein besonderes Wissen überträgt der Imam im Moment seines Todes auf seinen Nachfolger, der dieses Wissen unmittelbar erhält und sofort anwenden kann. Auf diese Weise sind die Gläubigen nie ohne eine religiöse Führung. Diese Führung ist aus religiösen wie aus sozialen Gründen unbedingt erforderlich und kann nur durch die Imame erfolgen. Der zeitgenössische schiitische Gelehrte Hussein Tabatabai kommentiert:

Bedeutung der Imame

„Persönliche und soziale Gerechtigkeit können nur von einer Person sichergestellt werden, die irrtumsfrei ist und von Gott davor bewahrt wird, Fehler zu begehen. Wenn das nicht der Fall wäre, könnten Menschen Herrscher oder religiöse Autoritäten werden, die nicht frei sind von der Möglichkeit der Verzerrung des Denkens oder von Verrat an den Pflichten, die ihnen auferlegt sind. Wenn dies geschehen würde, könnte die gerechte und Freiheit schaffende Herrschaft des Islams nach und nach verändert werden in eine diktatorische Herrschaft und völlig autokratische Regierung. Darüber hinaus könnten die reinen Lehren, wie es bei einigen anderen Religionen der Fall ist, Opfer von Veränderungen und Verzerrungen werden, in der Hand von selbstsüchtigen Gelehrten, die sich der Erfüllung ihrer fleischlichen Gelüste hingeben. Wie der heilige Prophet bestätigt hat, folgte Ali in vollkommener Weise und in jeder Hinsicht dem Buche Gottes und den Überlieferungen des Propheten in Wort und Tat." (Tabatabai 1975, S. 185)

Wegen der Sündenfreiheit der Imame sind für das schiitische Recht auch die Aussprüche der Imame, die wie die des Propheten Muhammad gesammelt wurden, eine Quelle der Rechtsschöpfung.

Nach schiitischer Vorstellung kann es jeweils nur einen lebenden Imam geben. Die Entscheidung über den Nachfolger wird vom sterbenden Imam getroffen. Er übergibt einen kurzen Moment vor seinem Tod sein besonderes Wissen und seine mit dem Imamat verbundenen Eigenschaften an diesen. Bei dem Nachfolger kann es sich auch um ein Kind handeln. Natürlich hat es in der religiös-politischen Praxis auch immer wieder Konflikte um die Anerkennung einer bestimmten Person als neuen Imam gegeben. Unter Umständen erkannte nur ein Teil der Gläubigen den neuen Imam an. Für diese Gruppe konnte die genealogische Kette der Imame damit enden. Das führte in einigen Fällen zu einer Aufspaltung der schiitischen Gemeinschaft. So kann man Fünfer-, Siebener- und Zwölfer-Schiiten unterscheiden, ja nachdem bei welchem Imam die Kette der Imame abgebrochen wurde.

Eigenschaften der Imame

In allen schiitischen Gruppierungen ergab sich das Problem, dass nach dem Abbruch der Imamkette der Dogmatik folgend jemand da sein musste, der den Gläubigen seine Rechtleitung darbietet. Nun hatte sich schon spätestens in spätomayyadischer Zeit die Vorstellung eines Messias herausgebildet, der vor dem Ende der Zeiten ein Reich der Gerechtigkeit und des Friedens errichten werde. Diese Gestalt, auf die sich die Heilserwartung der Gläubigen richtete, wird als Mahdi (arabisch für: der Rechtgeleitete) bezeichnet. Die Vorstellung vom Mahdi wird im Koran nicht angesprochen, aber in den Prophetentraditionen ist von ihm die Rede. Dort heißt es:

Heilserwartungen und Mahdi

„Zum Ende meiner Gemeinschaft wird der Mahdi kommen. Gott wird ihm Frühlingsregen zu trinken geben und auf der Erde wird er reichlich Pflanzen wachsen lassen. Der Mahdi wird großzügig Geld verteilen und das Vieh wird zahlreich sein. Die Gemeinschaft der Gläubigen wird stark sein." (zitiert nach: Heine 1979, S. 25)

In einer anderen Tradition wird das eschatologische Moment angesprochen:

> „Die Stunde des Gerichts wird nicht kommen, bis die Erde erfüllt
> sein wird mit Ungerechtigkeit, Verbrechen und Feindseligkeit.
> Dann wird einer aus meiner Familie hervortreten, der sie mit
> Gleichheit und Gerechtigkeit erfüllen wird, wie sie zuvor mit Ver-
> brechen und Feindseligkeit angefüllt war." (zitiert nach: Heine
> 1979, S. 26)

Schiitische Heilserwartung — Diese Idee der Heilserwartung wurde von den Schiiten stärker als
von der sunnitischen Mehrheit an- und aufgenommen. Brach die
Kette der Imame ab, wurde dies von den Gläubigen ignoriert und
der mehr oder weniger fiktive Sohn des letzten Imams wurde zum
neuen Imam erklärt, der eines Tages als Mahdi wieder erscheinen
werde. Für die Zwölfer-Schiiten, von denen hier als der zahlenmäßig
stärksten schiitischen Konfession die Rede sein soll, verschwand der
12. Imam Muhammad al-Mahdi im Jahr 874 in der damaligen abba-
sidischen Residenzstadt Samarra, nördlich von Bagdad. Der Ort, an
dem er verschwand, wird von den Schiiten bis heute in Verehrung
gehalten. Daher war die Zerstörung der schiitischen Heiligtümer in
Samarra (→ ABBILDUNG 6) durch radikale Sunniten im Jahr 2006 ein
Vorgang, der von den Schiiten als ein nicht wieder gut zu machendes
Sakrileg verstanden wird.

Eine Besonderheit des schiitischen Glaubenslebens und der religiösen Praxis hängt direkt mit der Überzeugung zusammen, dass der
Mahdi eines Tages zurückkehren wird und die historische Ungerechtigkeit der Verweigerung der Herrschaft durch eine Person aus der
Nachkommenschaft des Propheten Muhammad beenden wird. Der
Mahdi wird als Messias wiederkehren. In den ersten zehn Tagen des
ersten islamischen Monats, des Muharram, gedenken Schiiten in aller
Welt in lebhaften Trauerkundgebungen des Todes des Prophetenenkels Hussein. Höhepunkt ist der zehnte Tag, Aschura. Das Gedenken
Aschurafeiern — geschieht in verschiedenen Trauerritualen (arabisch *ta'ziya*), in denen
der Ereignisse von Kerbela gedacht wird. Berichte über die Ermor-
dung der männlichen Begleiter Husseins und schließlich des Prophetenenkels selbst werden rezitiert. Die Ereignisse werden in Prozessionen dargestellt, und schließlich gibt es Passionsspiele, in denen die
tragischen Ereignisse wiedergegeben werden. Bei letzteren handelt es
sich um eine der wenigen in der islamischen Literatur bekannten Formen dramatischer Kunst. Zu den Ritualen gehören ferner Flaggelan-
ten-Umzüge, bei denen sich junge Männer, die sich in weiße Leichen-
tücher hüllen, mit Eisenketten geißeln oder mit Schwertern

Verletzungen im Stirnbereich beibringen. Die Verbindung zu dem erwarteten Mahdi wird hergestellt durch ein reiterloses, gesatteltes Pferd, das für ihn in den Prozessionen mitgeführt wird, damit er es sofort bei seinem Erscheinen besteigen kann, um auf ihm an der Spitze seiner Anhänger in den letzten Kampf zwischen Gut und Böse zu ziehen.

Einige Zeit sollen Vermittler noch in der Lage gewesen sein, Botschaften des in der Verborgenheit (arabisch *ghaiba*) befindlichen Imam an seine Anhänger weiterzuleiten. Als der letzte dieser Sendboten 941 erklärte, dass der Kontakt zum Muhammad al-Mahdi abgebrochen sei und der Imam sich nun in der großen Verborgenheit befände, reagierten die Schiiten mit einer beständigen Heilserwartung, die je nach den politischen, gesellschaftlichen und wirtschaftlichen Umständen von unterschiedlicher Intensität sein kann, aber bis heute für die Mehrzahl von ihnen ein Teil ihrer gelebten Realität ist. Diese als Gewissheit erfahrene Heilserwartung löste aber nicht das Problem der notwendigen Führung der Gläubigen durch einen Imam. In einem längeren religionsgeschichtlichen Prozess seit dem 16. Jahrhundert gelang es der gesellschaftlichen Gruppe der schiitischen Religions- und Rechtsgelehrten, die Funktion des Imams in der Rechtleitung der Gläubigen zu übernehmen.

> **Kleine und große Verborgenheit**

Sie konnten sich vor allem ab 1501 zu der bestimmenden Kraft des schiitischen Islams entwickeln, als im Iran die Dynastie der Safawiden (1501–1722) die Macht übernahm, die den zwölfer-schiitischen Islam zur Staatsreligion machten. Auch die Herrscher dieser Dynastie wurden als illegitim angesehen und konnten nur dann als Herrscher akzeptiert werden, wenn sie sich den Regeln und den Vorschriften des schiitischen Islams unterwarfen. Bis heute bestimmen die Religionsgelehrten für alle schiitischen Muslime in der Welt, was den schiitischen Islam dogmatisch und ethisch ausmacht. Sie üben die Leitung der Gemeinde der Gläubigen stellvertretend für den verborgenen Imam aus.

> **Bedeutung der Rechtsgelehrten**

Die schiitische Gelehrtenschaft hat sich zu einem besonderen hierarchischen System entwickelt. Über die Position der einzelnen Gelehrten in diesem System entscheidet neben der persönlichen Frömmigkeit und Integrität auch seine wissenschaftliche Fähigkeit. Durch entsprechende Leistungen, die im Rahmen eines Prüfungssystems erfüllt werden müssen, erhält er Lehrbefähigungen, die mit verschiedenen Titeln verbunden sind. Der höchste dieser Titel ist der des Ayatollah (arabisch für: Wunder Gottes).

Jeder schiitische Gläubige muss sich einem Rechtsgelehrten (arabisch *mujtahid*) anschließen. Er hat die Freiheit der Wahl. Hat er

> **Bedeutung des Mujtahid**

sich aber für einen entschieden, muss er sein Leben lang oder bis zum Tod des Gelehrten dessen Anweisungen und Regeln zur Richtschnur für die Gestaltungen seines religiösen wie seines alltäglichen Lebens nehmen. Für diese religiöse Leitung schuldet der Gläubige seinem geistlichen Leiter Gehorsam und Dank. Diese Bindung drückt sich auch durch eine besondere Abgabe aus, den Anteil des Imams (arabisch *sahm al-Imâm*), den der Rechtsgelehrte für seinen eigenen Lebensunterhalt, aber auch für den seiner Schüler verwendet. Ferner finanziert er damit verschiedene karitative Unternehmungen, schulische Einrichtungen, Krankenhäuser und anderes.

Klerus

Aus dem lebenslangen religiösen und moralischen Abhängigkeitsverhältnis eines Gläubigen zu seinem Mujtahid hat sich eine Art von schiitischem Klerus entwickelt. Denn jeder schiitische Muslim, auch der der den Beruf des Religionsgelehrten ergreift, befindet sich zunächst in einem entsprechenden religiösen Abhängigkeitsverhältnis. Dieses kann aufgelöst werden, wenn ein Religionsgelehrter davon überzeugt ist, selbst für sich Entscheidungen zu treffen. Eine gewisse Verbundenheit zu seinem religiösen Führer bleibt jedoch erhalten. So kann es vorkommen, dass eine Gruppe von Rechtsgelehrten einen bedeutenden Gelehrten um Unterstützung bittet. So geschah es 2005, als etliche schiitische Gelehrte aus dem Iran den im Irak residierenden Ayatollah Ali al-Sistani baten, bei den Konflikten innerhalb der iranischen Religionsgelehrten Partei zu ergreifen.

Ali al-Sistani

Die verschiedenen führenden Religionsgelehrten stehen in der Regel in einem ernsthaften Konkurrenzkampf um die Position des höchsten Rechtsgelehrten, des Marja al-Taqlid. Diese höchste schiitische religiöse Autorität wird dann von der überwiegenden Mehrheit der gläubigen Schiiten als vorbildlich und richtungweisend anerkannt. Es gibt allerdings keine eingeübte Praxis, nach der der Marja al-Taqlîd bestimmt wird. In der Regel finden sich zwei oder drei bedeutende Gelehrte, die als mögliche höchste Autoritäten bezeichnet werden. Dabei wird derjenige der Marja al-Taqlîd, der seine Konkurrenten überlebt. Es gibt aber auch Situationen, in denen nur ein einziger Gelehrter für diese herausragende Position infrage kommt. Dann bekennt sich innerhalb der schiitischen Gemeinschaft nach und nach eine immer größere Zahl von Gläubigen zu diesem Gelehrten, der schließlich mangels anderer Möglichkeiten als die entscheidende religiöse Gestalt für die aktuelle Epoche anerkannt wird.

Marja al-Taqlîd

Der Einfluss und die politische Macht eines höchsten Rechtsgelehrten für die gesamte schiitische Welt sind beträchtlich. Hierzu sei nur ein gerne zitiertes Beispiel angeführt: Als zum Ende des 19.

Jahrhunderts der Iran in die finanzielle Abhängigkeit von westlichen Geldgebern geriet, verlangten diese zur Absicherung ihres finanziellen Engagements die Kontrolle und die wirtschaftliche Nutzung der Tabakproduktion und des Tabakhandels im Iran. Zu diesem Zweck wurde die ‚Tabakregie‘ gegründet, eine Monopolfirma in ausländischem Besitz, die die gesamte Tabakproduktion, die Verarbeitung und den Verkauf kontrollieren sollte. Für den höchsten schiitischen Rechtsgelehrten, der damals im osmanisch-türkischen Irak, also außerhalb des iranischen Hoheitsgebietes lebte und lehrte, war damit eine entscheidende Grenze überschritten. Er fürchtete einen überwältigenden europäischen Einfluss im Iran und sah darin eine Gefahr für die schiitische Identität des Landes. Er veröffentlichte ein Rechtsgutachten (arabisch *fatwâ*), in dem er festhielt, dass alle Gläubigen, die in Zukunft Tabak herstellten, bearbeiteten oder konsumierten, sich im Krieg gegen den verborgenen Imam befänden; mit anderen Worten: Sie würden als Abtrünnige betrachtet. Mit dem Bekanntwerden dieses Rechtsgutachtens gaben alle Iraner das Rauchen auf, womit der gesamte Tabakmarkt im Iran zusammenbrach. Die ‚Tabakregie‘ ging in Konkurs. Natürlich haben die obersten Rechtsgelehrten dieses Mittel der absoluten Sanktion nur selten angewandt. Anderenfalls würde es in seiner Wirkung sicherlich sehr rasch nachlassen.

Die Mehrzahl der schiitischen Rechtsgelehrten ist darüber hinaus der Ansicht, dass sich die Gelehrten nicht in die allzu weltlichen Fragen und Probleme einzumischen hätten. Diese Position wird als Quietismus bezeichnet.

Dieser Position steht die Forderung des Ayatollah Ruhollah Khomeini (1902–89) gegenüber, der diese quietistische Haltung seiner Kollegen kritisierte und das Konzept von der Herrschaft der Rechtsgelehrten (arabisch *velayet-e faqîh*) entwickelte. Er forderte die direkte Machtausübung durch die dafür am besten geeigneten Rechtsgelehrten. Seit dem Sieg der islamischen Revolution unter Khomeini im Jahre 1979 wird dieses Konzept in der Islamischen Republik Iran erprobt. Inzwischen erfährt es aber innerhalb und außerhalb des Iran von schiitischen Gelehrten eine zum Teil heftige Kritik. Darin wird vor allem darauf hingewiesen, dass die Religionsgelehrten nicht ohne Weiteres Spezialisten in all den Gebieten sein können, in denen politische Entscheidungen getroffen werden müssen. Politische Fehlentscheidungen werden aber von denen, die darunter leiden müssen, nicht den einzelnen Entscheidungsträgern zugeschrieben, sondern der schiitischen Geistlichkeit in ihrer Gesamtheit.

Tabakprotest

Quietismus

Khomeini

Hierarchie der schiitischen Gelehrten

Die Struktur der schiitischen Geistlichkeit hat im Endeffekt für die Weiterentwicklung und Modernisierung eine Reihe von Vorteilen. Dies gilt vor allem für die wissenschaftliche Entwicklung. Schon in der Zeit, in der das Abbasidenkalifat unter die Kontrolle der schiitischen Dynastie der Buyiden geriet (945–1055), hatte sich in Bagdad und Umgebung eine lebhafte Wissenschaftskultur entwickelt. Besonderen Wert legten die schiitischen Gelehrten auf die Zusammenstellung und kritische Sichtung der umfangreichen schiitischen Prophetentraditionen, die durch ein schier unübersehbares Traditionsmaterial der Aussprüche und Lehrtexte der schiitischen Imame ergänzt wurde. Diese Aussprüche der Imame bildeten und bilden auch heute eine der wichtigsten Quellen der schiitischen theologischen und juristischen Debatten. Die Tatsache, dass sich manche dieser Imamtraditionen widersprechen oder schiitischer Sicht zu widersprechen scheinen, mag zu der besonderen kritischen Wissenschaftstradition der Schiiten beigetragen haben. Die schiitischen Gelehrten des Mittelalters hatten die rationalistischen Bewegungen des mittelalterlichen Islams intensiver zur Kenntnis genommen und an deren Debatten teilgenommen als ihre sunnitischen Kollegen. Sie hatten den Verstand als entscheidendes Kriterium auch für theologisches Denken anerkannt. Diese Bedeutung der Vernunft wird bis heute von schiitischen Gesprächspartnern als zentrales Moment ihres Denkens und Argumentierens hervorgehoben.

Es gibt einige Besonderheiten, in denen sich die Schiiten von den Sunniten in der praktischen Religionsausübung und den ethischen Regeln unterscheiden. Diese Unterschiede werden von den sunnitischen Gegnern der Schia in ihren Polemiken besonders stark hervorgehoben. Zu nennen ist hier vor allem die Taqiya (arabisch für: Simulation). Danach ist es schiitischen Muslimen erlaubt, ihren Glauben zu verleugnen, wenn ihnen sonst die Gefahr der Hinrichtung droht. In solchen Fällen dürfen sie beten wie Sunniten oder auch Christen und alle anderen Regeln des Islams vernachlässigen.

Taqiya

Die andere spezifisch schiitische Regel ist die der zeitlich beschränkten Ehe. Nach schiitischer Einstellungen gibt es zwei Eheformen. Die eine wird mit dem Ziel einer dauerhaften Beziehung aufgenommen, auch wenn es zu einem späteren Zeitpunkt zur Trennung der beiden Ehepartner kommt. Nach der für die Schiiten typischen Regelungen zum Eherecht kann ein Mann aber auch eine Ehe eingehen, in der schon im Ehevertrag das Datum der Auflösung dieser Ehe festgelegt ist. Eine derartige Ehe wird als Mut´a-Ehe, Genussehe, oder Zireh bezeichnet (→ KAPITEL 10.2).

Zeitehe

Neben der Mehrheit der Zwölfer-Schiiten, deren Überzeugung in den vorangegangenen Abschnitten beschrieben wurde, finden sich auch noch andere schiitische Gruppierungen, nach deren Überzeugung die Kette der Imame schon früher abgebrochen ist. Zu nennen sind hier die Fünfer-Schiiten, die auch als Zaiditen bezeichnet werden. Sie beziehen sich auf den Sohn des vierten Imams. Ihr Hauptsiedlungsgebiet ist der Jemen, wo Angehörige dieser Minderheit auch bis 1962 die Herrscher stellten. Die bemerkenswertesten Unterschiede zu sunnitischen sowie anderen schiitischen Vorstellungen finden sich im Staatsrecht, also in der Frage der Nachfolge eines Herrschers. Dabei gilt ein Prinzip, wie es sich auch bei den Sunniten findet: Derjenige Prätendent, der sich gegen die anderen durchsetzt, die ebenfalls Anspruch auf die Herrschaft erheben, kann für sich in Anspruch nehmen, dass er mit dem Willen Gottes regiert. Das bedeutet zugleich, dass ein Prätendent, der erst nach einigen Jahren über die Mittel und die strategischen Erfahrungen verfügt und in einem Aufstand den aktuellen Herrscher beseitigt, auch dies nur mit dem Willen Gottes tun kann.

Bekannter als die Fünfer-Schia ist die Siebener-Schia, die auch als Islamiliyya (Ismailiten) bezeichnet wird. Ihre Vorstellungen und Glaubensüberzeugungen waren lange Zeit Außenstehenden verborgen. Inzwischen kann man ihre Doktrin in etwa so beschreiben: Der Imam bildet das geistige und organisatorische Zentrum der ismailitischen Gemeinschaft. Die Imame bündeln in sich alles Wissen, auch das der esoterischen Wahrheiten, die den Uneingeweihten verborgen bleiben. Die Imame stellen daher uneingeschränkte Autoritäten dar und genießen Treue und Gehorsam der Gläubigen. Nach ismailitischer Überzeugung teilt sich die Weltgeschichte in verschiedene zeitliche Zyklen auf, an deren jeweiligem Beginn ein sprechender Imam oder Prophet steht; ihm folgt eine Reihe von Imame, die nicht Überbringer einer Offenbarung sind. Ferner gibt es Zyklen verborgener Imame, in denen die Lehre geheim bleibt, und Zyklen offenbarender Imame, in denen die Lehre durch Missionare verbreitet wird. Die Imame verfügen über das Wissen der inneren, den meisten Gläubigen verborgenen Bedeutung des Korans. Die grundlegende Pflicht des Gläubigen ist die Erkenntnis des wahren Imams. Er ist aufgerufen, immer und unter allen Umständen nach der Wahrheit zu suchen, eine Bemühung, die als schwierig und von Rückschritten begleitet beschrieben wird.

Anhängern der Ismailiyya gelang es hin und wieder, die politische Macht in einigen Teilen der islamischen Welt zu erobern. Hier ist die

Zaiditen

Ismailiten

Fatimiden

Assasinen

Dynastie der Fatimiden (909–1171) in Nordafrika und Ägypten zu nennen. Seit dem Mittelalter von Geheimnissen umwoben ist die ismailitische Gruppe der Assasinen, denen man die Erfindung von Terror und politischem Mord zuschreibt. Inzwischen haben sich die Ismailiten zu einer relativ kleinen, aber sehr aktiven Religionsgruppe entwickelt, die vor allem in Zentralasien, Afghanistan, Indien und nicht zuletzt in Großbritannien leben, und bis heute unter der Leitung ihres Oberhaupts, des Agha Khan, für wirtschaftliche, pädagogische und karitative Aktivitäten in der Öffentlichkeit bekannt sind.

5.4 Die innerislamische Debatte um die Schia

Es ist bemerkenswert, dass sich innerhalb der westlichen Debatte um den schiitischen Islam kaum grundlegende Kontroversen entwickelt haben. Dies mag zunächst einmal daran liegen, dass die wissenschaftliche Erforschung der verschiedenen Strömungen und Aspekte der Schia nur von wenigen Forschern betrieben wird, die sich jeweils auf Forschungsgebiete konzentrieren, in denen sie als die einzigen Spezialisten angesehen werden müssen. Im Übrigen kann die systematische Schiaforschung auf kaum mehr als vier oder fünf Jahrzehnte zurückblicken.

Interkonfessionelle
Auseinandersetzung

Anders verhält es sich dagegen mit den interkonfessionellen Auseinandersetzungen zwischen dem Mehrheitsislam der Sunniten und den Schiiten. Dabei darf nicht übersehen werden, dass diese Kontroversen zumindest von einem Teil der westlichen Forscher dergestalt übernommen worden sind, dass sie nicht selten bei ihrer Beurteilung der Schia die Einschätzung sunnitischer Kritiker übernommen haben. Im Gespräch mit Nicht-Muslimen werden vor allem Sunniten darauf hinweisen, dass sich Sunniten und Schiiten gegenseitig als Muslime anerkennen. Daneben gibt es aber Traditionen an gegenseitigen Polemiken, bei denen auf schiitischer Seite die Tatsache, dass kein Nachkomme des Propheten Muhammad die Gemeinde der Muslime leitete und bis heute leitet, als himmelschreiende Ungerechtigkeit angeprangert wird.

Verantwortlich dafür sind aus schiitischer Sicht zunächst einmal die ersten drei Kalifen, die Ali an der Ausübung seiner legitimen Herrschaft hinderten. Für Sunniten sind diese aber geschichtliche Heroen und religiöse Vorbilder ersten Ranges. Bis in die jüngere Vergangenheit gab es die Praxis, dass die eine Gruppe die Helden der anderen formelhaft schmähte. Vor allem die Polemik der Sunniten gegen die Schia hängt nicht zuletzt mit der Tatsache zusammen, dass die Kenntnisse der Sunniten über Doktrin und religiöse Praxis der Schiiten sich durchaus in Grenzen halten. So wird die Verehrung der Imame samt den Wallfahrten an deren Begräbnisstätten als eine Form von Polytheismus betrachtet. Die schiitische Praxis der Taqiya, also die Erlaubnis, in Gefahrensituationen die Zugehörigkeit zur Schia zu leugnen, betrachten die Sunniten als die Erlaubnis zu lügen. Die schiitische Sonderform der Ehe, die Ehe auf Zeit, stellt für sunnitische Polemiker die Billigung der Prostitution dar. Da sich bei manchen schiitischen Gelehrten in Vergangenheit und Gegenwart in ihren Schriften deutliche soziale Tendenzen finden lassen, polemisieren sunnitische Gegner gegen die Schiiten mit der Feststellung „Shi´i Shuyu´i" (Ein Schiit ist ein Kommunist; vgl. Naef 1997).

Es gibt vor allem seit dem 19. Jahrhundert immer wieder Versuche, eine Annäherung zwischen Sunniten und Schiiten zu bewerkstelligen. So wurde in den 1940er-Jahren an der sunnitischen Azhar-Hochschule in Kairo eine besondere Abteilung für die Erforschung der schiitischen Theologie und Jurisprudenz eingerichtet, die jedoch schließlich zu einer Professur für persische Sprache reduziert wurde. Die Förderung oder Behinderung der Bemühungen um die Annäherung zwischen den beiden Konfessionen war und bleibt abhängig von den politischen Beziehungen zwischen den wichtigen sunnitischen und schiitischen Staaten, vor allem Ägypten und Saudi-Arabien auf der einen und dem Iran auf der anderen Seite.

Fragen und Anregungen

- Welche islamischen Konfessionen kennen Sie?

- Wo sind deren Verbreitungsgebiete?

- Welches sind die grundlegenden dogmatischen Unterschiede zwischen Sunniten und Schiiten?

- Was ist Taqiya?

- Nennen Sie islamische Heilserwartungsbewegungen.

Lektüreempfehlungen

- Rainer Brunner: Annäherung und Distanz. Schia, Azhar und die islamische Ökumene, Berlin 1996. *Geschichte der Beziehungen zwischen Sunniten und Schiiten in der Moderne.*

- Winfried Buchta: Who Rules Iran? The Structure of Power in the Islamic Republic, Washington 2001. *Interessanter Einblick in die politischen und religiösen Machtverhältnisse des führenden schiitischen Staates.*

- Werner Ende / Rainer Brunner (Hg.): Twelver Shia in Modern Times. Religious Culture and Political History, Leiden 2001. *Der Sammelband betrachtet unter den verschiedensten Aspekten die Entwicklungen, die die schiitischen Gemeinschaften seit dem 20. Jahrhundert genommen haben.*

- Heinz Halm: Die Gnosis, die extreme Schia und die Alawiten, Zürich 1982. *Eine der wenigen modernen Darstellungen zu den verschiedenen Sonderformen der Schia.*

- Heinz Halm: Die Schia, Wiesbaden 1988. *Eine inzwischen als klassisch zu bezeichnende Darstellung von Geschichte und Glauben der Schiiten.*

- Yitzhak Nakash: The Shi'is of Iraq, Princeton 1994. *Quellen- und faktenreiche Beschreibung der Geschichte der Schiiten im Irak im 19. und 20. Jahrhundert.*

6 Gottesfreunde oder Nachahmer des Propheten

Abbildung 7: Der Tanz der Derwische (1980er-Jahre)

Zu den bekanntesten rituellen Formen der islamischen Mystik gehö-
ren die Tänze der Mewlewiyya, einer Gemeinschaft, die sich auf den
vor 800 Jahren (1207) verstorbenen Mystiker und Dichter Jalal al-
Din Rumi zurückführen. Die hoch symbolischen, Gebete darstellen-
den Tanzformen berühren nicht nur Muslime, sondern finden auch
unter Nicht-Muslimen ein aufmerksames Publikum. Ihre faszinieren-
den Darbietungen forderten aber muslimische Reformer zu kritischen
Äußerungen heraus.

Der erste Abschnitt des folgenden Kapitels gibt einen Überblick über
die Entstehung und rituellen Formen der islamischen Mystik, deren
Ziel die Vereinigung mit Gott in der Liebe zu ihm ist. Es wird aufgezeigt, inwieweit diese Form des Islams unter anderen Richtungen
umstritten war, andererseits aber auch Einfluss auf die Politik und
Gestaltung des Alltags gewann und auch heute noch gelegentlich gewinnt. Der zweite Teil skizziert eine andauernde Kontroverse um die
Inhalte mystischer Vorstellungen, die insbesondere in der westlichen
Islamwissenschaft geführt wird. Die Debatte unterscheidet sich durch
die unterschiedliche Annäherung an den Islam, vor allem durch lite-
raturwissenschaftliche und sozialwissenschaftliche Ansätze.

6.1 Mystische Bewegungen
6.2 Der Streit um den Neo-Sufismus

6.1 Mystische Bewegungen

Der orthodoxe sunnitische Islam ist von ritueller Schlichtheit gekennzeichnet. Vom komplexen Ritual der Pilgerfahrt abgesehen, ist kaum eine rituelle Praxis zu beobachten, die die Emotionen anspricht. Die orthodoxen Vorstellungen von Gott lassen ihn als einen weit entfernten Schöpfer erscheinen, dem sich das Geschöpf mit Ausnahme des Propheten nicht nähern kann. Konträr zu dieser strengen Theologie entstand im 9. Jahrhundert eine vielgestaltige Gegenbewegung, die im Lauf der religionsgeschichtlichen Entwicklung für eine mystische Form der Religion erstaunliche Ausmaße annahm. Mystische Ideen finden sich nicht nur in der sunnitischen, sondern auch in der schiitischen Form des Islams (→ KAPITEL 5). Da sich die Schia aber bereits durch ein höheres Maß an Emotionalität auszeichnet, blieb die Zahl der Mystiker hier verhältnismäßig gering.

Der einzelne Mystiker wird als Sufi bezeichnet, nach dem Gewand aus Wolle (arabisch *sûf*), das die frühesten Gottessucher trugen. Eine andere Bezeichnung ist Derwisch, von dem persischen *darwîsh* (arm). Die islamische Mystik sieht in Gott den Geliebten, dem sich der Mensch als Liebender immer weiter annähert, um schließlich ganz mit ihm zu verschmelzen oder in ihm aufzugehen. Diese Vorstellung von einer Liebesbeziehung zwischen Gott und Mensch faszinierte viele Menschen, und diese Idee wurde weit über die islamische Welt hinaus schon im europäischen Mittelalter bekannt (vgl. Smith 1928; Schimmel 1979, S. 42–46). Die Sufis beschrieben ihre Annäherung **Der Weg zu Gott** an den göttlichen Geliebten als einen Weg oder Pfad (arabisch *tarîqa*), der aus verschiedenen, durch zahlreiche asketische Übungen gekennzeichneten Stadien besteht. Dazu gehören die superrogatorische, also über das vorgeschriebene Maß hinausgehende Erfüllung der islamischen Glaubenspflichten ebenso wie sexuelle Enthaltsamkeit, lange Vigilien und der Rückzug in die Einsamkeit. Dabei steht die Gottesfurcht am Anfang des mystischen Pfades. Aus Gottesfurcht tut der Mensch Buße, die aber nicht nur für seine Verfehlungen vollzogen wird, sondern auch für seine guten Taten und Tugenden, die ihn ja auch von Gott ablenken können.

Der Gottesfurcht folgt das Gottvertrauen. Hier verlässt sich der **Gottvertrauen** Gottessucher ganz auf Gott und überlässt sich völlig der göttlichen Vorsehung, die das menschliche Schicksal bestimmt. Der Mensch ist in der Hand Gottes wie der Leichnam in der Hand des Totenwäschers. Mit diesem einprägsamen Bild beschreiben die Mystiker das Gottvertrauen. Wer sich in dieser Weise auf Gott verlasse, den erfüllen innerer Friede und eine unendliche Gelassenheit.

Mystik Nach der mystischen Lehre ist die Gotteserkenntnis die grundlegende Voraussetzung, um dem mystischen Pfad zu folgen. Da diese Gotteserkenntnis allen Menschen möglich ist, haben auch alle Menschen die Möglichkeit, den Weg des Mystikers zu gehen. Die Gotteserkenntnis wiederum ist möglich durch die Offenbarungen, die Gott den Menschen hat zukommen lassen. Für manche Mystiker ist die Gotteserkenntnis aber auch durch den Verstand und eine gewisse Rationalität erreichbar, die von Naturerscheinungen ausgeht. Der Mystiker bleibt bei der Überzeugung, dass Gott existiert, aber nicht stehen. Er strebt eine emotionale Gotteserkenntnis an. Dabei versucht er, Gott direkt zu erreichen und zur Erkenntnis seiner verborgenen Wesenheit zu gelangen. Dieses Vorhaben kann jedoch nur gelingen, wenn sich der Mystiker ganz auf seine Liebe zu Gott konzentriert und alles beiseite lässt, was sich zwischen ihn und das Objekt seiner Liebe stellt: die Welt, die Gesellschaft der Menschen, vor allem aber sich selbst in der Gesamtheit seiner Begierden und Wünsche, seiner Talente und Fertigkeiten. Durch diese bis zum Äußersten vorangetriebene 'Entwerdung' kann der Mystiker zu den verborgenen Geheimnissen des göttlichen Wesens vordringen und Gott direkt erkennen. Diese Erkenntnis Gottes ist das eigentliche Ziel des Menschen. Dieses Ziel ist für die Mystiker wichtiger als die Erfüllung der Glaubenspflichten. Hier wird ein antinomistisches Moment des Sufitums deutlich, das vor allem in der Spätzeit auch zahlreiche orthodoxe Kritiker auf den Plan gerufen hat. Unter Antinomismus versteht man eine Haltung, in der sich Gläubige bewusst nicht an die durch ihre Religion vorgeschriebenen Normen halten, weil sie sich Gott so nahe fühlen, dass die göttlichen Befehle für sie nicht mehr gelten.

'Entwerdung' in Gott

Der mystische Pfad ist auch und vor allem aus der Sicht der Mystiker nicht ohne Gefahren und Risiken. Denn auf diesem Weg lauern Trugbilder und Irrtümer. So besteht die Gefahr, dass der mystische Wanderer sich schon in unmittelbarer Nähe zu seinem Ziel wähnt, in Wahrheit aber von seinem Weg abgekommen ist. Als Folge dieser Irrtümer kann es zu schmerzlichen Erkenntnissen, Verzweiflung und zu seelischen Abstürzen kommen. Daher ist es klug, auf diesem Weg nicht ohne Führer voranzuschreiten. Solch einer erfahrenen Person ist es bereits gelungen, tatsächlich in Gottes Nähe zu gelangen. Sie ist daher in der Lage, anderen Menschen auf dem mystischen Pfad den rechten Weg zu weisen und sie vor Irrwegen zu bewahren. Die Beziehung zwischen einem Lehrer des mystischen Pfades und einem

Lehrer des mystischen Pfades

Adepten kann auch als Lehrer-Schüler-Verhältnis oder als Autoritäts-
verhältnis beschrieben werden.

Sehr schnell gewann die mystische Lehre in weiten Teilen der islamischen Welt zahlreiche Anhänger. Aus Konventikeln, kleinen Gruppen, eines Lehrers mit einigen Schülern entwickelten sich seit dem
9. Jahrhundert hierarchisch strukturierte Großorganisationen mit **Mystische ‚Orden'**
tausenden von Anhängern. Diese Organisationen werden von west-
lichen Forschern als Orden oder Bruderschaften bezeichnet. Beide Begriffe sind nur bedingt richtig, denn es gab in den Sufi-Gemeinschaften auch weibliche Mitglieder, und die mit dem abendländischen
Ordensbegriff verbundene Vorstellung von lebenslanger Zugehörigkeit oder von den Tugenden Armut, Gehorsam und Keuschheit treffen auf die islamischen Sufi-Gruppierungen nur bedingt zu. Viele
Mitglieder von Sufi-Gruppen waren oder sind verheiratet. Manche
Sufi-Gemeinschaften nehmen überhaupt nur verheiratete Mitglieder
auf. Zwar gibt es Konvente (türkisch *tekke*), in denen die Sufis ge-
meinschaftlich leben, und in der Mehrzahl der Sufi-Organisationen
treffen die Anhänger sich regelmäßig zu religiösen Übungen, aber im
Übrigen führen sie ein bürgerliches Leben, gehen ihren Geschäften
nach und sorgen für ihre Familien. Der arabische Name *tarîqa* (Plural *turuq*, Pfad) ist eine treffendere Bezeichnung für diese Gemeinschaften. Kennzeichnend für ihre organisatorische Struktur ist ein
hierarchischer Aufbau. An der Spitze steht dabei der Führer, der als **Hierarchie**
Pol oder Achse der Organisation beschrieben wird. Ordensgründern
und Ordensführern wurden Wunderkräfte zugesprochen. Handelt es
sich um eine Massenorganisation mit Millionen Mitgliedern, gibt es
heute nationale und regionale Führungen, die sich weiter bis zu lokalen Gruppen verzweigen. Angesichts der großen Mitgliederzahlen der
einzelnen Orden sind eine Popularisierung mystischen Gedankenguts
und ein fließender Übergang zu Vorstellungen der islamischen Volksreligion nicht weiter verwunderlich. Die Lehre vom Gottvertrauen
führte bei den Anhängern zu einer deutlich ausgeprägten Haltung
der Schicksalsergebenheit.

Die Rituale der Bruderschaften entwickelten sich zu Techniken, **Sufi-Rituale**
die geradezu Formen von Massenhysterie hervorrufen können. Bei
ihren regelmäßigen Treffen führen die Ordensmitglieder sogenannte
Zikr-Übungen durch (Zikr von arabisch *dhikr*, Gedenken Gottes).
Diese Übungen können stundenlang andauern. Sie unterscheiden sich
in den verschiedenen Orden zwar in Einzelheiten, haben aber eine
gemeinsame Grundstruktur: Nach einleitenden Gebeten stellen sich
die Mitglieder in Reihen auf und beginnen, einen der Namen Gottes

oder eine kurze Gebetsformel zu rezitieren. Dabei führen sie bestimmte Körperbewegungen durch, die aus einem Vor- und Zurückschwingen des Oberkörpers, einfachen Tanzschritten oder auch komplizierten gemeinsamen Tanzbewegungen bestehen können. Die Teilnehmer können durch Unterhaken der Arme oder Festhalten der Hände der beiden nächststehenden Teilnehmer miteinander in körperlichen Kontakt treten. Bei den bekannten tanzenden Derwischen **Mewlana-Derwische** der Mewlana-Gemeinschaft im türkischen Konya werden diese Kontakte dagegen vermieden. In den subtilen und hoch symbolischen Übungen der Tänzer werden durch Drehungen verschiedene Aspekte der göttlichen Schöpfung wiedergegeben. Die Tänze werden durch die Musik von Rohrflöte und Trommel begleitet, die für die orthodoxen muslimischen Rituale nicht gestattet sind. Dieser Tanz ist allerdings nur ein Teil eines komplexen Rituals der Mewlewis, bei dem Gebet und Ermahnung durch den Ordensführer oder einen seiner Stellvertreter ebenfalls eine tragende Rolle spielen. Des Weiteren gibt es auch Gesangsdarbietungen (vgl. Meier 1992, S. 23–52).

Rituale und Ekstase Gleichgültig welches Ritual durchgeführt wird, können diese Techniken Teilnehmer in ekstatische Zustände versetzen. Daher gibt es immer Ordensmitglieder, die an den eigentlichen Übungen nicht teilnehmen und stattdessen darauf zu achten haben, dass sich die Ordensbrüder bzw. -schwestern, die in Ekstase geraten, in diesem Zustand nicht selbst schwerwiegende Verletzungen zuziehen. Bei einigen Teilnehmern dieser Ritualen lassen sich geradezu suchtähnliche Abhängigkeiten von den rituellen Übungen feststellen. Bis heute praktizieren manche Orden noch Rituale, bei denen Selbstverstümmelungen nicht nur in Kauf genommen werden, sondern Teil der rituellen Übung sind. Diese Aktivitäten, aber auch die weniger spektakulären Zikr-Übungen haben nicht selten das Interesse eines Publikums gefunden, das nicht an der islamischen Mystik interessiert ist, dem es vielmehr um die merkwürdigen und eher in den Bereich von Zirkusvorführungen gehörenden Aspekte der Veranstaltungen geht. Mit den sich verstärkenden Strömen von Reisenden in manchen Tourismushochburgen in Nordafrika, aber auch in der Türkei oder Syrien, wurden derartige Veranstaltungen auch in die Programme der Tourismusindustrie übernommen, wobei einzig das Sensationsmoment des Rituals im Vordergrund steht und die Loblieder auf die Ordensgründer stark rhythmisiert zu Schlagern verkommen sind.

Die Verzahnung von zivilem Alltagsleben und der Zugehörigkeit zu einem Orden führte zu einer gesellschaftlichen Durchdringung mit den besonderen religiösen Vorstellungen der islamischen Mystik. Zu einer vollständigen Kontrolle islamischer Gesellschaften durch die Orden ist es aber nur in ganz wenigen Fällen gekommen. Als Beispiel für eine solche Kontrolle sei auf die Sanusiyya in Libyen verwiesen. Die Sanusiyya ist eine Ende des 18. Jahrhunderts entstandene reformistische Sufi-Organisation, die im Gebiet des heutigen Libyen großen religiösen und politischen Einfluss auf die Bevölkerung gewinnen konnte. Im 20. Jahrhundert stellte sie die wichtigste Widerstandsorganisation gegen die italienischen Kolonialinteressen dar. Nach dem Zweiten Weltkrieg wurde der Führer der Sanussiyya Monarch des libyschen Königreichs, bis er durch die Revolution des Obersten Muammar al-Qadhdhafi 1969 abgesetzt wurde. In der Regel gab und gibt es jedoch mehrere Ordensgemeinschaften, die in den jeweiligen Staaten miteinander um politischen und gesellschaftlichen Einfluss konkurrierten. Den politischen Eliten oder auch den westlichen Kolonialmächten, die in ihrer Stellung durch die Orden bedroht wurden, gelang es in der Regel, die verschiedenen Gruppen gegeneinander auszuspielen oder sie durch finanzielle Zuwendungen an die Ordensführer und die Übertragung von Immobilien in eine gewisse Abhängigkeit zu bringen. Angesichts des Einflusses, den die Ordensführer auf ihre Anhänger ausüben konnten, stellten sie dennoch über Jahrhunderte einen wichtigen Faktor in der Politik, Wirtschaft und im gesellschaftlichen Leben der islamischen Gesellschaften dar. Nicht selten entwickelten sich die Orden angesichts ihrer Mitgliederzahl, ihrer organisatorischen Effizienz und ihrer wirtschaftlichen Macht zu einer deutlichen Alternative zu den großen staatlichen Institutionen und Agenturen. Häufig stellten sie die einzigen funktionierenden Strukturen, wenn islamische Staaten durch interne Spannungen oder auswärtige Aggressionen an der Erfüllung ihrer Aufgaben gehindert wurden. So waren es in vielen Fällen die Bruderschaften, die sich der europäischen kolonialen Expansion des 19. Jahrhunderts mit einem gewissen Erfolg entgegenstellen konnten. Die Sanusiyya im heutigen Libyen stehen hierfür ebenso wie z. B. der Ordensführer Abd al-Qadir al-Jaza'iri (1808–83), der sich als der stärkste Gegner gegen die französische Eroberung Algeriens im 19. Jahrhundert erwies.

Eine weitere Besonderheit der Bruderschaften ist ihr starker identitätsstiftender Charakter. Als Beispiel dafür kann der Orden der Muridiyya im Senegal dienen. Die Ende des 19. Jahrhundert gegründete Gemeinschaft weist die gleichen sozialen Strukturen auf, welche die im Zusammenbruch begriffene Gesellschaft der ethnischen Gruppe der Wolof gekennzeichnet hatte. So wie die traditionelle Wolof-Ge-

Bedeutung des Sufitums

Politische Bedeutung der Orden

Die Muridiyya

sellschaft eine strikte Differenzierung zwischen Oberschicht und dem Rest der Bevölkerung kannte, besteht die Muridiyya aus einer Hierarchie von Ordensführern, die sich aus der Nachkommenschaft des Ordensgründers Ahmadu Bamba (1853–1927) einerseits und den Muriden, den einfachen Mitgliedern der Gemeinschaft, zusammensetzt.

Elite und Mehrheit

Bambas wichtigste Regel war es, Beten und Arbeiten in einen Zusammenhang zu bringen. Zwischen den beiden Gruppen der religiösen Führer und ihren Anhängern entwickelte sich eine Art von Arbeitsteilung, nach der die Eliten der Bruderschaft beten und die Mehrheit arbeitet. Dabei konzentrierte sich die Bruderschaft bei dieser Arbeit auf das senegalesische Marktprodukt der Erdnüsse, das für verschiedene Bereiche der Industrie zunächst der französischen Kolonialmacht und später französischer Vertragspartner gebraucht wurde. Die Muriden waren es, die die schweren Arbeiten auf den ständig erweiterten Anbaufeldern leisteten. Nach einiger Zeit kontrollierte die Bruderschaft der Muridiyya ca. 80 % der senegalesischen Erdnussproduktion und nahezu 100 % der im Land vorhandenen Transportkapazitäten. Die Konsequenzen für die wirtschaftliche und damit auch die politische Lage des Landes sind offenkundig. Inzwischen haben sich die wirtschaftlichen Aktivitäten der Muridiyya inhaltlich und räumlich erweitert. So gehört die Mehrheit der in Westeuropa operierenden westafrikanischen Straßenhändler dieser Gruppe an. Diese unterstützen durch ihre Tätigkeit inzwischen nicht nur die Aktivitäten der Gemeinschaft im Senegal, sondern auch die vor allem in Frankreich studierenden Angehörigen der Muridiyya. In vielerlei Hinsicht kann man dabei von einer Modernisierung der Gemeinschaft sprechen. Dies kommt auch in einer verstärkten religiösen Bedeutung von Frauen in der Bruderschaft zum Ausdruck. Weiterhin rekrutiert sich die überwiegende Mehrheit der Muridiyya aus der Ethnie der Wolof. Die Muridiyya trug entscheidend zur Stabilisierung der Identität der Wolof bei und stellt heute den entscheidenden Faktor für ihre ethnische Weiterexistenz dar (vgl. Behrman 1970).

Bis zum Beginn des 20. Jahrhunderts konnte man in der Mehrzahl der islamischen Länder nicht als Muslim leben, ohne Mitglied in einer oder mehreren Bruderschaften zu sein. Nur einige wenige Bruderschaften verboten die Mitgliedschaft in mehreren Orden (vgl. Abun Nasr 1965). In der ersten Hälfte des 20. Jahrhunderts nahm die Bedeutung der Bruderschaften für den Islam langsam ab. Die verschiedenen muslimischen Reformer des 19. Jahrhunderts vom Gründer der fundamentalistischen Wahhabiten-Bewegung Ibn Abd al-Wahhâb

Kritiker der islamischen Mystik

(1703–92) bis zu den islamischen Reformern Jamâl al-Dîn al-Afghânî (1838–97) und Muhammad Abduh (1849–1905) übten heftige Kritik an den Mystikern. Die wahhabitische Ideologie ist bis heute die Staatsdoktrin in Saudi-Arabien. Durch die starke wirtschaftliche und politische Stellung dieses Königreichs in der islamischen Welt findet deren kritische Haltung gegenüber der Mystik bis heute weite Verbreitung. Die Reformvorstellungen von al-Afghani und Abduh sind immer noch die Grundlage moderner muslimischer Denker. Zum einen sahen sie in der Verehrung der Ordensgründer und -führer und dem damit verbundenen Gräberkult einen Angriff auf die monotheistische Doktrin des Islams. Zum anderen empfanden manche Kritiker die Mystik in ihrer populären Form auch als Hindernis für eine Modernisierung des Islams. Diese Kritik blieb bei den neuen, modern ausgebildeten Eliten in der islamischen Welt nicht ungehört. Die Bruderschaften wurden auch von diesen als Relikte einer überkommenen Vorstellung von Islam angesehen. Eine weitere Ursache für die nachlassende Bedeutung der Orden lag in den tiefgreifenden sozialen und wirtschaftlichen Veränderungen, denen sich die islamische Welt in der Neuzeit gegenüber sah.

Die wachsende Urbanisierung machte z. B. lange Wege zu den Arbeitsstätten erforderlich, sodass den Mitgliedern der Bruderschaften kaum noch Zeit blieb, sich in den Ordenszentren ihren religiösen Übungen zu widmen. Die Einrichtung von Ordenszentren in der Nähe der Arbeitsstätten wäre insofern keine Lösung gewesen, weil die Rückwege in die Wohnungen im Anschluss an die religiösen Übungen zeitlich kaum noch zu bewältigen gewesen wären. Zwar wurden Bruderschaften gegründet, die versuchten, sich auf die neuen gesellschaftlichen Verhältnisse einzustellen, aber die Sichtbarkeit der Bruderschaften in der Öffentlichkeit ging mehr und mehr zurück. Auch der Nachwuchs verringerte sich, u. a. wegen der öffentlichen Kritik. Auf dem Land und in den kleinen Städten blieben die Orden aber immer noch ein Faktor, mit dem die herrschenden Eliten zu rechnen hatten. Sie bemühten sich daher, Einfluss auf die Sufi-Organisationen zu gewinnen. Dies geschah, indem von staatlichen Stellen Dachorganisationen für die Sufi-Gruppen initiiert wurden, die Kontrollfunktionen ausübten. Durch diese staatlichen Einrichtungen sollte verhindert werden, dass sich ‚Fehlentwicklungen' ergäben. Ein Ziel war dabei gewiss auch, dass die für die Sicherheit des Staates und der Regime zuständigen Behörden die Entstehung von oppositionellen Bewegungen unter dem Mantel der islamischen Mystik von vorne herein unterbinden wollten.

Sufis in der modernen Gesellschaft

Politische Einflussnahme auf die Orden

Die politisch ungefährlichen Mystiker-Organisationen erhielten Unterstützung durch staatliche Einrichtungen. Das geschah durch die Finanzierung von internationalen Konferenzen, Druckkostenbeihilfen für Publikationen und direkte Alimentierung von führenden Persönlichkeiten der Sufi-Bewegung. Hintergrund dieses staatlichen Engagements ist eine pragmatische Beurteilung der Sufis durch die Regime. Das Sufitum wird als natürlicher Antagonist zu den radikalen Strömungen des Islams betrachtet, die bekanntlich in einer teilweise gewaltförmigen Opposition gegen die herrschenden Regime stehen. Die quietistische, häufig weltabgewandte Haltung der Mystiker bei einer gleichzeitigen hohen Befriedigung emotionaler Bedürfnisse lässt den Regierungen eine höhere Bewegungsfreiheit bei innenpolitischen Entscheidungen. Die Bruderschaften binden zugleich potenzielle Kritiker und Gegner der Regime und stellen für die radikalen Gruppen eine nicht zu unterschätzende Konkurrenz dar. Neben diesen von realpolitischem Kalkül ausgehenden Überlegungen sind aber auch etliche Politiker in der islamischen Welt bekannt, die die Führer von mystischen Gemeinschaften als geistliche Berater und religiöse Führer an sich gezogen haben. Derartige Kontakte werden allerdings nicht publik gemacht. Diesen Sufis werden zahlreiche Vergünstigungen aus staatlichen Mitteln gewährt, die sie dann zugunsten ihrer Gemeinschaften verwenden können (vgl. de Jong 1983).

Es liegt sicher nicht an der staatlichen Unterstützung, dass sich seit dem Beginn der 1970er-Jahre ein neues Interesse an der islamischen Mystik vor allem bei den neuen Eliten in islamischen Gesellschaften feststellen lässt. Die seit dieser Zeit entstandene Re-Islamisierung hat dazu geführt, dass sich Intellektuelle, Künstler, Politiker oder Medienschaffende, die die Radikalisierung des Islams für einen Irrweg halten, dem Sufitum zuwenden. Sie wahren eine deutliche Distanz zu den populären Formen der Mystik, die sie als einen ‚Sufismus der Straße' bezeichnen. Ihre Neigung zur Mystik spielt sich auf einem höheren Niveau ab, hat aber sicherlich eine gewisse Nähe zu den verschiedenen Spielarten der Esoterik.

Die strukturelle Stabilität der Ordensorganisation spielt heute wiederum besonders dann eine Rolle, wenn staatliche Institutionen oder Agenturen mehr und mehr an Autorität verlieren. Als Beispiel sei hier auf die Situation im Irak nach der Besetzung des Landes durch alliierte Truppen im Jahre 2003 hingewiesen. Die seit dieser Zeit mit unterschiedlicher Heftigkeit ausgetragenen innenpolitischen Auseinandersetzungen zwischen den verschiedensten gesellschaftlichen Gruppen und religiösen Strömungen haben eine Situation geschaffen,

Nutzen und Gefahr für politische Regime

Neues Leben

Alte Funktionen neu belebt

bei der schon von einem Zusammenbruch der staatlichen Ordnung gesprochen werden kann. Die Sufi-Gruppen im Irak der Baath-Herrschaft hatten zwar kontrolliert, aber in der Regel unbehelligt ihre Rituale praktizieren und dadurch auch ihre Struktur aufrecht erhalten und ihren Zusammenhalt bewahren können. Derzeit sehen sie sich Angriffen vor allem von radikal-sunnitischer Seite ausgesetzt, auf die sie mit der Aufstellung von Selbstverteidigungskräften reagieren.

6.2 Der Streit um den Neo-Sufismus

Die Erforschung des Sufitums durch westliche Wissenschaftler ist immer die Domäne einiger weniger Spezialisten gewesen, die sich intensiv mit dem mystischen Gedankengut im Islam befassten. Sie untersuchten die spezifische Terminologie der Mystik oder die Gedankenwelt einzelner Mystiker. Man könnte diese Wissenschaftler als Vertreter einer literarischen Erforschung des Sufitums beschreiben, die sich zunächst philologisch und dann geistes- oder religionsgeschichtlich mit dem Sufitum auseinandersetzten. Andere interessierten sich für die politische Bedeutung der Orden und ihren Einfluss auf die islamischen Gesellschaften. Dies ist kein rezentes Phänomen; man denke nur an die erste große Monografie von Edward E. Evans-Pritchard *The Sanusi of Cyrenaika* (1949) über die Senussi-Bewegung in Libyen. Die Vertreter dieser Forschungsrichtung wären als Sozialhistoriker oder Sozialwissenschaftler, vor allem als Sozialanthropologen zu bezeichnen. Eine enge Zusammenarbeit der Vertreter der eher kulturell orientierten Forschungsrichtung auf der einen und der eher politisch ausgerichteten auf der anderen Seite kam nicht zu Stande.

Unterschiede in der Sufi-Forschung

Mit der wachsenden Bedeutung sozialwissenschaftlicher Fragestellungen in den Islamwissenschaften wurden die Unterschiede der beiden Richtungen immer deutlicher. Zunächst war das gegenseitige Interesse recht gering. Vor allem die Beschäftigung mit den aktuellen Verhältnissen, unter denen in der islamischen Welt, aber auch in westlichen Ländern Sufitum gelebt und praktiziert wird, war für die Literaturwissenschaftler nicht von Interesse, und die Sozialwissenschaftler kümmerten sich kaum um die feinsinnigen Überlegungen, die die Literaturwissenschaftler zu einzelnen Begriffen der mystischen Terminologie anstellten. Die unterschiedlichen Sichtweisen verdeutlicht die Rezension des ‚Literaturwissenschaftlers' Frederik de Jong zu dem Buch des britischen Sozialanthropologen Michael Gilsenan *Saint and Sufi in Modern Egypt'* (1974) im *Journal of Semitic Stu-*

Literatur- vs. Sozialwissenschaften

dies (de Jong 1974, S. 322–328), in dem auf einige Fehlinterpretationen sufischer Begriffe hingewiesen wurde und die weitere Erforschung der Glaubensvorstellungen, Rituale und Organisationsstruktur der von Gilsenan untersuchten Sufi-Gemeinschaft eher herablassend zur Kenntnis genommen wurde.

Schärfe kam in die Kontroverse, als verschiedene ‚Sozialwissenschaftler‘, vor allem bei der Untersuchung der historischen Entwicklung jüngerer Ordensgemeinschaften, die sich vor allem in den Auseinandersetzungen mit den europäischen Kolonialmächten hervorgetan hatten, einen Unterschied in den Doktrinen dieser modernen Orden zu entdecken glaubten. Sie konstatierten, dass die Thematik der Liebe zu Gott und das Ziel der weitestgehenden Annäherung an ihn bei diesen neuen Gruppen keine Rolle mehr spiele. Vielmehr gehe es vor allem um eine Lebensgestaltung nach dem Vorbild des Propheten Muhammad. Diese neue, nüchterne Sufik nennt ihren Weg die *tarîqa muhammadiyya* (arabisch für: den Weg der Nachfolge des Propheten Muhammad; vgl. Trimingham 1971, S. 106). Darunter sei zu verstehen,

Neo-Sufis dass für die Neo-Sufis das Ziel des mystischen Erlebens und Pfades nicht mehr die *unio mystika* (lateinisch für: mystische Einheit) mit Gott, sondern die Vereinigung mit dem Propheten Muhammad und die Befolgung des Gesetzes ist. Auf der Ebene der Erkenntnislehre verwerfen die Neo-Sufis angeblich den herkömmlichen *taqlîd*, die traditionsgebundene Befolgung des Gesetzes, zugunsten des *ijtihâd*, der persönlichen Rechtsfindung durch den Gebrauch der eigenen Vernunft. Dies, so meint man, seien die Ziele der Reformen, die von den neuen Orden des 18. und 19. Jahrhunderts angestrebt wurden (vgl. Trimingham 1971, 106f.). Als Beispiel sei auf Bradford G. Martins 1976 erschienene Studie *Muslim Brotherhoods in 19th Century Afrika* hingewiesen. In diesem Buch werden Bruderschaften aus Nordwest- aber auch aus Nordost-Afrika analysiert, die nicht zu den klassischen Forschungsgebieten der ‚Literaturwissenschaftler‘ gehören. Das Konzept des Neo-Sufismus fand etliche Anhänger, was nicht zuletzt mit der Tatsache zusammenhing, dass die damit verbundenen politischen Implikationen aufmerken ließen.

Kritik am Neo-Sufismus Gegen diese Idee des Neo-Sufismus begann Bernd Radtke in den 1990er-Jahren eine grundsätzliche Polemik, an der sich auch Seán O'Fahey beteiligte (vgl. Radtke 1994). Radtke wies darauf hin, dass auch in der mittelalterlichen islamischen Mystik das Vorbild des Propheten Muhammad eine besondere Rolle gespielt habe. Auch damals habe es schon Akzentverschiebungen innerhalb der sufischen Lehre gegeben. Insofern stimme eine nun als sensationell festgestellte Veränderung der Doktrin des Sufismus nicht mit den Feststellungen bei der Auswertung der Texte überein. Eine Akzentverschiebung mit einem neuen Begriff zu versehen, sei nicht akzeptabel. Der Neologismus wird auf die verschiedenen Kolonialverwaltungen zurückgeführt. Die Kolonialverwaltungen trafen auf einen von Sufi-Bruderschaften geführten und betriebenen Widerstand gegen die koloniale Expansion. Da sie ihn nicht mit den üblichen westlichen Vorstellungen vom Sufitum in Übereinstimmung bringen konnten, wurde der Begriff des Neo-Sufismus entwickelt.

In der Folge entwickelte sich die Debatte von der Frage des Sufitums fort hin zu Überlegungen über das Verhältnis von der Islamwissenschaft zur Ethnologie oder Sozialanthropologie und zu dem Vorwurf des Essentialismus gegenüber den Islamwissenschaftlern. Diese Debatte ist noch nicht abgeschlossen.

Fragen und Anregungen

- Ab wann und wo kann man Formen der islamischen Mystik feststellen?

- Wie nennt man die verschiedenen Stadien des mystischen Weges?

- Erläutern Sie, warum westliche Bezeichnungen für Mystikerorganisationen wie Bruderschaft oder Orden problematisch sind.

- Wie stellt sich die Haltung muslimischer Reformer gegenüber der islamischen Mystik dar?

Lektüreempfehlungen

- Donal Cruise O'Brien / Christian Coulon (Hg.): Charisma and Brotherhood in African Islam, Oxford 1988. *Auseinandersetzung mit den modernen Entwicklungen in den großen westafrikanischen Mystikerorganisationen und Vorbild für vergleichbare Untersuchungen in anderen Teilen der islamischen Welt.*

- Frederik S. de Jong / Bernd Radtke (Hg.): Islamic Mysticism Contested. Thirteen Centuries of Controversies and Polemics, Leiden 1999. *Neuester, umfangreicher Sammelband über die ver-*

schiedensten historischen Entwicklungen, rituellen Ausdrucks-
formen und sozialen Bedeutungen der Mystik in den verschiedensten Regionen der islamischen Welt.

- Helmuth Ritter: Das Meer der Seele, Leiden 1955. *Immer noch
  eine der umfangreichsten und tiefgründigsten Studien über die
  Entstehung und Blüte der mittelalterlichen islamischen Mystik.*

- Annemarie Schimmel: Mystische Dimensionen des Islams.
  Geschichte des Sufismus, Köln 1979. *Standarddarstellung zur
  islamischen Mystik, der aber nicht selten der Vorwurf der Romantisierung gemacht worden ist. Wie bei manchen anderen Werken
  der Autorin ist der Einfluss auf das öffentliche Bild der islamischen
  Mystik kaum zu überschätzen.*

7 Alltagskultur

Abbildung 8: Schale mit Mandeln auf dem Markt in Maskat/Oman (1996)

Das Bild zeigt eine Schale mit Mandeln und verschiedenfarbigen Sü-
ßigkeiten, die auf einem Markt in Maskat/Oman zur Zeit des Fasten-
monats Ramadan angeboten werden. Süßigkeiten sind nicht nur bei
Kindern beliebt, sondern gehören zu den üblichen Fastenspeisen in
der islamischen Welt.

Im folgenden Kapitel werden Aspekte des islamischen Lebens untersucht, die den Alltag von Muslimen prägen, strukturieren und typisie-
ren. Gerade die Alltagskultur macht die Islamizität islamischer Gesellschaften offensichtlich. Sie kennzeichnen die Zugehörigkeit zum Islam
stärker als dogmatische Debatten, juristische Auseinandersetzungen
oder politische Konflikte. Kleidung, Nahrungsmittel, Spiele und andere Unterhaltungsformen haben in der islamwissenschaftlichen Forschung zwar keine dominierende Rolle gespielt, aber dennoch immer
wieder das Interesse der Wissenschaftler gefunden. Die Alltagskultur
stellt auch den Bereich islamwissenschaftlicher Untersuchungen dar,
der sich am leichtesten mit Fächern wie der Völkerkunde oder der
europäischen Ethnologie zu gemeinsamen interdisziplinären Projekten
verbinden lässt.

7.1 Quellen der islamischen Alltagskultur
7.2 Einfluss von Traditionen
7.3 Das kulinarische Beispiel
7.4 Die Debatte um das Verbot von Schweinefleisch

7.1 Quellen der islamischen Alltagskultur

Die Alltagskultur islamischer Gesellschaften, die Realien, wie sie in **Realien**
den frühesten Untersuchungen genannt wurde, kann als einer der ältesten Themenkreise der Islamwissenschaft bezeichnet werden. Das
hängt mit den ursprünglichen Motivationen für die Erforschung der
islamischen Welt zusammen: Vertreter der Wissenschaft vom Alten
Testament erhofften von den Forschungsergebnissen zur vorislamischen und frühislamischen, aber auch der zeitgenössischen Kulturgeschichte im Sinne einer wechselseitigen Erhellung Aufschlüsse über
Normen, Regeln und gesellschaftliche Entwicklungen der Kinder Israel, wie sie in den Büchern des Alten Testaments beschrieben, aber
von christlichen Theologen wie von jüdischen Religionswissenschaft-
lern jeweils unterschiedlich erläutert und interpretiert wurden. Man
suchte nach Parallelen zwischen den Stämmen Israel und den Bedui-
nenstämmen der arabischen Halbinsel und der Syrischen Wüste. So
waren deutsche Alttestamentler und Orientalisten besonders interessiert an der Poesie der vorislamischen Araber, zu deren Verständnis
es erforderlich war, auch und gerade deren materielle Kultur zu er-
forschen. Neben den Gedichten selbst waren es dann die mittelalterlichen arabischen Kommentatoren und Lexikografen, die zahlreiche
Aussagen zur materiellen Kultur und zum Alltagsleben der bedui-
nischen Gesellschaft machten. Aus diesen Quellen konnte der Kieler
Orientalist Georg Jacob in seinem *Altarabischen Beduinenleben* 1897
einen guten Überblick über die vor- und frühislamische Alltagskultur
geben. Auf ähnlichen Quellen beruhte auch die lexikografische Untersuchung von Reinhard Dozy *Dictionnaire détaillé des noms des
vêtements chez les Arabes* (1834).

Eine andere wichtige Quellengruppe sind Texte der arabischen
Adab-Literatur. Über kaum eine andere Gattung der arabischen Lite- **Adab**
ratur ist so viel nachgedacht worden wie über diese. Ursache für dieses intensive wissenschaftliche Bemühen um eine Systematisierung
und Strukturierung der Gattung der Adab-Literatur war die formale
wie inhaltliche Unterschiedlichkeit dieser Bücher. Über die Begriffs-
geschichte des Adab sind wir recht gut unterrichtet. Zunächst bezeichnet der Begriff Brauch, Sitte und Verhalten, die aus der Tradition
der Vorfahren stammen. In der Abbasidenzeit (750–1258) machte
das Wort dann einen Begriffswandel durch und wurde nun als Begriff für Zivilisiertheit, Höflichkeit und Eleganz, wie man sie in den
Städten fand, verstanden. Der italienische Orientalist Francesco
Gabrieli (1904–96) hat Adab als Äquivalent zu *urbanitas* verstan-

den. Von dieser Bedeutung war der Schritt zum Begriff der Etikette nicht mehr weit.

Ausgehend von dieser Grundbedeutung kam es dann zu einer Bedeutungserweiterung des Begriffs. Hat die Bedeutung zunächst auf dem ethischen und sozialen Aspekt des Wortes gelegen, kam nun eine intellektuelle Komponente hinzu. Adab war jetzt die Summe aller Kenntnisse und Fähigkeiten, die einen Menschen zu einem zivilisierten Lebewesen in einer hoch zivilisierten Gesellschaft machen und mit denen er in dieser Gesellschaft bestehen und Erfolg haben kann. Adab erhielt also einen durchaus funktionalen Aspekt und ähnelt damit dem Grundmotiv der Knigge'schen Forderung nach gutem Benehmen. Es ging nicht darum, von einer Sache genaue und erschöpfende Kenntnis zu besitzen, sondern lediglich so viel, dass man damit in der Gesellschaft als gebildet angesehen werden konnte. Diese Kenntnisse waren nun allerdings nicht nur auf einige Gebiete beschränkt, sondern mussten in möglichst allen Erscheinungsformen der mittelalterlichen arabischen Kultur angewendet werden.

So entstand ein Eklektizismus, dessen Normen Eleganz in der Formulierung, intellektuelle Beweglichkeit, Kurzweil und Witz waren. Wir haben es hier also mit ausgesprochen formalen qualifikatorischen Elementen zu tun. So ist es nicht verwunderlich, dass Bücher, die das Ziel hatten, einen Einzelnen zu einem universal gebildeten und in der besseren Gesellschaft akzeptierten Menschen zu formen, neben ihrem unzweifelhaft pädagogisch-didaktischen Moment auch ein enzyklopädisches Ziel hatten, indem sie zahlreiche, völlig verschiedene Themen behandelten. Häufig waren sie wie Enzyklopädien aufgebaut, und der Vergleich mit Konversationslexika, wie sie im Deutschland des 18. Jahrhunderts entstanden, ist sicher nicht zu weit hergeholt. Bemerkenswert ist aber auch, dass sich in diesem Literaturtypus durchaus eine gewisse soziale Zielrichtung bemerkbar machte, da dergleichen Werke für verschiedene Berufs- und Gesellschaftsgruppen verfasst wurden. Es sind solche überliefert worden, die sich an Richter, Ärzte, Verwaltungsbeamte oder die berufsmäßigen Zechgenossen wenden. Auf diese Weise wurde die professionelle Identität der einzelnen Berufsgruppen definiert und befestigt. Daneben wurden aber auch Abad-Werke verfasst, die sich an die größere Allgemeinheit wandten, der sie ein weit gefasstes Themenfeld anboten.

Bei dem hohen Maß an Bedeutung, das der Rhetorik in der mittelalterlichen arabischen Literatur zuerkannt wurde, ist es nicht verwunderlich, dass hier ein Schwerpunkt der Thematik der Adab-Literatur liegt. Sie folgt dabei allerdings in ihrem inhaltlichen Aufbau

Zivilisation (margin note)

Normen (margin note)

Enzyklopädien (margin note)

Rhetorik (margin note)

nicht einem vorgegebenen theoretischen Muster, sondern reiht zahlreiche Beispiele aneinander, in denen Stegreifgedichte, witzige Antworten und berühmte Reden referiert und zitiert werden. Da diese aus allen Bereichen des kulturellen und gesellschaftlichen Lebens der mittelalterlichen arabischen Gesellschaft entnommen wurden und die rhetorischen Meisterleistungen in der Mehrzahl der Fälle in dem Zusammenhang, in dem sie gefallen waren, dargestellt wurden, ist die Adab-Literatur eine reiche, wenn auch manchmal etwas mühsame Quelle für die islamische Kulturgeschichte im Allgemeinen und für die Alltaggeschichte im Besonderen.

Vor allem finden wir hier Beispiele aus dem literarischen Bereich: Gedichte, Lieder, elegante Prosa. Sie stehen oft im Zusammenhang mit Berichten über Kleidung, Reittiere, Waffen, Landschaften, Zeitvertreib, den Weinkonsum, merkwürdige Zeitgenossen, nicht zuletzt auch über das Essen. Da sich diese Literaturgattung nicht nur auf Vorkommnisse aus den gehobenen Gesellschaftsschichten konzentrierte, sondern ihre Beispiele auch aus dem Mittelstand und vor allem aus der Unterschicht sammelte, lässt sich ein Einblick in die Alltagskultur des gesamten Spektrums der mittelalterlichen islamischen Gesellschaft gewinnen. Literatur

Es gehört zu den Besonderheiten der islamischen Literaturen, dass sich die Autoren nicht nur für Vorgänge in der Ober- und Mittelschicht der islamischen Gesellschaften interessierten. Vielmehr hat sich auch eine Reihe von Texten erhalten, in denen gerade auch die Lebensweise der Unterschichten beschrieben wurde. Al-Jaubarî (erste Hälfte des 13. Jahrhunderts) berichtet von den Tricks und Kniffen von Taschenspielern. Der iranische Reisende und Literat Abû Dulaf verfasste (um 950) ein langes Gedicht auf die Banû Sâsân. Dabei handelt es sich um die Kollektivbezeichnung für jede Art von Spitzbuben, Betrügern, Trickstern und Halunken, die sich in den großen Städten der arabischen Welt herumtrieben. Gerade in diesen Darstellungen lassen sich zahlreiche Hinweise auf das Alltagsleben und die Alltagskultur der islamischen Welt finden. Banû Sâsân

Von Bedeutung für eine Darstellung der islamischen Alltagskultur sind auch historische Werke. In der arabischen Historiografie, aber auch in der anderer islamischen Literaturen, werden zwei verschiedene literarische Gattungen unterschieden. Es gibt einerseits die annalistische und andererseits die ereignisreferierende Form der historischen Darstellung. Die annalistische Form verfolgt historische Ereignisse in jeweils einem Jahr; da sich jedoch bedeutsame historische Vorgänge über mehrere Jahre hinziehen können, wird dieses Prinzip nicht in jedem Fall Historiografie Annalistische Form durchgehalten. Die Form ist im Übrigen offen. Ein Geschichtswerk dieses Typs kann als Weltgeschichte konzipiert sein, aber auch als Regional-, Lokal- oder Dynastiengeschichte. Daneben können auch die als Orbituarien (Nachrufe) konzipierten biografischen Lexika in diese annalistische Form der Darstellung eingeordnet werden. In diesen Werken wird der Persönlichkeiten gedacht, die in einem Jahr verstorben sind. Bei den Nachrufen finden sich auch immer wieder interessante Hinweise auf alltägliche Begebenheiten, die den Betrauerten widerfahren sind. Auch aus diesen Texten lassen sich Hinweise zur mittelalterlichen Alltagskultur finden. Auch das Maß, in dem der Autor eines annalistischen Werks auf Einzelheiten der historischen Vorgänge eingeht, liegt bei ihm.

Ereignisreferierende Form

Die ereignisreferierende Form dagegen, die wohl die ältere der beiden in der arabischen Literaturgeschichte ist, stellt oft verschiedene Versionen desselben historischen Vorgangs nebeneinander dar, unabhängig von der zeitlichen Dauer. Diese Form ist lebhafter und reicher an Einzelheiten. Gleichgültig wie die Form auch sein mag, enthalten auch die historischen Werke zahlreiche Einzelheiten über kulturgeschichtliche Zusammenhänge, wenngleich diese nicht zentral für diese Quellengattung sind.

Hisba-Werke

Eine weitere aufschlussreiche Quelle zur Alltagskultur sind die sogenannten Hisba-Werke, die Handbücher für einen der wichtigsten Funktionäre der mittelalterlichen islamischen Städte, den Muhtasib (→ KAPITEL 11). Dieser Marktvogt hatte die Aufgabe, das Marktgeschehen zu kontrollieren und für die öffentliche Ordnung zu sorgen. Mithilfe der Hisba-Werke konnte der Muhtasib die auf dem Markt angebotenen Waren prüfen, denn es gehörte zu seinen Aufgaben, auf die Frische der angebotenen Lebensmittel ebenso zu achten wie auf deren Echtheit. So kontrollierte er z. B., ob das extrem teure Gewürz Safran mit Kurkuma gestreckt war oder bei teuren Stoffen die Gewebe mit minderwertigem, preiswertem Material vermischt waren. Diese Bücher zeichnen sich nur sehr selten durch theoretischen Überlegungen oder einen besonderen literarischen Anspruch aus. Der Quellenwert dieser Werke liegt vielmehr in ihrem Praxisbezug.

Märchen

Schließlich sind auch noch die bekannten arabischen Märchensammlungen als kulturgeschichtliche Quellen zu nennen. Mögen die eigentlichen Handlungen auch fantastisch sein, so ist doch der kulturelle Rahmen sehr oft in die Realitäten des islamischen Mittelalters eingebettet. Gerade durch die Beschreibung des Alltags werden die märchenhaften Teile der Texte besonders hervorgehoben. Das gilt für den Bereich der materiellen Kultur ebenso wie für Fragen des alltäglichen Verhaltens oder kaufmännischer Praktiken.

7.2 Einfluss von Traditionen

So interessant diese Quellen unter kulturhistorischen Gesichtspunkten sind, so wenig Einfluss haben sie auf das Alltagsleben von Muslimen von heute. Hier spielen Traditionen eine Rolle, die durchaus auf vorislamische Regelungen zurückgehen können. Vor allem im Zusammenhang mit den Beziehungen und Verhaltensregeln zwischen den Geschlechtern sind auch die Unterschiede zwischen Muslimen und orientalischen Juden oder Christen nicht sehr groß. **Vorislamische Traditionen**

Dennoch erklären Muslime Alltagsnormen zu Regeln, die durch den Islam formuliert worden seien. Nicht in allen Fällen lässt sich für eine Regel aber eine entsprechende autoritative Quelle finden. Wenn sich solche Vorgaben tatsächlich auf den Koran oder die Aussprüche des Propheten Muhammad zurückführen lassen, werden sie von den Religionsgelehrten auch propagiert. Dabei werden heute auch die neuesten Kommunikationstechniken verwendet. So sagt Yusuf al-Qaradawi, der Fernseh-Prediger des Satellitensenders Al Dschasira zur Barttracht muslimischer Männer: **Prophetenworte**

„Der Hadîth-Gelehrte al-Bukhârî sagt: ‚Unterscheidet euch von den Polytheisten [arabisch *muschrikûn*]: Laßt den Bart wachsen und schneidet den Schnurbart.' Wie der Hadîth sagt, ist der Sinn hier die Unterscheidung von den Götzendienern [...]. Auch ist das Abrasieren des Bartes ein Affront gegen die männliche Natur, weil es ein Versuch ist, den Frauen ähnlich zu sein, wo doch der Bart ein zugehöriger Teil des Männlichen ist und eines seiner besonderen Merkmale darstellt." (al-Qaradawi 1989, S. 86)

Yusuf al-Qaradawi fügt der Vorschrift des Propheten noch eine weitere Erklärung hinzu, die in dieser Form von dem Text nicht unmittelbar gedeckt ist.

Ähnliche Regelungen unter Bezugnahme auf einen Ausspruch des Propheten finden sich in zahlreichen anderen Bereichen des Alltagslebens. So kann es um Kleidung, Schmuck, Schönheitsoperationen, Perücken, Tanz, Museumsbesuche und vieles andere gehen. In vielen Fällen handelt es sich dabei um Sachverhalte, die in den Hadîth-Sammlungen (→ KAPITEL 3) nicht direkt angesprochen werden und entsprechend interpretiert werden müssen. Für den Fall, dass eine Alltagsnorm sich nicht durch die primären islamischen Rechtsquellen (→ KAPITEL 4) begründen lässt, oder diese Rechtsquellen Formulierungen übermitteln, die geradezu gegen die alltägliche Praxis votieren, werden solche Regelungen im Alltag ignoriert. Im Konfliktfall setzt **Interpretationen des Hadîth** sich in der Regel die Alltagspraxis durch. Sie wird auch nur in den seltensten Fällen hinterfragt.

7.3 Das kulinarische Beispiel

Ein zentraler Bereich der Alltagskultur ist sicherlich alles, was die grundsätzlichen Bedürfnisse des Menschen befriedigt. Neben Unterkunft (ist z. B. das Duschen im eigenen Badezimmer mit den rituellen Vorschriften des Islams zu vereinbaren? → KAPITEL 11.3) und Kleidung (z. B. spezielle Kleidungsregeln für Frauen, → KAPITEL 10.5) stehen hier Essen und Trinken an prominenter Stelle. Die wichtigste Quelle für die Geschichte der islamischen Kochkunst sind die mittelalterlichen Kochbücher. Schon der früheste erhaltene arabische Bücherkatalog, der *Fihrist* des Ibn al-Nadîm (✝ ca. 998) verzeichnet etliche Kochbücher, die von Angehörigen der oberen Gesellschaftsschicht des Abbasidenreiches (750–1258) verfasst worden sind. Die Existenz dieser Bücher macht deutlich, dass das Interesse an der Kulinarik und deren gesellschaftlicher Stellenwert so hoch waren, dass man es für wert hielt, zu diesem Thema Bücher zu verfassen. Diese kulinarischen Interessen einer gehobenen Gesellschaft findet man in Bagdad, Kairo, Damaskus oder Andalusien ebenso wie an den Höfen der mittelalterlichen indischen Muslim-Herrscher.

Man kann zwei Gruppen von Autoren in der literarischen Gattung der Kochbücher unterscheiden. Auf der einen Seite sind es Köche, die für ihre Kollegen Rezepte skizzieren. Diese Texte sind sehr knapp gehalten und frei von jedem literarischen Anspruch. Man musste schon einige Erfahrung im Kochen haben, wenn man diese Bücher effektiv nutzen wollte. Die Rezepte sind oft sehr kurz und im Grunde nichts anderes als Hinweise für Fachleute, denen die entsprechenden Grundrezepte ohnehin schon bekannt sind.

Auf der anderen Seite gibt es Kochbücher, die eine deutliche Unterhaltungsfunktion haben und mit den aufwendigen Kochbüchern unserer Tage verglichen werden können, die man als *coffee table books* bezeichnet, weil man sie seinen Gästen an der nachmittäglichen Kaffeetafel zeigt, sie aber schon wegen ihres Preises nie in der Küche benutzen würde. Sie sind von Literaten verfasst, denen der Umgang mit Löffel und Kochtopf jedoch nicht fremd war. Als besonderes Beispiel für derartige literarische Kochbücher ist das Werk *Kitâb al-Tabîkh* (2007) von al-Warrâq aus dem 10. Jahrhundert zu nennen. Darin finden sich nicht nur Rezepte und Einzelheiten zu den

*(Marginalien:)*
Kochbücher

Kochbücher von Profis

Kochbücher von Literaten

verschiedenen Zutaten, sondern auch Anekdoten und Gedichte, die auf die beschriebenen Rezepte und Zutaten Bezug nehmen. Professionelle Köche aber waren diese Literaten nicht. Die Rezepte können ähnlich knapp wie die von Berufsköchen gehalten sein. Sie werden aber immer wieder von Gedichten, kurzen historischen Berichten oder Anekdoten unterbrochen. Auf diese Weise geben sie einen Einblick in die verschiedenen Aspekte der kulinarischen Praxis und sind damit eine wichtige Quelle für diesen Bereich der Alltagskultur.

Die überlieferten Kochbücher stammen aus verschiedenen Regionen der islamischen Welt. Wenn man sich hier nur auf die arabischen Kochbücher beschränkt, stellt sich doch immer noch die Frage, ob sich denn so etwas wie eine übergreifende Kochpraxis feststellten lässt, der man den gemeinsamen Namen ‚arabische Küche' zuerkennen kann. In der Tat lässt sich eine erstaunliche inhaltliche Einheitlichkeit der Rezepte feststellen. Diese kommt nicht von ungefähr. Die Gesellschaft des islamischen Mittelalters wies eine hohe Mobilität auf, die auf zwei Ursachen beruhte. Einerseits sind die Gläubigen gehalten, die Pilgerfahrt nach Mekka zu unternehmen. Solche Reisen dauerten unter den Bedingungen des islamischen Mittelalters mehrere Jahre. Bei diesen Fahrten lernten die Pilger die Küchen der Regionen kennen, die sie durchreisten, und brachten manches davon zurück in ihre Herkunftsorte.

Andererseits spielte für die Entwicklung der islamischen Gesellschaften der Handel eine zentrale Rolle. Kaufleute unternahmen lang andauernde, weite Reisen, bei denen sie auch die für die verschiedenen Regionen typischen Gerichte und deren Zubereitungsweisen kennenlernten. Außerdem standen sie in schriftlichem Kontakt mit Geschäftspartnern, von denen sie Einzelheiten über deren Alltag erfuhren, also auch über deren kulinarische Verhältnisse. Und schließlich waren Lebensmittel auch Bestandteil eines Warenangebots, für dessen Inhalt und Qualität sie sich schon berufsbedingt interessieren mussten. Diese Informationswege erklären, warum in Kochbüchern aus dem Irak Rezepte aus Andalusien zu finden sind, genauso wie aus nordafrikanischen Kochbüchern zu erkennen ist, dass hier syrische Zubereitungsarten bekannt waren. In vielen Fällen wurde die ursprüngliche Herkunft eines Gerichts durch einen entsprechenden Zusatz wie „andalusisch" oder „bagdadisch" deutlich gemacht.

Die Mehrzahl der mittelalterlichen Kochbücher ist für ein kulinarisch anspruchsvolles Publikum verfasst worden. Allerdings gibt es zumindest ein Kochbuch, das eine breite Rezept-Palette von einfachen zu raffinierten Zubereitungen vermittelt. Es stammt von einem andalusischen Exilanten aus dem 12. Jahrhundert, al-Tujîbî, der

Regionale Kochbücher

Einheitlichkeit der Rezepte

Pilgerfahrten

Handelsreisen

sich in Nordafrika an die Küche seiner Heimat erinnert. Wenn man dieses Kochbuch betrachtet, lässt sich feststellen, dass der einkommensbedingte Unterschied der Rezepte nicht in den Zubereitungsarten liegt, sondern in der Qualität und der Quantität von besonders teuren Zutaten.

Es bestätigt sich des Weiteren auch für die arabische Welt des Mittelalters die Feststellung von Michael Freeman über die chinesische Küche der Sung-Zeit (960–1279), dass eine der Voraussetzungen für eine anspruchsvolle Küche verschiedene Zutaten sind, die nicht allein aus einer Region stammen können. Sie müssen durch Händler importiert werden. „Feine Küche kann sich nicht aus den Überlieferungen einer einzigen Region entwickeln." (Freeman 1977, S. 144)

Küche und Urbanität Die Küche, mit der wir es hier zu tun haben, ist also eine urbane Erscheinung, in der importierte Zutaten vorhanden waren. Im urbanen Kontext sind schließlich auch die Personen zu finden, die für das Entstehen einer anspruchsvollen Küche unabdingbar sind. Diese müssen bereit und in der Lage sein, ihnen bis dahin nicht bekannte Gerichte zu kosten. „Feine Küche benötigt eine größere Anzahl von abenteuerlustigen Essern." (Goody 1982, S. 98)

Küche und Elite Dafür reichen die Angehörigen einer kleinen reichen Oberschicht, oder gar nur die eines Herrscherhofes nicht aus. Vielmehr bedarf es einer breiten Elite von Staatsbediensteten, Kaufleuten, Intellektuellen und Künstlern, die die Mittel und das Interesse an kulinarischen Besonderheiten aufbringen können. Trotz unserer geringen Kenntnis der gesellschaftlichen Strukturen des islamischen Mittelalters kann davon ausgegangen werden, dass eine ausreichend große Gruppe von Personen vorhanden war, sodass sich eine experimentierfreudige Küche entwickeln konnte. Im Übrigen zeichnete sich die mittelalterliche islamische Gesellschaft durch eine erhebliche soziale Mobilität aus. Angehörige der Unterschicht konnten wegen besonderer Begabungen in die Oberschicht aufsteigen, so wie sich durch politische Wechsel Mitglieder der Oberschicht plötzlich am unteren Ende der sozialen Leiter wiederfinden konnten. Diese Mobilität führte dazu, dass die verschiedensten Rezepte in allen Gesellschaftsschichten bekannt waren, auch wenn sie aus finanziellen Gründen nur einem begrenzten Kreis zugänglich waren.

Moderne Kochbücher Betrachtet man die modernen Kochbücher der islamischen Staaten, lassen sich hier interessante Entwicklungen feststellen. Wie in Europa haben Kochbücher inzwischen eine Vielzahl von Funktionen über die eigentliche Vermittlung von Kochrezepten hinaus. Zunächst einmal können sie, wie der Wiener Iranist Bert G. Fragner 1994 gezeigt hat, ein Ausweis für Modernität sein. Fragner zeigt an Kochbüchern, die im 19. Jahrhundert im Iran erschienen waren, dass der Besitz von Kochbüchern, in denen auch tatsächliche oder vermeintliche Rezepte aus den großen kulinarischen Nationen Europas wie Frankreich oder Italien stammten, als Belege für Weltoffenheit und Progressivität dienen sollte. Dies wird umso klarer, als etliche dieser Rezepte so falsch wiedergegeben waren, wie Fragner festgestellt hat, dass sie entweder gar nicht nachzukochen waren oder, wenn doch, wegen ihres üblen Geschmacks nicht zu konsumieren waren (vgl. Fragner 1994). Es ging also gar nicht darum, die Rezepte tatsächlich nachzukochen, sondern darum, sich durch die Kochbücher als modern zu zeigen.

Daneben geben Kochbücher auch Auskunft über die ideologischen Entwicklungen von Gesellschaften. Wenn man die arabischen Kochbücher der zweiten Hälfte des 20. Jahrhunderts Revue passieren lässt, kann das sehr gut nachgewiesen werden. Zunächst finden sich Kochbücher, die sehr deutlich von europäischen Vorbildern abhängig sind. So spielen in einem Kochbuch von Georges N. Rayes aus dem Beirut der 1950er-Jahre libanesische oder arabische Rezepte kaum eine Rolle, obwohl der Titel des Buches *L'Art culinaire Libanais* (Die libanesische Kochkunst) durchaus einen Bezug zum Herkunftsland des Verfassers hat. Man muss in diesem Zusammenhang allerdings feststellen, dass dieses Kochbuch nahezu das einzige war, das überhaupt auf dem arabischen Buchmarkt zu erhalten war.

Kochbücher und Ideologien

Diese Situation veränderte sich seit der zweiten Hälfte der frühen 1980er-Jahre. Nun entstand eine Vielzahl von Kochbüchern, in deren Titel das Wort „arabisch" verwendet wurde. Mit einer gewissen zeitlichen Verschiebung gegenüber den politisch-ideologischen Entwicklungen wird in diesen Kochbüchern ein gewisses panarabisches Konzept von Küche deutlich. Unterschiede zwischen einzelnen arabischen Regionalküchen werden nicht gemacht. Die Erinnerung an den lebhaften Austausch kulinarischen Wissens im Mittelalter ist längst verloren gegangen. Es wird unter politischen Gesichtspunkten eine einheitliche arabische Küche konstruiert.

Panarabische Küche

Diese Situation hat sich seit dem Beginn der 1990er-Jahre eindeutig verändert. Nun finden sich Kochbücher, die von Marokko im Westen bis zu den Golfstaaten im Osten vor allem regionale Küchen feiern. Zunächst sind viele dieser Kochbücher in europäischen Sprachen verfasst. In der Folge erschienen aber zahlreiche regionale Kochbücher in arabischer Sprache. Die Autoren schütten dabei in ihrem national-regionalen Eifer in einigen Fällen das Kind mit dem

Regionale Küche

Bade aus. So erscheint ein Kochbuch, in dem von einer kuwaitischen Küche die Rede ist, obwohl sich diese Küche kaum von der des benachbarten Irak unterscheidet, wenn man einmal von der relativ größeren Zahl von Fischgerichten absieht, die hier beschrieben werden. Dieses Kochbuch wurde in den kuweitischen Botschaften in aller Welt Besuchern ausgehändigt.

Identitätstiftende
Momente

Der ideologische Hintergrund der Regionalisierung der Kochbücher, vor allem im Bereich der Staaten des Golf-Kooperationsrates, einer Staatengemeinschaft, der die arabischen Länder der Golfregion angehören, ist leicht zu erklären. Die verringerte Bedeutung von panarabischen Ideologien hatte in vielen arabischen Staaten ein ideologisches, aber auch ein Identitätsdefizit hervorgerufen. Man besann sich daher auf seine regionalen kulturellen Besonderheiten. Zu diesen gehörte auch die Küche.

Es kam aber noch ein zweites Moment hinzu. In der Mehrzahl der arabischen Golfstaaten lebt eine große Zahl von Arbeitsmigranten, die aus Süd- und Südostasien stammen. Vor allem weibliche Migranten arbeiten als Haushaltshilfen und Kindermädchen. Die weiblichen Angehörigen der heimischen Eliten und des Mittelstands überließen diesen ausländischen Hilfskräften auch die Arbeit in der Küche. Auf diese Weise gelangten Kochtechniken und Gerichte aus deren Heimatländern in das kulinarische Repertoire und verdrängten die heimischen Traditionen. Daneben etablierten sich in den Städten der Golfregion

Schutz vor
Überfremdung

Restaurants aus Europa und Asien. Restaurants mit arabischer Küche waren dagegen nicht zu finden. Zu Beginn der 1990er-Jahre wurde die Gefahr der Überfremdung im kulinarischen Bereich ein Thema in den Medien. Sie wurde als Beispiel für die Gefahr eines allgemeinen Verlustes der kulturellen Identität angesehen. In der Folge wurden zahlreiche Kochbücher auf Arabisch und Englisch veröffentlicht, die die Küche der Golfregion in den Vordergrund stellten. Neuerdings finden sich auch wieder Restaurants mit lokalen Speiseangeboten, deren Küchen von Chefs mit internationalem Renommee geführt werden.

7.4 Die Debatte um das Verbot von Schweinefleisch

Dass der Koran den Konsum von Schweinefleisch verbietet, ist auch denen bekannt, die vom Islam im Übrigen nicht viel wissen. In der Tat wird dieses Speisetabu von Muslimen sehr viel ernsthafter befolgt als jede andere religiös begründete Regel. Häufig ist über die Ursachen dieses Verbots debattiert worden, wobei in diese Diskussionen auch das gleich lautende Verbot im Judentum mit einbezogen wurde.

Im Unterschied zu einigen anderen Speisevorschriften des Korans ist das Verbot von Schweinefleisch eindeutig: „Verboten ist euch nur Verendetes, Blut, Schweinefleisch und das, worüber ein anderer als Gott angerufen wurde. [...]" (Sure 2, 173) Die muslimischen Kommentatoren begründen das Verbot damit, dass das Schwein unrein sei und die Lebensgewohnheiten dieses Tiers unsauber und Ekel erregend seien. Als in der zweiten Hälfte des 19. Jahrhunderts die Trichinose entdeckt wurde, die man sich durch den Konsum von mangelhaft gekochtem Schweinefleisch zuziehen kann, wurde dies als ein Beleg für die Weisheit des Korans angesehen, der etwas verbot, wofür die Begründung von den Menschen erst viel später gefunden wurde. Allerdings kann man sich auch durch den Verzehr von Fleischsorten schwere Krankheiten zuziehen, die im Koran nicht verboten sind, z. B. durch Rindfleisch, Lammfleisch oder Ziegenfleisch, die Bruzellose übertragen oder gar für den Milzbrand verantwortlich sein können. Die medizinische Begründung für das Tabu ist daher nicht überzeugend.

Unreinheit

Die britische Ethnologin Mary Douglas hat in ihrem berühmten Buch *Purity and Danger* (Reinheit und Gefahr) 1966 eine andere Erklärung vorgetragen. Sie hat die zahlreichen Speiseverbote im Buch Leviticus des Alten Testaments analysiert und dabei festgestellt, dass die dort aufgezählten Tiere sich auf die eine oder andere Weise von der Norm unterscheiden. Sie sind fehl am Platz. Da ist z. B. von Fischen ohne Schuppen oder von Vögeln, die nicht fliegen können, die Rede. Douglas spricht hier von taxonomischer Anomalie. Diese Begründung gilt aber nicht für das Schwein.

Anomalie

Eine andere Begründung, die von dem Ethnologen Marvin Harris in seinem Buch *Good to eat. Riddles of food and culture* (*Wohlgeschmack und Widerwillen. Die Rätsel der Nahrungstabus*, 1985/1988) vorgetragen wurde, ist, dass die Kosten für die Aufzucht von Schweinen in warmen Gegenden wie dem Nahen Osten sehr viel höher seien als die anderer Tiere. Weil Schweine keine Schweißdrüsen haben, können sie Körperhitze nicht durch Schweiß ableiten. Sie müssen daher gekühlt werden, z. B. durch Wasser, das in Trockenregionen knapp und teuer ist. Harris zeigt, dass in den vorislamischen nahöstlichen Gesellschaften Schweine nicht unbekannt waren. Sie wurden im Alten Ägypten gezüchtet und das Neue Testament berichtet, dass Jesus die bösen Geister, die er aus einem Menschen austrieb (Matthäus 8, 20), in eine

Probleme der Zucht

Schweineherde fahren ließ, die sich dann in einem See ertränkte. Schweine waren also nicht ungewöhnlich. Harris zitiert einen amerikanischen Ethnologen, Carlton Coon (1904–81):

> „Coon schrieb den Untergang des Schweins im Vorderen Orient der Abholzung und dem Anwachsen der menschlichen Bevölkerung zu. [...] Zur Vervollständigung von Coons archäologischem Szenarium möchte ich hinzufügen, dass parallel zu der Vernichtung der Wälder auch an die Wüsten angrenzendes Ackerbau- und Weideland der Erosion anheim fiel, getreu dem alten Abfolgeschema, das vom Wald über die kultivierte Fläche zum Weideland und schließlich zur Wüste führt." (Harris 1988, S. 75f.)

Ferner sei das Schwein als Allesfresser ein direkter Konkurrent zum Menschen, der ebenfalls als Allesfresser bezeichnet wird.

Altorientalische Kulturen

Zumindest in dem koranischen Verbot ist jedoch ein religiöser Bezug hergestellt, der in den verschiedenen rationalisierenden Begründungen nicht beachtet wird. Aus altorientalischen Kulten ist bekannt, dass Schweine häufig als Opfertiere verwendet wurden. Es kann daher nicht ausgeschlossen werden, dass die eigentliche Ursache für das Tabu in einer strikten Ablehnung polytheistischer Rituale durch den Islam zu finden ist, der einen strengen Monotheismus propagiert.

Fragen und Anregungen

- Was sind die Gründe für das geringe wissenschaftliche Interesse an Formen der islamischen Alltagskultur?

- Nennen Sie Quellen zur Erforschung der Alltagskultur der mittelalterlichen islamischen Welt.

- Erläutern Sie die ideologisch-politischen Ursachen für die Entstehung von arabischen regional-spezifischen Kochbüchern.

- Nennen Sie mögliche Gründe für das Schweinefleischverbot im Islam.

Lektüreempfehlungen

- **Gustav Dalmann: Sitte und Brauchtum in Palästina**, 8 Bde., Gütersloh 1928–42. *In diesem Werk werden die Aussagen des Alten Testaments mit der Lebensweise der arabischen Palästinenser im ersten Drittel des 20. Jahrhunderts verglichen.*

- Heinz Grotzfeld: Das Bad im arabisch-islamischen Mittelalter, Wiesbaden 1970. *Beschreibung der architektonischen, organisatorischen, finanziellen und gesellschaftlichen Aspekte einer der wichtigen rituellen Institutionen der islamischen Gesellschaft.*

- Peter Heine: Food Culture in the Near East, Middle East, and North Africa, Westport 2004. *Überblick über die kulinarischen Kulturen zwischen Marokko und Afghanistan.*

- Yedida Stillman: Arab Dress. A Short History. From the Dawn of Islam to Modern Times, Leiden 2000. *Schilderung der Entwicklung der islamischen Kleidung von der Frühzeit bis in die Gegenwart.*

- Sami Zubaida / Richard Tapper (Hg.): Culinary Cultures of the Middle East, London 1984. *Sammelband mit Beiträgen von Philologen, Ethnologen und Islamwissenschaftlern, in denen ein breites Spektrum kulturgeschichtlicher Aspekte zu Essen und Trinken im Mittleren Osten betrachtet werden.*

8 Das Bilderverbot – Übertretungen und kreative Alternativen

Abbildung 9: Übermalung des arabischen Wortes *al-fann* (arabisch für: die Kunst) (1995)

Die islamische Kunst ist durch die arabische Kalligrafie dominiert. Das ist die Folge der ablehnenden Haltung der Darstellung lebendiger Wesen von Seiten der islamischen religiösen Autoritäten. Das ästhetische Bedürfnis der Muslime hat sich daher auf die verschiedenen Formen der arabischen Schrift konzentriert und sie als Schmuck von religiösen und profanen Bauten ebenso verwendet wie zur Ausschmückung von privaten Räumen, zur Verzierung von Kleidungsstücken oder Schmuck und in der heutigen Zeit als Chiffre für eine bestimmte politische Haltung auf Autos, Taschen oder technischen Geräten. Doch ganz ließ sich die Faszination durch die Abbildung von lebenden Wesen nicht unterdrücken. Zunächst zur Illustration von wissenschaftlichen Werken, dann aber auch von schöner Literatur oder Historiografien und schließlich gar der Lebensgeschichte des Propheten Muhammad werden Menschen und Tiere wiedergegeben. Derartige Kunstwerke für einen kleinen Kreis einer wohlhabenden Elite haben als Miniaturen jedoch einen ausgesprochen privaten Charakter. Erst seit dem 19. Jahrhundert hat die in Europa schon früher einsetzende Bilderflut auch die islamische Welt erreicht.

Im Koran selbst wird kein Bilderverbot ausgesprochen. Erst durch die Interpretation einiger Suren entwickelte sich eine Scheu vor der Darstellung der Schöpfung Gottes. Zugleich bestand die Furcht, dass die Kunstwerke selbst angebetet werden und von der Verehrung Gottes ablenken könnten. Dennoch entwickelte sich eine spezielle islamische Kunst, besonders in der Buchmalerei und Kalligrafie. Ab dem 16. Jahrhundert gewannen die westliche Kultur und mit ihr auch die Kunst einen starken Einfluss auf die islamische Welt, was nicht zuletzt zu einer besonderen Kunstproduktion führte. Auch in der Gegenwart gilt die Förderung von Kunst als Zeichen der Annäherung islamischer Staaten an die Demokratie.

8.1 Entstehung des Bilderverbots

Aus der Sicht mancher nicht-muslimischer Beobachter gehört das Bilderverbot zu einem signifikanten Merkmal des Islams. Mit dieser schlichten Feststellung bleibt zunächst offen, um welche Form von Bildern es sich handelt. Der Koran ist in dieser Frage nicht ausgesprochen aussagekräftig. Zwar wird in einem Vers angeordnet: „Ihr Gläubigen, das Losspiel, Opfersteine und Lospfeile sind (ein wahrer) Greuel und des Satans Werk. Meidet es!" (Sure 5, 90). Aus den Opfersteinen auf Standbilder von heidnischen Göttern auf Bilder zu schließen, macht schon ein gewisses Maß an interpretativer Freiheit aus. **Kein Bilderverbot im Koran**

Das arabische Wort für Bild *sûra* hängt mit dem arabischen Verb *sawwara* zusammen, was u. a. formen, gestalten, malen bedeuten kann. Im Koran bezieht es sich aber vor allem auf Handlungen der Schöpferkraft Gottes. Von dieser Wurzel ist auch das moderne arabische Wort *musawwir* für Maler abgeleitet. Dies ist aber zugleich eine der Bezeichnungen für Gott als den Schöpfer. Musawwir ist einer der 99 ‚schönen' Namen, mit denen Gott benannt wird. Wir haben es hier also mit einem eher indirekten Verbot der Herstellung von Bildern durch den Text des Korans zu tun. Aus dieser philologischen Überlegung kann dann auf das Bilderverbot geschlossen werden. Der Schluss ist allerdings nicht unbedingt zwingend. Anders verhält es sich mit den Prophetentraditionen. **Maler als Schöpfer**

Silvia Naef hat festgestellt, dass diese Quellen vier große Aussagengruppen beinhalten, die sich mit dem Bild und der Herstellung von Bildern befassen. Die erste Gruppe geht auf einen Prophetensatz zurück, nach dem Engel kein Haus betreten, in dem sich ein Hund oder eine bildliche Darstellung befindet. Da Hunde vom islamischen Recht als unreine Tiere angesehen werden (→ KAPITEL 4.1), lag es nahe, dass man auch Bildern einen unreinen Charakter zusprach. Daraus folgt, dass Muslime aus rituellen Gründen nicht an Orten beten können, an denen sich Bilder befinden. In diesem Zusammenhang ist auch ein Satz des Propheten Muhammad bemerkenswert, nachdem die Gefahr besteht, dass sich Menschen durch Bilder vom Gebet abhalten oder von ihnen in der Andacht irritieren lassen. Die Distanzierung des Propheten und damit der frommen Gemeinde von Bildern hat also zunächst etwas mit Fragen des Rituals zu tun (vgl. Naef 2007, S. 15f.). **Quellen des Bilderverbots**

Die schiitische Rechtsauffassung ist in dieser Hinsicht weniger rigoros. So wird von einem der Imame folgende Entscheidung überliefert. Auf die Frage eines Gläubigen, ob er das Gebet verrichten dürfe, wenn sich Abbildungen vor ihm, in seinem Gesichtsfeld befänden, sagt dieser:

> „Nein, wirf ein Kleid darüber! Wenn sie sich rechts oder links von dir oder hinter dir oder unter deinem Fuß oder über deinem Kopf befinden, ist nichts dagegen einzuwenden. Wenn sie sich dagegen in der Qibla (der Gebetsrichtung) befinden, dann wirf ein Gewand darüber und verrichte dann dein Gebet." (zitiert nach: Naef 2007, S. 16)

Allerdings finden sich in dieser Frage auf schiitischer Seite auch einige andere Positionen. So heißt es nach einem schiitischen Prophetenspruch: „Der Gesandte Gottes hat gesagt: Gabriel kam zu mir und hat gesagt: Wir Engel betreten kein Haus, in dem sich ein Hund befindet oder eine körperhafte Abbildung oder ein Gefäß, in das uriniert wird." (zitiert nach: Naef 2007, S. 16) Die Frage der rituellen Unreinheit wird hier also deutlicher formuliert als in den sunnitischen Überlieferungen.

Negation vorislamischer Praktiken

Ein anderes Argument hängt mit der Tatsache zusammen, dass es zu den religiösen Praktiken in vorislamischer Zeit gehörte, Götterstandbilder zu verehren. In diesem Zusammenhang berichten die Traditionen, dass der Prophet Muhammad sich in all den Fällen negativ zum Vorhandensein von Bildwerken geäußert habe, in denen die Gefahr bestand, dass diese selbst verehrt würden. Die von der Tradition immer wieder überlieferte Episode berichtet, dass der Prophet verboten habe, dass seine Lieblingsfrau Aischa Vorhänge aufhängte, auf denen Lebewesen dargestellt waren. Als Aischa aus diesen Stoffen Sitzkissen herstellte, auf denen man sich niederlassen konnte, erhob er keine Einwände. Der Prophet soll ihr auch Puppen erlaubt haben.

Verhinderung der Anbetung von Bildwerken

Es geht also vor allem darum, dass nicht der Eindruck entstehen sollte, dass die Bildwerke als Objekte der Anbetung verwendet werden könnten. Darstellungen, auf denen man sitzen oder die man betreten kann, können diese Gefahr nicht hervorrufen. Gleiches gilt für Spielzeug. In späteren Zeiten wurde auch die Herstellung und Verwendung von Schattenspielfiguren oder Stockpuppen gestattet, weil bei ihnen von vornherein deutlich war, dass sie sich nicht zu einer religiösen Verehrung eigneten.

Ein anderer Hadîth wendet sich an die bildenden Künstler und ist von erheblicher Konsequenz für die Gestalter von Bildern. Der Text lautet:

Jenseitsstrafen für Künstler

> „Diejenigen, die diese Bilder verfertigen, werden am Tag der Auferstehung Qualen zu erleiden haben. Es wird ihnen gesagt werden:

Macht lebendig, was ihr erschaffen habt." (zitiert nach: Naef 2007, S. 18f.)

Nicht viel anders lautet eine schiitische Überlieferung: „Wer ein [körperhaftes] Bild herstellt, von dem wird am Tag der Auferstehung verlangt, dass er ihm den Lebensodem einhaucht." (zitiert nach: Naef 2007, S. 19) Das Verbot richtet sich also gegen den schöpferischen Akt, der das Entstehen eines Bildnisses ausmacht. Auch dazu findet sich eine Tradition. Ein Maler fragte einen Gefährten des Propheten, ob er seiner Tätigkeit weiter nachgehen dürfe. Dieser Gefährte sagte dann:

> „Ich berichte dir, was ich den Gesandten Gottes sagen hörte: ‚Jeder Verfertiger von Bildern wird im Höllenfeuer landen. Jedem Bild, das er verfertigt hat, wird eine Seele (*nafs*) eingehaucht werden und diese wird ihn in der Hölle quälen.' Er fügte hinzu: ‚Wenn du dich nicht davon abhalten kannst, dann stelle Bäume und unbeseelte Gegenstände dar.'" (zitiert nach: Naef 2007, S. 19)

Auch die bedeutendsten mittelalterlichen Theologen standen Abbildungen sehr distanziert gegenüber. Als Beispiel sei hier nur auf den großen Gelehrten al-Ghazzali († 1111) verwiesen, der in einem Kapitel seines Hauptwerks über die *Wiederbelebung der religiösen Wissenschaften* in einem Kapitel über die Ethik bei Tisch feststellte, dass man eine Einladung zum Essen nicht annehmen dürfe, wenn die Nahrung zweifelhaft sei, der Ort und der Teppich nicht erlaubt oder dort tadelnswerte Dinge anzutreffen seien, vor allem Tücher aus Brokat, silbernes Geschirr oder das Bild eines Tieres an der Decke oder auf einer Wand (vgl. al-Ghazzali 1964, S. 250). Diese Formulierungen machen eine Ablehnung von bildlichen Darstellungen deutlich, aber kein ausdrückliches Verbot. Auf diese im Grunde weitgehend indifferente Haltung führt Silvia Naef die Tatsache zurück, dass die Muslime bei all ihren Eroberungszügen nur in den wenigsten Fällen zu ikonoklastischen Maßnahmen gegriffen haben. Das Bilderverbot ist also zunächst und vor allem auf den rituellen Gebrauch begrenzt (vgl. King 1985, S. 269).

Die Tatsache, dass auch das Judentum eine deutliche Abneigung gegen die Darstellung lebendiger Wesen pflegt, hat westliche Kunsthistoriker und Orientalisten veranlasst, von einer ‚semitischen Abneigung' gegen das Bild zu sprechen. Oleg Grabar, einer der angesehensten Kunsthistoriker für die islamische Kunst, kommt zu einer anderen Bewertung: Das Fehlen eindeutiger islamischer Symbole, die für alle Muslime akzeptabel waren, und mit einer vorhandenen christlichen Ikonografie in Konkurrenz treten konnten, machte eine

Verschärfung des Bilderverbotes bei al-Ghazzali

Formen
islamischer Präsenz

andere bildnerische Form für die Darstellung islamischer Präsenz notwendig. Diese konnte im Grunde nur in der arabischen Schrift bestehen, die als eine genuin islamische Erfindung angesehen wurde. Dass sich die Kreativität muslimischer Künstler vor allem in der Kalligrafie entwickelte, ist daher keine Überraschung. Dass dabei auch Übergänge zwischen der Darstellung von Lebewesen und der arabischen Schrift festzustellen sind, zeigt das Bemühen der Künstler, immer wieder auch über die strengen Grenzen der Schrift hinauszugehen (vgl. Grabar 1977, S. 99).

8.2 Kunst im Islam

Kunst unter den
Omayyaden

Es war aber nicht nur die Kalligrafie, die sich vergegenständlichte, vielmehr kannte die islamische Kunst seit der Zeit der Omayyaden (660–750) auch die gestalterische Wiedergabe von Menschen und Tieren. Dabei ist stets im Gedächtnis zu behalten, dass nicht alle Belege künstlerischen Schaffens die Zeitläufte überlebt haben. Es ist durchaus möglich, dass glückliche Zufälle weitere Dokumente der frühen und mittelalterlichen bildenden Kunst ans Tageslicht fördern, die uns andere Einsichten in die islamische Kunstgeschichte eröffnen. In den berühmten Wüstenschlössern der Kalifen dieser Dynastie finden sich Wandmalereien mit Götterdarstellungen, Köpfen und anderem, die von Künstlern der Region verfertigt worden sind und sich durch einen ausgesprochen eklektischen Stil auszeichnen und in Vielem auf byzantinische und persisch vorislamische Vorlagen zurückgehen (vgl. Ettinghausen 1962, S. 19–40).

Kunst unter den
Abbasiden

Unter den Abbasiden (750–1258) entwickelte sich eine sehr viel originärere bildnerische Handschrift, die sich ebenfalls in Wandmalereien realisierte, aber auch auf zahlreichen Gebrauchsgegenständen auf keramischen wie auf textilen Hintergründen zu finden ist (vgl. Ettinghausen 1962, S. 54–65).

Kunst unter den
Fatimiden

Zu den Dynastien, aus deren künstlerischer Produktion noch zahlreiche Beispiele erhalten sind, gehört die der Fatimiden (909–1171) in Ägypten. Gerade hier sind zahlreiche mit Tier- oder Menschendarstellungen verzierte Gebrauchsgegenstände erhalten geblieben (vgl. Bloom 2007). Es kann nicht ausgeschlossen werden, dass es sich bei diesen Darstellungen um Ergebnisse einer Indifferenz gegenüber den Regeln des islamischen Rechts handelte. Auch mag es Argumentationen von Rechtsgelehrten gegeben haben, wie sie sich später, z. B. im

Fotografie

Zusammenhang mit der Erfindung der Fotografie, finden. Diese modernen Abbildungen von Menschen wurden als erlaubt angesehen, weil die Intention deutlich war, dass hier keine lebenden Wesen dargestellt werden sollten. Vielmehr handelte es sich nach diesen modernen Rechtsgutachten schon wegen der mit menschlichen Größen nicht vergleichbaren Widergaben keineswegs um den Versuch, der Schöpferkraft Gottes etwas entgegenzusetzen (vgl. Khoury / Heine / Oebecke 2000, S. 197f.). Ein anderer Aspekt ist, dass es sich um Gebrauchsgegenstände, aber auch um Wandmalereien handelte, die einem breiteren Publikum nicht zugänglich waren. Die öffentliche wie offizielle Darstellung von Menschen und/oder Tieren ist eine Entwicklung, die sich erst im späten 19. Jahrhundert in islamischen Gesellschaften feststellen lässt.

Gleiches gilt sicherlich auch für die seit dem 9. Jahrhundert aufkommende künstlerisch beeindruckende Miniaturmalerei. Bei dieser handelte es sich auch um eine sehr private Form des Kunstgenusses, die sich nur die Mächtigen und die Vermögenden leisten konnten. Eine wichtige technische Voraussetzung für die Entwicklung der Miniaturmalerei war die Einführung des in China erfundenen Mediums des Papiers im Nahen Osten. Es war nicht nur preiswerter als Papyrus und Pergament, sondern war vor allem für die Malerei auch besser geeignet. **Miniaturmalerei**

Sylvia Naef unterscheidet von den Inhalten her drei verschiedene Themengruppen in der islamischen Miniaturmalerei: **Themengruppen**
• Wissenschaftliche Abhandlungen
• Illustrationen zu Lehrgedichten etc.
• Illustrationen von Fiktion.
Zunächst handelt es sich auch unter dem Gesichtspunkt der Entstehungsgeschichte um wissenschaftliche Abhandlungen. Es handelt sich um Bücher zur Astronomie, in denen die Sternzeichen mit den ihnen zugeordneten Bildern dargestellt werden, um wissenschaftliche Werke aus dem Bereich der Medizin, später auch um Darstellungen zur Pferdezucht und Dressur und manchen anderen praktischen Bereichen des Alltags. **Wissenschaftliche Abhandlungen**

Im zweiten Themenbereich werden Illustrationen zu literarischen Werken verfertigt. Es sind vor allem die Lehrgedichte wie *Kalila wa Dimna*, Fabeln, in denen die verschiedenen Tiere, die als handelnde Personen aufgefasst werden, dem Betrachter gegenübertreten. **Lehrgedichte und Fabeln**

In der weiteren Entwicklung sind es dann Illustrationen im eigentlichen Sinn, die vor allem die berühmten Makamen des Hariri, eine beliebte Literaturform, illustrieren. Diese Miniaturwerke wurden im **Illustrationen von Fiktion**

doppelten Sinn für die ethischen und ästhetischen Normen des islamischen Mittelalters als problematisch angesehen.

Makamen
Die Makamen als literarische Gattung sind wegen ihrer sprachlichen Eleganz und dem unvergleichlichen Umgang mit der arabischen Sprache als Kunstwerke anerkannt. Die Tatsache, dass es
sich bei den Inhalten um literarische Fiktionen handelt, die zudem
noch von Personen berichten, die durch ihre Abenteuer nicht als Vorbilder für die islamische Gesellschaft gelten können und eher dem
Typus der Trickbetrüger und Eulenspiegel zuzuordnen sind, machte die
Akzeptanz ambivalent, sodass die Auftraggeber sie nur zu ihrer eigenen, persönlichen Ergötzung herstellen ließen. Öffentlichkeit war mit
ihnen nicht intendiert. Andererseits ist es bemerkenswert, dass von
den illustrierten Handschriften der Makamen des Hariri eine
erstaunlich große Zahl von Exemplaren vorhandenen ist. Das lässt
darauf schließen, dass es im 13. Jahrhundert, also in der Zeit der
Entstehung dieser Texte, eine über den kalifalen Hof und den Hoch-
adel hinaus etliche wohlhabende Angehörige des ‚Bürgertums' gegeben haben muss, die sich finanziell in der Lage sahen, die kostbaren
Produkte einer erstaunlich reifen Buchkunst zu bestellen und nicht
zuletzt auch zu goutieren. Ähnliche Beispiele für diese Art von Buchmalerei finden sich auch in Ägypten unter der Herrschaft der Mamluken oder in Andalusien (vgl. Naef 2007, S. 43ff.).

Besondere Diskussionen hat die iranische Buchkunst und Miniaturmalerei unter europäischen Fachvertretern ausgelöst. Sie hängen
nicht zuletzt mit Debatten zusammen, die sich im späten 19. Jahrhundert in Frankreich entwickelten, als der französische Philosoph
Ernst Renan
Ernest Renan die These aufstellte, dass der semitische Geist nicht zu
schöpferischen Leistungen in der Lage sei. Daher gäbe es in der arabischen Welt auch keine qualitätsvollen bildnerischen Darstellungen.
Anders sei dies im Iran und in Indien, wo sich das Semitische nicht
habe durchsetzen können.

Georges Marcais
Diese Ansicht war mehr oder weniger direkt auch noch in den
1930er-Jahren zu finden. So sagt der Kunsthistoriker Georges Marcais:
„Während man sich im [islamischen] Westen an die Ursprünge
der Religion hält und die Vorschriften des Islams respektiert, setzt
der Osten sich darüber hinweg. Das islamische Persien hat zwar
keine Skulpturen von Lebewesen geschaffen, aber es hat sie ge-
malt. [...] In dieser Hinsicht gleichen sie dem fernen Osten. Sie
[die Perser] nähern sich damit aber auch uns an. Man weiß, wie
großen Gefallen unsere Maler an persischen Miniaturen finden.
Weil wir, wie man uns versichert, ihren Schöpfern der Rasse nach

verwandt sind, fühlen wir uns ihnen trotz der räumlichen Entfernung näher und glauben, ihr Denken vollständiger begreifen zu können, während Landstriche der islamischen Kunst, die uns der Entfernung nach näher sind, uns trotz allem fremd bleiben." (Marcais 1957, S. 79)

Die Miniaturen aus dem Iran sind nicht nur durch Vorbilder der klassischen Antike beeinflusst oder durch die Formen der vorislamischen iranischen Kunst, sondern auch durch fernöstliche Anregungen. Allerdings finden sich auch im Iran zunächst ‚wissenschaftliche' Illustrationen. Insofern stellt die Illustrierung von literarischen Texten wie dem *Schahnameh* von Ferdusi zu Beginn des 14. Jahrhunderts eine geradezu sensationelle Weiterentwicklung dar. Denn schon das Gedichtwerk selbst entspricht kaum den ethischen und ästhetischen Vorgaben der arabisch-islamischen Welt. In ihr galten Erzählungen und Märchen als unseriöse Literatur für Frauen und Kinder. Auch der Bezug auf die Zeit vor dem Islam, wie sie sich im *Schahnameh* findet, ist aus einer islamischen Perspektive kaum zu tolerieren. **Ferdusi**

Bemerkenswert ist auch die Entstehung von Illustrationen zu historiografischen Texten, von denen die Biografie des Propheten Muhammad besonders hervorzuheben ist, da hier der verehrte Gründer des Islams abgebildet wird. Zwar halten sich die Künstler bei den ‚Porträts' des Propheten zurück, indem sie sein Gesicht durch die Darstellung eines Schleiers verhüllen oder ihn mit einer Gloriole umgeben, die seine Gestalt selbst kaum sichtbar sein lässt, doch wird er als Gestalt bildnerisch dargestellt. **Historiografische Texte** · **‚Porträts' vom Propheten**

Die persische und indische Malerei entwickelte sich in der Folgezeit weiter, die künstlerische Produktion ist kaum noch zu übersehen und bleibt nicht auf Miniaturen beschränkt. Es finden sich auch Kacheln und andere Gegenstände des Alltagslebens, die durch die bildliche Darstellung von Lebewesen zu einmaligen Kunstobjekten werden. **Alltagsdarstellungen**

Zum Ende des 16. Jahrhunderts gewannen schließlich westliche Malerei und westliches Kunsthandwerk Einfluss auf die islamische Kunst vor allem im Iran und in Indien. So lädt der Moghulherrscher Schah Jehan Steinschneider aus Florenz ein, um mit ihrer beeindruckenden Technik der Pietre dure das Taj Mahal zu schmücken. Der berühmte iranische Miniaturmaler Muhammad Samân wurde von dem Safawidenshah Abbas II. († 1666) um 1645 nach Rom entsandt, wo er sich mit der zeitgenössischen italienischen Malerei vertraut machte und fortan im Iran einen Mischstil aus iranischer Miniaturmalerei und italienischer Malerei des 17. Jahrhunderts prägte. **Moghulherrscher**

Qajaren

Von diesem Zeitraum an entstanden in den Zentren der politischen Macht des Iran wie an den regionalen Fürstenhöfen Kunstwerke, bei denen man den europäischen Einfluss nachweisen kann. Hier ist vor allem die Zeit der Qajarendynastie (1779–1923) zu erwähnen, in der sich eine eigentümliche und unverkennbare Bildersprache entwickelte (vgl. Diba 2000). Diese Zeit ist künstlerisch auch gekennzeichnet durch die Übernahme von Techniken wie Holzschnitt und Lithografie, die die Herstellung von multiplen bildnerischen Werken und Reproduktionen ermöglichte. Nun entstanden Illustrationen zu den verschiedensten Literaturgattungen, aber auch ganze Bildergeschichten mit Begleittexten. Dabei geht es um die illustrierte Wiedergabe von Berichten aus dem Leben der großen Gestalten der schiitischen Religionsgeschichte ebenso wie um manche Volkserzählungen eher derben Inhalts. Derartige Illustrationen, wenn auch nicht in dem Umfang wie im Iran, finden sich in dieser Zeit auch in arabischen Veröffentlichungen. Die künstlerische Qualität wird bei all diesen Produktionen durch die technische Unvollkommenheit der Lithografen und Holzschneider begrenzt.

Plastiken

Die gestalterische Dynamik konzentrierte sich zunächst ausschließlich auf Bilder. Vor Plastiken bestand immer noch eine gewisse Scheu. Von wenigen Ausnahmen abgesehen waren es zunächst die Standbilder von Herrschern, die auf öffentlichen Plätzen in den Hauptstädten ausgestellt wurden und die das Eindringen von Plastiken in den öffentlichen Raum kennzeichnen. Auch Ausnahmen wie die Säule zur Erinnerung an die Einrichtung einer Telegrafenlinie zwischen Istanbul und Damaskus oder eine Sphinxdarstellung in Kairo von Ahmed Mukhtar aus dem Jahr 1928, die die Gemeinsamkeiten zwischen dem alten und dem modernen Ägypten symbolisiert, waren deutlich als politische Kundgebungen gemeint. Erst im letzten Drittel des 20. Jahrhunderts entwickelte sich in islamischen Ländern, in denen sich die Vertreter säkularer Ideologien politisch durchgesetzt haben, eine lebhafte Entwicklung plastischen Schaffens. Zu nennen sind hier vor allem die Türkische Republik, Ägypten, Iran und der Irak in der Zeit des Baath-Regime (vgl. Kreiser 1997, S. 103–117).

Der Einfluss westlicher Kunst

Für einige Regierungen in islamischen Ländern bedeutete die Förderung von Formen westlicher Kunst einen Ausweis ihres Modernisierungswillens. Daher entstanden seit den 1920er-Jahren in verschiedenen Hauptstädten staatliche Kunstakademien, an denen europäische Künstler als Lehrer tätig waren. Sie wurden nach einiger Zeit durch einheimische Kräfte ergänzt und ersetzt, die an europäischen Kunsthochschulen ihre Ausbildung erhalten hatten. Die Ausbildung an diesen Akademien war der in Europa vergleichbar. Auf die besonderen Traditionen der islamischen Kunst wurde zunächst keine Rücksicht genommen. Die Kunstentwicklung in Europa wurde dagegen genau beobachtet und mit einer gewissen Phasenverschiebung nachgeahmt.

Auch die ideologischen Ausrichtungen der Staaten wirkten sich aus. So lassen sich in der Kunst von Ländern wie Ägypten, Algerien, Syrien oder dem Irak nach dem Zweiten Weltkrieg Anleihen an den sozialistischen Realismus feststellen, aber auch die grafischen Formen der Propagandakunst aus sozialistischen Staaten erkennen. Diese Kunst fand insbesondere Anerkennung in den Staaten des ‚sozialistischen Lagers'. Abseits von dieser akademischen Kunstproduktion entstanden vor allem in den 1950er-Jahren in einigen Ländern eigenwillige Bilder von Künstlern, die sich der akademischen Malerei verweigerten und eine eigene Formen- und Bildersprache entwickelten. Diese Kunst wird inzwischen auf dem Kunstmarkt hoch gehandelt. Vor allem wohlhabende arabische Sammler suchen die entsprechenden Werke (vgl. Abaza 2006, S. 224f.).

Ideologische Einflüsse

Neben dieser westlich beeinflussten Kunst entwickelten sich aber auch eigenständige bildnerische Formen, die von der arabischen Kalligrafie und von den daraus entwickelten grafischen Formen wie der Arabeske ausgingen. Auch die westlichen Kunstformen der verschiedenen gegenstandslosen Malschulen haben diesen Prozess beeinflussen können. Da es zahlreiche arabische Schriftformen gibt, fanden muslimische Künstler verschiedene Möglichkeiten, diese zu grafischen Sonderformen weiterzuentwickeln, und verfügen inzwischen über ein umfangreiches Formenrepertoire. In einem zweiten Schritt haben sie dann auch Farben als Gestaltungsmöglichkeit in diese modernen kalligrafischen Darstellungen eingefügt, die sowohl zu kühlen Abstraktionen gebildet werden als auch zu expressiven Exaltationen. Die verschiedenen Kunstformen und Schulen existieren heute unbefangen nebeneinander. Zu den Künstlern, die mit den Möglichkeiten der arabischen Schrift arbeiten, gehören der irakische Kurde al-Zahâwî, der verschiedene arabische Kursiv-Formen kontrastiert, oder die Jordanierin Wijdan, die lebhafte Farben und kalligrafische Elemente miteinander verbindet. An einem europäischen Fotorealismus orientiert sich die Palästinenserin Samia Taktak Zaru, während sich Redza Piyadasa aus Malaisia formal und technisch an den Arbeiten von Andy Warhol orientiert. Einen abstrakten Expressionismus vertritt die Palästinenserin Nabila Hilmi. Der Iraker Mahmud Ahmad geht in seinem fantastischen sozialistischen Realismus auf die irakische Folklore ein.

Moderne Kalligrafie

Kunstmarkt

Die Kunstszene in den islamischen Ländern hat vor allem seit den 1990er-Jahren eine lebhafte Entwicklung genommen. Ursache dafür ist ein sich stark ausweitender Kunstmarkt mit einer breit gefächerten und finanzkräftigen Käuferschaft. In den großen Städten und Megalopolen sind zahlreiche Kunstgalerien gegründet worden, die sich guter Umsätze erfreuen. Finanzkräftige Sammler bemühen sich um den Aufbau von privaten Sammlungen, in deren Mittelpunkt die Werke von zeitgenössischen Künstlern der islamischen Welt stehen. Die Preise für deren Werke sind zum Teil beträchtlich angezogen, was wiederum junge Begabungen dazu veranlasst, sich auf die unsichere Existenz eines bildenden Künstlers einzulassen.

Fragen und Anregungen

- Wie unterschieden sich Koran und Hadîth in ihrer Haltung zu bildlichen Darstellungen?
- Was ist die künstlerische Alternative im Islam zu bildlichen Darstellungen?
- Wie entwickelt sich die Miniaturmalerei in der islamischen Kunst?
- Nennen Sie Formen der islamischen Kunst in der Gegenwart.

Lektüreempfehlungen

- Bernhard Heyberger / Silvia Naef (Hg.): La multiplication des images en pays d'Islam, Würzburg 2003. *Sammelband, in dem die Geschichte der verschiedensten Formen von Bilderproduktion im Nahen und Mittleren Osten von der Malerei bis zum Film zusammengestellt und erläutert wird.*

- Robert Hillenbrand (Hg.): Persian Painting from the Mongols to the Qajars, Cambridge 2000. *Sammlung verschiedener Beiträge über die künstlerischen Techniken und inhaltlichen und formalen Entwicklungen der islamischen Kunst im Iran bis ins 19. Jahrhundert.*

- Abdelkebir Khatibi / Muhammad Sijilmasi: The Splendor of Islamic Callipgraphy, London 1976. *Besonders aufwendige und inhaltsreiche Darstellung der Geschichte der islamischen Kalligrafie.*

- Ulrich Marzolph: Narrative Illustration in Persian Lithographed Books, Leiden 2001. *Kompletter Überblick über die persische lithografische Kunstproduktion des 19. und frühen 20. Jahrhunderts und Dokumentation des Übergangs von der für den persönlichen Gebrauch und unter hohen Kosten entstandenen Kunst der Miniatur hin zu der Massenproduktion von comic-ähnlichen Bildergeschichten.*

- Friederike Voigt: Qadscharische Bildfliesen im ethnologischen Museum Berlin, Berlin 2002. *Innovative Darstellung von Alltags- und Gebrauchskultur im Iran auf der Grenze zur Moderne.*

9 Islam in Deutschland

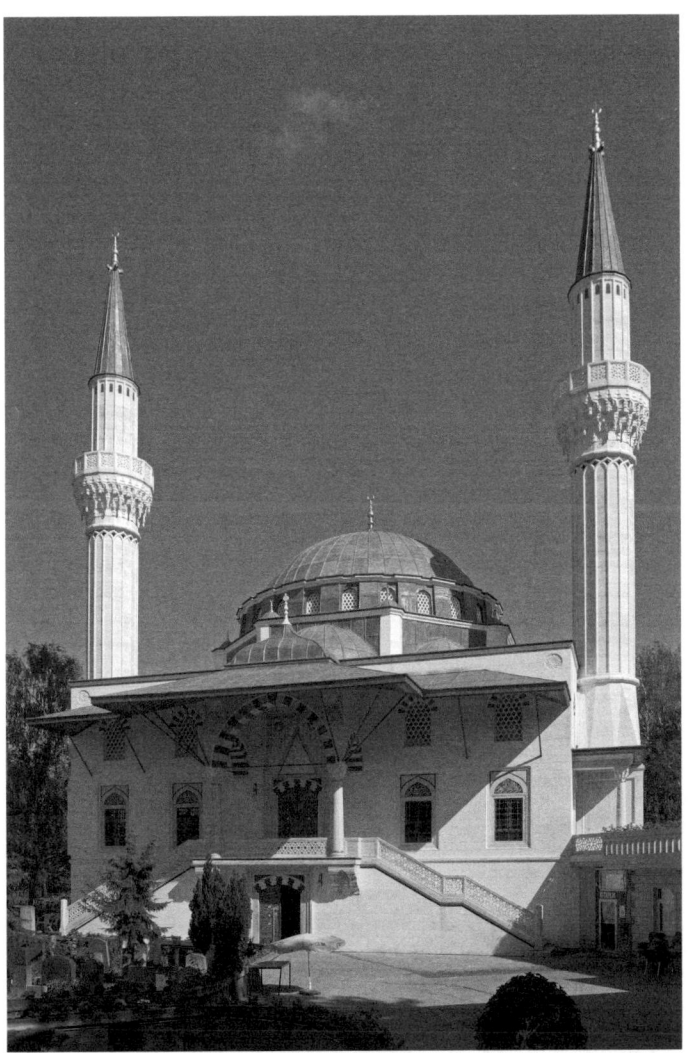

Abbildung 10: Die Sehitlik-Moschee in Berlin-Tempelhof (2006)

Der Bau der Zentralmoschee des islamischen Verbandes Diyanet Isleri Türk-Islam Birligi (DITIB) dokumentiert die Bereitschaft der in Deutschland lebenden Muslime, auch gegenüber der Mehrheitsgesellschaft Gesicht zu zeigen. Die öffentliche Präsenz der islamischen Religion durch das Stadtbild prägende Bauwerke sorgt immer wieder für Auseinandersetzungen mit den nichtmuslimischen Anwohnern. Zugleich verdeutlichen diese Bauten die Verbreitung dieser Religion im Abendland.

Im Folgenden wird die Geschichte des Islams in Deutschland skizziert. Sie beginnt bereits im Mittelalter, als durch Kreuzzüge aber auch durch den Handel Muslime nach Mitteleuropa kamen. Bis in die Gegenwart sind Integrationsbemühungen nur eingeschränkt erfolgt und erfolgreich gewesen.

Die Probleme und Möglichkeiten der Integration von Muslimen in die deutsche Gesellschaft werden in einem zweiten Teil aufgezeigt. Dabei spielt insbesondere die Akzeptanz muslimischer Gemeinschaften als Körperschaften öffentlichen Rechts eine Rolle. Schließlich wird die methodologische Frage thematisiert, auf welche Weise die politischen, religiösen oder gesellschaftlichen Vorstellungen der muslimischen Minderheit erforscht werden können.

9.1 Geschichte der Muslime in Deutschland
9.2 Muslimische Organisationen
9.3 Qualitative und quantitative Untersuchungen zum Islam in Deutschland

9.1 Geschichte der Muslime in Deutschland

Muslime kamen als Kaufleute und Diplomaten schon im Früh-Mittelalter nach Deutschland. Auch mag es während der Kreuzzüge des Mittelalters einige wenige Musliminnen als Gefangene oder Nebenfrauen der Kreuzritter nach Deutschland verschlagen haben. Von beiden Gruppen blieben keine Spuren. Anders verhält es sich mit den ‚Beutetürken‘, die als Gefangene von deutschen Adeligen aus den ‚Türkenkriegen‘ des 17. Jahrhunderts mitgebracht wurden. Da viele von ihnen nach längerem oder kürzerem Aufenthalt getauft wurden, enthalten die entsprechenden Taufbücher Berichte über diese Personengruppe. Einige ihrer Nachkommen lassen sich bis in die Gegenwart verfolgen (vgl. Heller 1996, S. 159–167).

Vorgeschichte des Islam in Deutschland

Vor allem aber in der materiellen Kultur in Deutschland hinterließ der Islam seine Spuren. Sichtbare Zeichen der islamischen Kultur finden sich vor allem in der Architektur. Schon mittelalterliche Sakral- und Profanbauten übernahmen verschiedene architektonische Formen aus dem maurischen Andalusien oder aus dem Gebiet des ‚fruchtbaren Halbmonds‘. Verstärkt wurde das sichtbare Interesse am Islam durch die Faszination, die die Märchensammlung von *Tausendundeiner Nacht* in Deutschland auslöste. Schlösser wie private Häuser wurden vom 17. bis in das 20. Jahrhundert immer wieder in einem orientalisierenden Stil gebaut. Innenräume wurden mit orientalischer Einrichtung möbliert. Orientteppiche wurden importiert; aber auch deutsche Teppichmanufakturen produzierten Bodenbeläge in orientalischem Design. Maler spezialisierten sich auf orientalische Sujets; Künstler verschiedener Schulen und Richtungen verlegten sich auf orientalische Themen (vgl. Lemaire 2000). Nicht in allen Fällen werden im Übrigen die orientalischen Vorbilder von jedem Betrachter erkannt. Die architektonischen Bezüge des Bundeskanzleramtes in Berlin zu einer Moschee in Isfahan sind wohl den wenigsten Betrachtern präsent (vgl. Lange 1996, S. 435–459).

Islamisierende Architektur

All diese Phänomene können aber wohl nur als ein Vorspiel zur Präsenz des Islams in Deutschland betrachtet werden. Gleiches gilt auch für den ersten Ritualort des Islams in Deutschland, den ‚mohammedanischen Friedhof‘ am Columbiadamm in Berlin-Tempelhof. Der preußische König Friedrich Wilhelm III. hatte 1798 ein Grundstück als Begräbnisplatz für einen verstorbenen osmanischen Diplomaten erworben, der dann im Lauf der beiden folgenden Jahrhunderte zahlreichen muslimischen Toten verschiedener Nationalitäten eine letzte Ruhestätte bot. Für den Bau der zentralen Sehitlik-Moschee

Der ‚mohammedanische Friedhof‘

(→ ABBILDUNG 10) wurde dieser Friedhof dann seit 1994 vollständig umgestaltet (vgl. Höpp 2002, S. 9–14).

Eine erste von Muslimen als solche genutzte Moschee in Deutschland entstand während des Ersten Weltkriegs in Wünsdorf südlich von Berlin. Dort waren im sogenannten ‚Halbmondlager‘ muslimische Kriegsgefangene der französischen, britischen und russischen Armee konzentriert worden, um sie ihren religiösen Regeln entsprechend versorgen zu können und zu einem Übertritt in die Armee des osmanischen Kriegsverbündeten zu bewegen. Diese Moschee wurde bis in die 1920er-Jahre von Muslimen, die sich als Kaufleute, Diplomaten, Studenten oder Asylanten in Berlin aufhielten, genutzt (vgl. Höpp 1996, S. 185–210). Der Holzbau wurde 1930 aufgegeben, nachdem in den 1920er-Jahren in der Brienner Straße in Berlin eine größere, attraktive Moschee im indischen Stil errichtet worden war und die Muslime kein Interesse mehr an der außerhalb der Stadt liegenden Moschee hatten (vgl. Höpp 2002, S. 19–23).

Die Berliner muslimische Gemeinde zählte allerdings nur wenige hundert Mitglieder und litt zunächst unter einer hohen Fluktuation. Das veränderte sich nach der Machtübernahme durch die Nationalsozialisten 1933, weil nun vor allem aus der arabischen Welt Studenten und Exilanten nach Berlin kamen, die in Nazi-Deutschland einen Verbündeten gegen die britische und französische Kolonialherrschaft sahen. Nach dem Ausbruch des Zweiten Weltkriegs vergrößerte sich diese Zahl noch mehr und in Berlin wurde unter dem Vorsitz des Groß-Mufti von Jerusalem, Amin al-Husseini (1893–1974), ein Islamisches Institut gegründet. Nach der deutschen Niederlage verließen viele muslimische Exilpolitiker Berlin und Deutschland (vgl. Höpp 1995, S. 19–46).

Bis zum Beginn der 1960er-Jahre war der Islam in Deutschland eine völlig marginale Größe. Die Situation änderte sich, als Arbeitsmigranten aus verschiedenen Anrainerländern des Mittelmeers in die Bundesrepublik Deutschland und nach West-Berlin kamen (vgl. Ghadban 2000, S. 12). Auch in der Deutschen Demokratischen Republik nahm die Zahl der Muslime zu, die zu Ausbildungszwecken aus befreundeten arabischen Staaten einreisten oder als Kommunisten in ihren Heimatländern verfolgt wurden und vor allem in Berlin Asyl fanden.

Kennzeichnend für die westdeutsche Gesellschaft war, dass die Mehrheitsbevölkerung die Anwesenheit von Muslimen zunächst gar nicht zur Kenntnis nahm. Obgleich bereits seit Jahrzehnten Muslime in der Bundesrepublik lebten, wurde vielen Deutschen erstmals in

Das ‚Halbmondlager‘
in Wünsdorf

Der Groß-Mufti

Arbeitsmigration

Integration

den Balkankriegen der 1990er-Jahre bewusst, dass mit den aus dem damaligen Jugoslawien stammenden bosnischen Muslimen eine große Gruppe von Anhängern des Islams nach Deutschland kam.

Dieser Vorgang ist symptomatisch. Die bosnischen Arbeitsmigranten wurden als Jugoslawen identifiziert und nicht als Muslime. Als wenige Jahre später das Arbeitsmarktpotenzial in Italien, Jugoslawien, Portugal und Spanien für den deutschen Arbeitsmarkt nicht mehr ausreichte, wurden auch Abkommen über die Entsendung von Arbeitskräften mit der Türkei geschlossen. Schon vor Inkrafttreten dieses Abkommens waren türkische Arbeitnehmer in die Bundesrepublik gekommen. Sie stammten vornehmlich aus der Westtürkei und vor allem aus Istanbul. Diese Gruppe von türkischen Migranten war mit den kulturellen und sozialen Verhältnissen in der Bundesrepublik leicht vertraut zu machen. Eine gewisse Fremdheit blieb aber und wurde verstärkt durch die nachfolgenden Gruppen von Arbeitsmigranten, die vor allem aus den östlichen ländlichen Gebieten der Türkei stammten. Diese Regionen sind durch landwirtschaftliche, traditionalistische Lebensformen geprägt.

'Gastarbeiter'

Kennzeichnend für das Verhältnis beider Gruppen, wie das auch aller übrigen ,Gastarbeiter' war, dass sie von einem zeitlich begrenzten Aufenthalt in Deutschland ausgingen. Daher sahen sie auch keinen Anlass, sich mit der deutschen Gesellschaft intensiv auseinanderzusetzen oder sich über nötigste Grundkenntnisse hinaus mit der deutschen Sprache vertraut zu machen. Auch die Mehrheitsgesellschaft ging davon aus, dass die Migranten in absehbarer Zeit wieder in ihre Heimat zurückkehren würden. Beide Seiten ignorierten sich daher gegenseitig.

Soziale Betreuung muslimischer Migranten

Wie auch in anderen westeuropäischen Ländern organisierten sich die Migranten entlang der nationalen und ethnischen Grenzen. Das gilt auch für die religiösen Organisationsformen. Standen für Italiener oder Spanier in Deutschland Vertreter der katholischen Kirche für deren religiöse Bedürfnisse bereit, waren es für die aus Griechenland stammenden Zuwanderer Vertreter der evangelischen Kirchen. Für die Arbeitsmigranten aus dem ,sozialistischen' Jugoslawien boten sich Mitarbeiter der Arbeiterwohlfahrt an. Für die immer zahlreicheren Migranten aus der Türkei und die wachsende Zahl von Muslimen aus dem Nahen Osten, aus Iran und Afghanistan, die vor allem seit den 1980er-Jahren nach Deutschland kamen, fand sich kein vergleichbarer Ansprechpartner. Einer der Gründe dafür war die Tatsache, dass die besondere Religionszugehörigkeit dieser Zuwanderer zunächst nicht zur Kenntnis genommen wurde. Stattdessen richtete sich das Augen-

Religiöse Versorgung

merk der Öffentlichkeit auf deren nationale Herkunft. Es kamen keine Muslime, sondern Türken, Palästinenser, Afghanen oder Iraner.

,Türkenmeldungen'

Kennzeichnend für diese Situation waren zum Ende der 1970er-Jahre die sogenannten ,Türkenmeldungen' in deutschen Tageszeitungen. Dabei handelte es sich um Meldungen über Verkehrsunfälle oder Kriminaldelikte, in denen auf die türkische Nationalität der Beschuldigten besonders hingewiesen wurde, während vergleichbare Berichte über deutsche, französische oder niederländische Akteure keine entsprechenden Nationalitätshinweise enthielten. Die besonderen religiösen Bedürfnisse von Muslimen wurden in der Öffentlichkeit nur in Ausnahmefällen zur Kenntnis genommen, z. B. wenn der Erzbischof von Köln, Kardinal Frings, Muslimen den Kölner Dom zum Gebet am Ende des Fastenmonats Ramadan zur Verfügung stellte. Bei einer 1979 durchgeführten Befragung lehnten Unternehmer wie auch Vertreter von Gewerkschaften es ab, auf die rituellen Besonderheiten von Muslimen Rücksicht zu nehmen (vgl. Heine 1980).

Muslimische
Organisationen

Daher blieb es muslimischen Organisationen vorbehalten, ihren Glaubensbrüdern und -schwestern religiöse Angebote zu machen. In vielen Fällen handelte es sich um Organisationen, die in den Herkunftsländern den Regierungen gegenüber oppositionell eingestellt oder auch verboten waren. Dieser politische Hintergrund wurde aber weder von deutschen amtlichen Stellen, noch von den Behörden der Herkunftsländer zur Kenntnis genommen. Nur hin und wieder war die Existenz von Koranschulen ein Thema öffentlicher Debatten.

9.2 Muslimische Organisationen

Die islamischen Organisationen nutzten die grundgesetzlich verbriefte Religionsfreiheit, um sich in Deutschland zu etablieren. Als übliche juristische Organisationsform wählten sie die des eingetragenen Vereins. Dabei handelte es sich in der Regel um lokale Einrichtungen. Die juristischen Vorgaben des deutschen Vereinsrechts ermöglichten

Organisatorische
Zersplitterung

eine organisatorische Zersplitterung. Diese Möglichkeit wurde durch die im Islam ohnehin vorhandenen Tendenzen zu wenig ausgeprägten religiösen Hierarchien weiter verstärkt. Es entstand also eine Vielzahl von lokalen Moscheegemeinden, die in nur einigen Fällen in Dachorganisationen zusammengefasst waren, in der Mehrzahl der Fälle aber auf den lokalen und engeren regionalen Bereich beschränkt blieben. Die Gebetsstätten befanden sich häufig in aufgelassenen Garagen oder ehemaligen Fabrikgebäuden und waren für Außenstehende nicht als islamische Ritualorte zu erkennen.

Erst zu Beginn der 1980er-Jahre begann sich die türkische Religionsverwaltung für die Glaubenssituation ihrer Landsleute in Deutschland zu interessieren. Die beim Amt des türkischen Ministerpräsidenten angesiedelte Anstalt für Religion (Diyanet) etablierte eine Auslandsabteilung unter dem Namen Diyanet Isleri Türk-Islam Birligi (DITIB). Mit staatlicher Unterstützung konnte DITIB eine Mehrzahl der bereits existierenden türkischen Moscheen übernehmen und weitere etablieren. Die türkische Zentrale in Ankara entsendet Imame an die angeschlossenen Moscheen, die mit der Seelsorge der Gemeindemitglieder betraut sind. Die Kontrolle über diese Imame liegt in der Hand von Religionsattachées bei der türkischen Botschaft und den türkischen Generalkonsulaten. Bis vor wenigen Jahren sah es DITIB als seine Hauptaufgabe an, die religiösen und emotionalen Beziehungen der türkischen Migranten zu ihrem Heimatland zu fördern. Diese Politik erwies sich nicht unbedingt als integrationsförderlich. Inzwischen bemüht sich auch DITIB darum, seinen Mitgliedern die Integration in die deutsche Mehrheitsgesellschaft zu erleichtern und ein positives Verhältnis zur deutschen Öffentlichkeit und den politischen Einrichtungen des Landes herzustellen, ohne dabei die Beziehungen in ihre Heimat völlig abzubrechen.

Anstalt für Religion (DITIB)

Im Laufe der Jahre konstituierten sich drei islamische Dachverbände:

Islamische Dachverbände

* Anstalt für Religion (DITIB)
* Zentralrat der Muslime in Deutschland
* Islamrat für die Bundesrepublik Deutschland.

Neben dem staatsnahen türkischen Verband DITIB ist vor allem der Zentralrat der Muslime in Deutschland zu nennen. Dieser Verband erhält die größte mediale Öffentlichkeit in Deutschland und wird ausgesprochen professionell geführt. Er ist übernational und verfügt über gute Beziehungen zu den großen internationalen muslimischen Organisationen wie der Islamischen Welt-Liga (Râbitat al-´âlam al-islâmî). Bei dieser handelt es sich um eine internationale religiöse Organisation mit zahlreichen Unterabteilungen von einer Akademie für islamisches Recht bis zu einem Obersten Rat für Moscheen.

Zentralrat der Muslime in Deutschland

Der dritte Dachverband schließlich ist zugleich der älteste. Der Islamrat für die Bundesrepublik Deutschland kann auf eine wechselvolle Geschichte zurückblicken. Er verstand sich zunächst in der Tradition der islamischen Organisationen Deutschlands der Zeit vor und während des Zweiten Weltkriegs. Bis in die 1960er-Jahre war er vor

Islamrat für die Bundesrepublik Deutschland

allem ein Zusammenschluss von deutschen Konvertiten zum Islam. Inzwischen wird er dominiert von der türkischen national-religiösen Milli Görus-Bewegung (vgl. Lemmen 1998; Feindt-Riggers 1997).

In diesen drei Dachverbänden, die in einer deutlichen Konkurrenz miteinander agierten, war und ist aber nur eine Minderheit der in Deutschland lebenden Muslime organisiert. Die Mehrzahl blieb den muslimischen Organisationen fern, auch wenn sie mehr oder weniger regelmäßig deren Moscheen besuchten. Diese Situation war so lange nicht von Bedeutung, wie aus der Sicht der Muslime und der Mehrheitsgesellschaft keine Notwendigkeit zur Kommunikation und zum Austausch von Gedanken, Ideen und Meinungen gesehen wurde.

Diese Notwendigkeit ergab sich erst in der Mitte der 1990er-Jahre, als vielen in Deutschland lebenden und in ihrer Religion und deren Organisationen tätigen Muslimen bewusst wurde, dass sie sich auf Dauer in der neuen Heimat aufhalten würden. Erst von diesem Zeitpunkt an begannen die Vertreter der muslimischen Dachorganisationen darüber nachzudenken, wie sich der Islam in Deutschland darstellen sollte. Dabei war ein wesentliches Problem, dass die DITIB als einzige in Deutschland operierende staatsnahe Institution an einer Annäherung der von ihr vertretenen Muslime an die deutsche Mehrheitsgesellschaft nicht interessiert sein konnte. Ihr Interesse war vielmehr, die Beziehungen der türkischen Migranten in Deutschland zur Mehrheitsgesellschaft in der Weise zu beeinflussen, dass die Kontakte und nicht zuletzt die finanziellen Transfers in die Türkei nicht verringert würden.

Seit der Mitte der 1990er-Jahre unternahmen einige der Dachorganisationen ernsthafte Versuche, für sich als Institutionen rechtliche Positionen zu erhalten, die mit denen der christlichen Kirchen verglichen werden könnten. Konkret geht es um die Einrichtung von islamischen Friedhöfen oder Gräberfeldern, um den Bau von Moscheen und um die Frage des islamischen Religionsunterrichts. Die drei Themenkomplexe lassen sich unterschiedlich leicht lösen.

Islamische Gräberfelder sind auf den Friedhöfen verschiedener großer Städte eingerichtet worden. Auch die Voraussetzungen für die rituellen Waschungen der Toten wurden geschaffen. Im Zusammenhang mit dem islamischen Religionsunterricht wurden in verschiedenen Bundesländern Unterrichtsversuche unternommen. Als eine grundlegende Voraussetzung für diesen Unterricht wurden inzwischen auch Professuren für islamische Religionspädagogik an deutschen Universitäten eingerichtet (vgl. Mohr 2006). Konflikte ergeben sich immer wieder um die Standorte beim Neubau von Moscheen und islamischen Zentren.

Konflikte der Verbände

Aufgabenfelder

Islamische Friedhöfe

Islamischer Religionsunterricht

Neubau von Moscheen

Die wichtigste Forderung der islamischen Verbände ist allerdings die Anerkennung eines der Dachverbände als Körperschaft öffentlichen Rechts. Um diesen Status als Religionsgemeinschaft zu erhalten, müssen vor allem drei Voraussetzungen erfüllt werden.

Körperschaften öffentlichen Rechts

- Eine Religionsgemeinschaft, über deren Existenz in Bezug auf den Islam allgemein keine Differenzen bestehen, muss eine deutlich wahrnehmbare Größe haben. Da die Zahl der Muslime in Deutschland bei ca. drei Millionen liegt, womit sie die zweitgrößte Religionsgemeinschaft ist, erfüllt der Islam diese Voraussetzung ohne Schwierigkeiten.
- Als zweites muss eine Religionsgemeinschaft eine deutliche Präsenz in Deutschland sicherstellen können. Zumindest seit dem Beginn der 1990er-Jahre gehen alle beteiligten Seiten davon aus, dass man von der langfristigen Existenz des Islams in Deutschland unter normalen Umständen ausgehen kann.
- Schließlich erwartet der Staat in Deutschland, dass er in allen Angelegenheiten, bei denen er mit einer Religionsgemeinschaft verhandeln muss, auf einen verhandlungsbevollmächtigten Gesprächspartner trifft. Hier ergaben sich in Bezug auf den Islam erhebliche Schwierigkeiten. Die verschiedenen Dachverbände, aber auch einzelne Muslime, sprachen den Dachverbänden, die einen Antrag auf Anerkennung als Körperschaft des öffentlichen Rechts stellten, die Kompetenz ab, für die in Deutschland lebenden Muslime in ihrer Gesamtheit zu sprechen. In dieser Konfliktsituation mussten die deutschen Institutionen die Anträge auf Anerkennung als Körperschaft des öffentlichen Rechts ablehnen.

Inzwischen haben sich allerdings einige Veränderungen in den Einschätzungen auf der deutschen Seite ergeben. Man tendiert dazu, einen gemeinsamen Antrag der Dachverbände wohlwollend zu prüfen. Für den Fall, dass ein gemeinsamer muslimischer Verband als Körperschaft öffentlichen Rechts anerkannt wird, ist mit einer Anzahl von Konflikten mit anderen Religionsgemeinschaften in Deutschland zu rechnen. Muslimische Organisationen werden nun eine Gleichstellung in verschiedenen Bereichen mit den christlichen Kirchen einfordern.

Rolle islamischer Organisationen

Dies gilt zunächst im seelsorgerischen Bereich. Imame werden als Seelsorger ebenso in Gefängnissen wie in Krankenhäusern arbeiten. Wie schon in der historischen deutschen Wehrmacht werden auch in der Bundeswehr ‚Militärimame‘ ihren Dienst tun. Es darf auch davon ausgegangen werden, dass islamische Gemeinden Kindergärten, Schulen und andere Bildungseinrichtungen betreiben werden. Dafür wer-

Seelsorge und Bildung

den sie staatliche Zuschüsse verlangen. Wo die öffentliche Finanzierung den Anforderungen der zahlreichen religiösen Gemeinschaften nicht entsprechen kann, wird es zu Verteilungskämpfen kommen, die sich in einigen Bereichen schon ankündigen. Weniger konfliktträchtig, weil finanziell mit geringeren Belastungen verbunden, werden Forderungen der islamischen Organisationen nach einem Mitspracherecht in öffentlichen Einrichtungen wie Rundfunk- und Fernsehräten sein. All diese Themen sind letztlich nicht grundsätzlich problematisch, weil sie durch verwaltungstechnische Aktivitäten gelöst werden können.

Mitsprache bei Rundfunk und Fernsehen

Mögliche Konflikte

Schwieriger wird die Situation, wenn sich aus der Anerkennung als Körperschaft öffentlichen Rechts Konsequenzen für all die in Deutschland lebenden Muslime selbst ergeben. Diese könnten sich mit einem organisatorisch strukturierten Islam, der zudem das Pflichtalmosen (arabisch *zakât*) durch die Finanzverwaltung einziehen lässt, wie das bei der Kirchensteuer der Fall ist, nicht einverstanden erklären. Dann ist mit lebhaften innerislamischen Konflikten zu rechnen. Dies ist einer der Gründe, warum es einige bekannte deutsche Muslime gibt, die den Bemühungen um die Anerkennung als Körperschaft öffentlichen Rechts für einen muslimischen Verband kritisch gegenüberstehen. Sie sind der Meinung, dass auf diese Weise der Islam seines genuinen Charakters beraubt werde.

Islamophobie

Im Gegensatz zu Belgien oder Frankreich stellt sich die Reaktion der mit den muslimischen Forderungen befassten staatlichen Institutionen uneinheitlich dar. Religionsfragen sind vor allem Sache der Kulturverwaltungen, die wegen der Kulturhoheit der Bundesländer von Land zu Land unterschiedlich ausfallen können. Die wachsende Islamophobie in den westeuropäischen Gesellschaften führt oft zu islamkritischen Reaktionen in den Mehrheitsgesellschaften, die durch Unkenntnis und Fremdenfeindlichkeit motiviert sind. Dies provoziert wiederum negative Reaktionen auf der Seite der muslimischen Migranten. In der deutschen Öffentlichkeit bestehen Befürchtungen, dass von radikalen Muslimen Gefahren für die innere Sicherheit ausgehen. Diese Befürchtungen wurden durch die Ergebnisse von großen demoskopischen Untersuchungen unter der muslimischen Bevölkerung seit der Mitte der 1990er-Jahre verstärkt (vgl. Heitmeyer 1997; Brettfeld/Wetzels 2007). Danach sei eine große Zahl von muslimischen Jugendlichen gewaltbereit, demokratiefeindlich und islamistisch-radikal. Eine jüngere Untersuchung der Bertelsmann Stiftung kommt zu weniger dramatischen Ergebnissen (Bertelsmann Stiftung 2008). Die immer wieder aufflackernden Unruhen in den Vorstädten der großen französischen Städte werden von deutschen Politikern und Sicherheitsexperten als Menetekel angesehen.

Daher hat sich das Bundesministerium des Inneren unter sicherheitspolitischen Aspekten des Dialogs mit den zahlreichen Vertretungen von Muslimen angenommen. Im Jahr 2007 wurde die Islamkonferenz einberufen. Durch diese hochrangig besetzte Institution wurden die verschiedenen islamischen Organisationen gezwungen, sich untereinander abzusprechen. Die teilnehmenden muslimischen Organisationen bestehen aus Vertretern einer heftigen Kritik an den religiösen Verhältnissen in der islamischen Welt, z. B. an der Frauenfrage (→ KAPITEL 10), aber auch aus der Führung der Milli Görüs-Bewegung, die bisher regelmäßig in den Jahresberichten des Bundesamtes und der Landesämter für Verfassungsschutz genannt wurde und damit öffentlich des Verdachts der Ablehnung der deutschen Verfassung ausgesetzt sind (vgl. Schiffauer 2002). Daneben wurden auch prominente muslimische Künstler zur Islamkonferenz eingeladen. Durch ihre Anwesenheit sollte deutlich gemacht werden, dass sich Teile der muslimischen Eliten in Deutschland, die von der Mehrheitsgesellschaft wahrgenommen und akzeptiert werden, in die staatlich initiierten Integrationsbemühungen einzubinden bereit sind.

Islamkonferenz

Über die Zusammensetzung der Konferenz auf muslimischer Seite gab es heftige Auseinandersetzungen, die auch öffentlich ausgetragen wurden. So forderte der deutsch-türkische Schriftsteller Feridun Zaimoglu, dass auch eine „unabhängige, gläubige Kopftuchträgerin" einen Platz in der Konferenz haben müsse. Darauf antwortete die Islamkritikerin Necla Kelek, die Kopftuchträgerinnen würden doch von den konservativen Männern in der Runde bestens vertreten (vgl. Kelek 2007). Ähnliche Auseinandersetzungen werden auch in Zukunft nicht ausbleiben. Eines der ersten Ergebnisse der Konferenz ist es, dass sich die Dachverbände gezwungen sahen, sich aufeinander zu zubewegen. Bis zu einem Konsens unter ihnen wird noch einige Zeit vergehen.

Konflikte unter den Teilnehmern

9.3 Qualitative und quantitative Untersuchungen zum Islam in Deutschland

Betrachtet man die seit den 1990er-Jahren in Deutschland und im westlichen Ausland erschienenen Untersuchungen zum Islam in der Diaspora und speziell in Deutschland, so sind zunächst einige grundlegende Feststellungen zu treffen. Eine erste ist, dass sie in den wenigsten Fällen von Vertretern der akademischen Islamwissenschaft initiiert oder durchgeführt worden sind. Es handelt sich vielmehr um Vertreter der Fächer Erziehungs- und Sozialwissenschaften. Inzwischen haben sich auch Kulturwissenschaftler dieser Thematik zugewandt. Hier haben die Islamwissenschaften ein Forschungsfeld konkurrierenden geisteswissenschaftlichen Disziplinen ‚kampflos' überlassen.

Qualitative Untersuchungen

Die Mehrzahl der empirischen Untersuchungen, die inzwischen vorliegen, sind mit Methoden der qualitativen Datenerhebung durchgeführt worden. Diese Methode, die enge Beziehungen zur ‚dichten Beschreibung' der Ethnologie haben, gibt einen differenzierten Einblick in den mikrokulturellen Bereich einer bestimmten gesellschaftlichen Gruppe. Die Daten beruhen auf ausführlichen, mehr oder weniger strukturierten Interviews, die auf verschiedene Weise ausgewertet werden können. Durch häufig verwendete Zitate aus diesen Interviews entsteht ein lebendiger und realistischer Eindruck (vgl. Klinkhammer 2000). Das Problem der Methode liegt in der Tatsache, dass solche intensiven Erhebungen und Auswertungen nur mit einer geringeren Anzahl von Informanten durchgeführt werden können. Wenn die Auswahl dieser Informanten auch noch zufällig erfolgt und – wie es nicht selten geschieht – die Gesprächspartner der Forscher aus einem engeren Umfeld stammen und sich untereinander kennen, liegen die Gefahren der Fehlinterpretation auf der Hand. Je kleiner die Informantengruppe ist, umso größer ist das Risiko, individuelle Vorstellungen, Haltungen und Einschätzungen für allgemeinverbindlich zu halten. Eine unkritische Interpretation kann ein völlig unrealistisches Bild der sozialen oder religiösen Wirklichkeit der entsprechenden Gruppe in ihrer Gesamtheit entstehen lassen. Festzustellen ist auch, dass die Öffentlichkeit auf die Ergebnisse von qualitativen Untersuchungen im Kontext der muslimischen Bevölkerung in Deutschland nur selten reagiert. Dies mag an der geringen Verbreitung derartiger Studien liegen.

Quantitative Untersuchungen

Quantitative Untersuchungen, bei denen eine Vielzahl von Personen befragt wird, werden dagegen mit standardisierten Interviews durchgeführt. Es handelt sich hier um eine sozialwissenschaftlich abgesicherte Methode, die lang erprobt und weithin akzeptiert ist. Im Bereich interkultureller Untersuchungen ergeben sich jedoch Risiken. Diese liegen zunächst einmal im sprachlichen Bereich. Bei Untersuchungen mit jungen Muslimen in den 1990er-Jahren mussten Dolmetscher eingesetzt werden. Durch den Übersetzungsvorgang mögen sich Interpretationsrisiken ergeben haben. Ein weiteres Problem tritt mit dem häufig schwierigen Zugang zu der zu erforschenden gesellschaftlichen Gruppe auf. Da sich die muslimische Bevölkerung zu einem beträchtlicheren Teil in großen Städten und hier wiederum in Stadtteilen mit vielfältigen sozialen Brennpunkten finden lassen, entsteht bei den Untersuchungen die Gefahr, dass die Antworten als kultur- oder religionsspezifisch interpretiert werden, während sie unter Umständen unter einem sozialen Gesichtspunkt betrachtet zu anderen Ergebnissen führen können. Überzeugende Methoden empirischer Untersuchungen im interkulturellen Kontext lassen noch immer auf sich warten.

Fragen und Anregungen

* Welche Ursachen führten in den 1960er-Jahren zu einem Zuzug von muslimischen Migranten nach Deutschland?

* Welche Organisationsformen lassen sich bei den Muslimen in Deutschland feststellen?

* Nennen Sie die wichtigen Dachverbände des Islams in Deutschland.

* Welche Schwierigkeiten ergeben sich bei der Frage um die Anerkennung islamischer Organisationen als Körperschaft des öffentlichen Rechts?

* Beschreiben Sie die Risiken und Vorzüge der qualitativen und quantitativen Datenerhebung unter Muslimen in Deutschland.

Lektüreempfehlungen

* **Muhammad S. Abdullah: Geschichte des Islams in Deutschland,** Graz 1981. *Erste Darstellung des Islams in Deutschland, die einen teilweise feuilletonistischen Charakter hat. Ihre Aussagen halten nicht in allen Fällen der wissenschaftlichen Überprüfung stand, bleiben aber vor allem für das 18. und 19. Jahrhundert interessant.*

* **Yasemin Karakasoglu-Aydin: Muslimische Religiosität und Erziehungsvorstellungen. Eine empirische Untersuchung zu Orientierungen bei türkischen Lehramts- und Pädagogikstudentinnen in Deutschland,** Frankfurt a. M. 2000. *Beispiel für eine gelungene*

empirische Arbeit, in der mit qualitativen Methoden gearbeitet worden ist.

- Martin Rohe: Der Islam. Alltagskonflikte und Lösungen. Rechtliche Perspektiven, Freiburg 2001. *Ebenso aufschlussreiche wie nützliche Darstellung zur interkulturellen und interreligiösen Praxis in Deutschland.*

- Ursula Spuler-Stegemann: Muslime in Deutschland, Freiburg 2002. *Faktenreiche Beschreibung des gelebten Islams in Deutschland.*

10 Die Stellung der Frau im Islam

Abbildung 11: Eine junge türkische Frau in Istanbul vor einem Werbeplakat für islamisch korrekte Kleidung (1999)

Die Fotografie symbolisiert die umstrittene Situation der Frau im Islam: Die korrekte Bekleidung mit Kopftuch, die auf dem Plakat beworben wird, wird konfrontiert mit einer jungen, westlich gekleideten Frau. Die Frage nach der gesellschaftlichen und rechtlichen Stellung von Frauen in islamischen Gesellschaften ist zu einem zentralen Kriterium für die soziale und politische Situation der islamischen Gesellschaften in ihrer Gesamtheit geworden. Die Debatten um diese Frage werden hoch emotional geführt und reduzieren die komplexe Problematik der gesellschaftlichen Position der Frau auf Themen wie die Kleidung in der Öffentlichkeit oder nur das Kopftuch. Die Literatur zur Frauenfrage ist so umfangreich und kontrovers, dass schon in den 1970er-Jahren erste Bibliografien zu dieser Thematik zusammengestellt wurden. Derartige Bemühungen sind seit dem Beginn des Dritten Jahrtausends erst gar nicht mehr unternommen worden, was die Zahl der Veröffentlichungen verdeutlicht.

Die Thematik der Frau im Islam ist so umstritten wie komplex. Warum das so ist, müsste in einem anderen Zusammenhang behandelt werden. Im Folgenden wird versucht, vor allem die rechtliche Position von Frauen im Islam darzustellen. Dabei muss bedacht werden, dass die rechtliche Stellung und die Durchsetzung dieser Positionen voneinander getrennt betrachtet werden müssen. Auch in den westlichen Debatten kommt es darauf an, im Blick zu behalten, dass man die juristischen Möglichkeiten einer Muslimin kennen muss, um ihr bei deren Durchsetzung helfen zu können.

10.1 **Das Frauenbild im Koran**
10.2 **Das islamische Eherecht**
10.3 **Das islamische Scheidungsrecht**
10.4 **Erbrecht und wirtschaftliche Stellung**
10.5 **Kleidungs- und Verhaltensregeln**

10.1 Das Frauenbild im Koran

In den Debatten um die gesellschaftliche Stellung der Frau nehmen männliche Muslime häufig Bezug auf die vorislamische Zeit, in der die Situation von Frauen nach den muslimischen Quellen durch eine nahezu völlige Rechtlosigkeit gekennzeichnet war. Ob diese Beschreibung den historischen Tatsachen entspricht, kann ohne weitere Untersuchungen nicht abschließend beantwortet werden. Der These der Rechtlosigkeit widerspricht zumindest, dass die erste Frau des Propheten Muhammad, Khudîja eine selbstständige und offenbar sehr erfolgreiche, selbstbewusste und dynamische Kauffrau war. Auch andere Berichte bestätigen diese Beschreibung.

Vorislamische Stellung der Frau

Der Koran trifft einige Feststellungen, die die Situation von Musliminnen bis heute mitbestimmen. So wird zunächst deutlich, dass sich die Botschaft des Islams an Männer und Frauen in gleicher Weise richtet.

Frauen im Koran

„Für muslimische Männer und Frauen, die gläubig, ergeben, wahrhaftig, geduldig, demütig sind, die Almosen geben, fasten, ihre Scham bewahren und Gottes viel gedenken – für sie hat Gott Vergebung und einen großartigen Lohn bereit. Ein Gläubiger oder eine Gläubige darf, wenn Gott und sein Gesandter in einer Angelegenheit entschieden haben, nicht die Möglichkeit haben, in ihrer Angelegenheit frei zu wählen. Und wer Gott und seinem Gesandten ungehorsam ist, befindet sich in einem offenkundigen Irrtum." (Sure 33, 35f.)

Im Koran erscheint die Frau im Gegensatz zum Alten Testament nicht als Verführerin des Mannes und damit als Verursacherin der Vertreibung aus dem Paradies. Wohl stellt der Koran eine Hierarchie zwischen den Geschlechtern her:

Hierarchie der Geschlechter

„Die Männer haben die Vollmacht und die Verantwortung gegenüber den Frauen, weil Gott die einen vor den anderen bevorzugt hat, und weil sie [die Frauen] von ihrem Vermögen für sie ausgeben." (Sure 4, 34)

Dann heißt es weiter:

„Und die rechtschaffenen Frauen sind demütig ergeben und bewahren das, was geheim gehalten werden soll, da Gott es bewahrt. Ermahnt diejenigen, von denen ihr Widerspenstigkeit befürchtet, und entfernt euch von ihnen in den Schlafgemächern und schlagt sie. Wenn sie euch gehorchen, dann wendet nichts Weiteres gegen sie an. Gott ist erhaben und groß. Und wenn ihr ein Zerwürfnis zwischen beiden [Ehepartnern] befürchtet, dann bestellt einen Schiedsrichter aus seiner Familie und einen Schiedsrichter aus ihrer Familie. Wenn sie sich aussöhnen wollen, wird Gott ihnen Eintracht schenken. Gott weiß Bescheid und hat Kenntnis von allem." (Sure 4, 34f.)

Gesellschaftliche Aufgaben

In diesem Zusammenhang sei auch darauf hingewiesen, dass nach dem Koran manche gesellschaftlichen Aufgaben für Frauen nicht angemessen sind. So wird im Koran festgehalten, dass Frauen nicht mit einer heiligen Schrift zu den Menschen gekommen sind. Nach den Feststellungen der Hadîth-Sammlungen der Prophetenaussagen sind manche Aufgaben im Rahmen der religiösen Rituale den Frauen nicht gestattet. Dazu gehört vor allem die Möglichkeit, als Vorbeterin tätig zu sein. Dies ist Frauen nur dann gestattet, wenn die hinter einer Vorbeterin versammelten Beter ausschließlich Frauen sind.

10.2 Das islamische Eherecht

Heiratsregeln

Der Koran legt in seinen Vorschriften für den gesellschaftlichen Bereich eine Reihe von Heiratsregeln fest:

„Und heiratet nicht solche Frauen, die [vorher] eure Väter geheiratet haben, abgesehen von dem, was bereits geschehen ist. Das ist etwas Schändliches und Abscheuliches und ein übler Weg. Verboten ist euch zu heiraten eure Mütter, eure Töchter, eure Schwestern, eure Tanten väterlicherseits, eure Tanten mütterlicherseits, die Töchter des Bruders und die Töchter der Schwester, eure Mütter, die euch gestillt haben, und eure Milchschwestern, die Mütter eurer Frauen, eure Stieftöchter, die sich in eurer Obhut befinden, und von euren Frauen stammen, zu denen ihr eingegangen seid – wenn ihr zu ihnen noch nicht eingegangen seid, ist es für euch kein Vergehen –, und die Ehefrauen eurer Söhne, die aus euren Lenden stammen. Verboten ist euch auch, dass ihr zwei Schwestern zur Frau zusammen habt, abgesehen von dem, was bereits geschehen ist [...]." (Sure 4, 22ff.)

Vaterbruderstochter-Heirat

Zu den verbotenen Heiratsbeziehungen gehört nicht die mit der Cousine väterlicherseits (Parallelcousine) oder mütterlicherseits (Kreuzcousine). Vor allem die Ehe mit der Tochter des Vaterbruders gilt geradezu als die vorzüglichste Form der Heiratsverbindung. Derartige Parallelcousinenheiraten kennen jedoch auch Angehörige anderer nahöstlicher Religionen. Diese Heiratspräferenz hat vor allem Ethnologen fasziniert, die über deren Ursachen kontrovers debattiert haben. Der prozentuale Anteil dieser Eheform an der Gesamtzahl der geschlossenen Ehen wird auf 2–20 % geschätzt je nach den gesellschaftlichen und wirtschaftlichen Bedingungen.

Begründet wird die Cousinenheirat u. a. mit der sozialen und ökonomischen Stärkung der eigenen Großfamilie, der Möglichkeit der Eltern der Braut, sich um ihre Tochter auch weiter kümmern zu können, ja sogar mit Argumenten der Familienplanung. Die sexuelle Anziehungskraft zwischen Cousin und Cousine, die sich schon länger kennen, sei weniger stark ausgeprägt als bei Verbindungen zwischen Partnern, die sich weniger gut kennen (vgl. McCabe 1983, S. 50–69). Diese Heiratspräferenz kann allerdings zu Schwierigkeiten führen, wenn die Eltern mit einem Cousin, der Ansprüche auf ihre Töchter geltend macht, nicht einverstanden sind, weil sie für ihr Kind eine ,bessere Partie' im Auge haben, oder wenn das Mädchen ihrerseits den Cousin als Ehepartner ablehnt. Häufig wird eine Ablehnung dann damit begründet, dass es sich bei Cousin und Cousine um Milchgeschwister handele, die einander nicht heiraten dürften.

Kontrovers diskutiert wird auch die Frage der Polygynie im Islam. Der Koran sagt in dieser Frage:

> „Und wenn ihr fürchtet, gegenüber den Waisen nicht gerecht zu sein, dann heiratet, was euch an Frauen beliebt, zwei, drei oder vier. Wenn ihr aber fürchtet, sie nicht gleich zu behandeln, dann nur eine, oder was eure Hand [an Sklavinnen] besitzt. Das bewirkt es eher, dass ihr euch vor Ungerechtigkeit bewahrt." (Sure 4, 3)

Einige Verse später ergänzt der Koran: „Und ihr werdet es nicht schaffen, die Frauen gleich zu behandeln, ihr mögt euch noch so sehr bemühen [. . .]." (Sure 4, 129) Diese beiden Verse haben in der islamischen Rechtsprechung zu unterschiedlichen Auslegungen geführt. Einerseits wird die Mehrehe als durch den Koran sanktioniert betrachtet, andererseits stellen Gelehrte auch fest, dass es keinem Mann gelingen könne, mehrere Ehefrauen materiell, emotional und sexuell gleich zu behandeln. Das habe ja der Koran ausdrücklich festgestellt. Nach dieser Einschätzung schreibt er damit die Einehe zwingend vor.

Die Ehe selbst beruht auf einem Vertrag, der zwischen den Familien der Brautleute geschlossen wird. In ihm wird die Braut durch einen Stellvertreter repräsentiert. Für die Eintragung des Vertrags in die entsprechende Urkundenrolle bei einem islamischen Gericht sind neben dem Bräutigam und dem Vertreter der Braut zwei Zeugen erforderlich. In dem entsprechenden Ehevertrag, dem unter Umständen ausführliche Verhandlungen vorausgehen, können die verschiedensten Verabredungen getroffen werden. Im Zentrum steht das Brautgeld (arabisch *mahr*), das von der Familie des Bräutigams der Braut

Polygynie

Heiratsvertrag

Brautgeld

überreicht werden muss. In der Regel wird dieses Brautgeld in drei Teile aufgeteilt. Ein erster Teil wird für die Finanzierung der häufig sehr kostenintensiven Hochzeitsfeierlichkeiten verwendet. Ein zweiter Teil wird in die Ausstattung des Haushalts der Neuvermählten investiert. Der dritte Teil schließlich dient dazu, den Unterhalt der Ehefrau zu sichern für den Fall, dass die Ehe scheitert. Traditionell wird diese Summe den Eltern der Braut übergeben.

Sonderregelungen

In dem Ehevertrag können aber auch noch andere Regelungen getroffen werden. Gegenstand dieser Verabredungen kann die Frage des Aufenthaltsortes der Braut sein, nämlich dass sie in einer festgelegten Entfernung von dem Wohnsitz ihrer Eltern leben kann. Ein anderes Thema des Heiratsvertrags kann die Anzahl der ihr zur Verfügung stehenden Dienerinnen sein oder die Feststellung, dass die Verheiratung des Ehemannes mit einer weiteren Frau nicht ohne ihre Zustimmung erfolgen kann. Das Einverständnis der Braut zu dem Ehevertrag muss auf jeden Fall eingeholt werden. Falls sie bei dem Vertragsabschluss schweigt, wird dies als Zustimmung aufgefasst.

Zeitehe

Grundsätzlich ist die Ehe nach islamischem Recht auf Dauer angelegt. Doch im Unterschied zu den Sunniten kennen die Schiiten die Praxis einer Ehe auf Zeit (arabisch *Mut'a*). Sie weisen dafür auf folgenden Koranvers hin:

> „[…] Erlaubt ist euch, was jenseits dieser Gruppe liegt, dass ihr mit eurem Vermögen Frauen sucht in der Absicht, sie unter Schutz zu stellen und nicht Unzucht zu treiben. Denen unter ihnen, die ihr genossen habt, sollt ihr – das ist eine Rechtspflicht – ihren Lohn geben. Es besteht für euch kein Vergehen, wenn ihr, nachdem die Rechtspflicht festgesetzt ist, etwas darüber hinaus im gegenseitigen Einvernehmen vereinbart. Gott weiß Bescheid und ist weise." (Sure 4, 24)

Die Vertragsdauer einer solchen zeitlich begrenzten Ehe kann von wenigen Stunden bis zu 99 Jahren reichen. Auch in den Fällen der Zeitehe wird ein Ehevertrag geschlossen, in dem ebenfalls ein Brautgeld genannt wird, das nach der automatischen Auflösung der Ehe nicht zurückgezahlt wird. Hintergrund dieser Eheform ist die Auffassung, dass sexuelle Aktivitäten außerhalb der Ehe als Unzucht angesehen werden müssen. Unzucht aber wird vom islamischen Recht nicht nur mit schweren Strafen bedroht, sondern wird auch als eine Sünde betrachtet, die den Zorn Gottes hervorruft.

10.3 Das islamische Scheidungsrecht

Das islamische Recht kennt auch die Einrichtung der Scheidung. Die Ehe muss aufgelöst werden, wenn sich Spannungen zwischen den Ehepartnern ergeben haben, die nicht mehr beizulegen sind. Eine unbegründete Scheidung ist verboten, da sie einen Schaden für Ehemann wie Ehefrau darstellt. Erlaubt ist die Scheidung „wegen des schlechten Charakters der Frau, wegen ihres schlechten Umgangs, auch wenn das ohne Absicht geschah." (al-Qaradawi 1989, S. 175f.)

Scheidung

Die Auflösung der Ehe erfolgt in der Regel dadurch, dass der Mann eine Scheidungsformel ausspricht. Falls dies spontan und ohne sorgfältige Überlegung geschieht, kann die Scheidung vom Mann rückgängig gemacht werden. Das gilt auch bei der zweiten Äußerung der Scheidungsformel. Bei der dritten Wiederholung ist die Scheidung dann endgültig. Geht die Scheidung vom Mann aus, darf die Ehefrau das vereinbarte Brautgeld behalten. In der Folge ist dann eine Reihe von Regelungen von Seiten der Frau zu beachten. So darf sie keine neue Ehe eingehen, ehe sie nicht eine Wartezeit von drei Monaten absolviert hat. Auf diese Weise soll festgestellt werden, ob sie von ihrem Ehemann schwanger ist. In einem solchen Fall muss der Ehemann zwei Jahre lang für den Unterhalt seiner geschiedenen Frau sorgen.

Scheidung durch den Mann

„Und die Mütter sollen ihre Kinder zwei volle Jahre stillen. Das gilt für den, der das Stillen bis zum Ende führen will. Und derjenige, dem das Kind geboren wurde, hat für ihren Lebensunterhalt und ihre Kleidung in rechtlicher Weise zu sorgen. Von niemandem wird mehr verlangt, als er vermag. Einer Mutter darf nicht wegen ihres Kindes Schaden zugefügt werden, und auch nicht einem Vater wegen seines Kindes. Und der Erbe hat die gleichen Verpflichtungen. Wenn sie sich jedoch in gegenseitigem Einvernehmen und nach Beratung für die Entwöhnung entscheiden, so ist es für sie kein Vergehen. Und wenn ihr eure Kinder stillen lassen wollt, so ist das für euch kein Vergehen, sofern ihr das, was ihr als Lohn ausgesetzt habt, in rechtlicher Weise übergebt. Und fürchtet Gott. Und wisst, Gott sieht wohl, was ihr tut." (Sure 2, 233)

Nach der dreimaligen Ausrufung der Scheidungsformel ist die Wiederaufnahme der ehelichen Beziehungen zwischen den vormaligen Ehepartnern erst wieder möglich, wenn die Frau die Ehe mit einem anderen Mann eingegangen und von diesem rechtskräftig geschieden worden ist. Zweck dieser Regelung ist es, Männer von dem leichtfertigen Ausspruch der Scheidungsformel abzuhalten.

Scheidung
durch die Frau Auch Frauen haben die Möglichkeit, die Auflösung der Ehe zu bewirken. Dazu müssen sie allerdings ein Gericht einschalten. Sie können die Scheidung herbeiführen, wenn sie nachweisen, dass der Ehemann seinen Verpflichtungen, die sich aus den Vorschriften des islamischen Rechts ergeben, nicht nachkommt (vgl. Faroqhi 1984). Grundsätzlich gehören zu den Scheidungsgründen Impotenz, Demenz, ständige Abwesenheit und das Ausbleiben einer angemessenen Versorgung für Frau und Kinder. Auch der Verstoß gegen andere im Ehevertrag vereinbarte Verabredungen kann als Begründung für die Scheidung anerkannt werden.

Der Islam ist in einer patrilinearen Gesellschaft entstanden. Im Verlauf seiner geografischen Ausbreitung hat er sich auch in matrilinearen Gesellschaften durchsetzen können. Solche Gesellschaften sind die der Hausa in Westafrika oder der Minankabau in Indonesien. Hier bauen Frauen ihre starke soziale und wirtschaftliche Stellung durch eine konsequente Nutzung des islamischen Scheidungsrechts aus. In den meisten Fällen bestimmen die Frauen in diesen Gesellschaften, wen sie heiraten und wie lange die Ehe aufrecht erhalten bleibt. Sie bemühen sich, ihren sozialen Status durch eine Vielzahl aufeinander folgender Ehen ständig zu verbessern, indem sie konsekutiv jeweils sozial höher stehende oder angesehenere Männer heiraten. Diese Frauen verfügen in der Regel über ein eigenes, nicht selten beträchtliches Einkommen und sind von ihren Ehemännern finanziell unabhängig. Manche dieser Frauen heiraten bis zu zehn Mal. Eine Scheidung erzwingen sie, indem sie das Kochen für den Mann einstellen. Da dieser nicht kochen kann, dies aus sozialen Gründen auch nicht darf und die Möglichkeit, sich außer Haus zu verköstigen, in der Regel in den ländlichen Regionen nicht gegeben ist, muss er die Scheidungsformel aussprechen. Damit behält die Frau dann das ihr zugemessene Brautgeld. Falls sich ein attraktiverer Ehepartner anbietet, verzichtet sie unter Umständen auch auf das Brautgeld (vgl. Smith 1954).

The marginal note "Matrilineare Gesellschaften" appears in the left margin.

10.4 Erbrecht und wirtschaftliche Stellung

Erbrecht Festgeschrieben wird die gesellschaftliche und wirtschaftliche Stellung der Frau auch durch das islamische Erbrecht. Im Unterschied zu vielen anderen rechtlichen Bestimmungen des Korans sind die erbrechtlichen Formulierungen sehr präzise. In Sure 4, 7–12 wird im Großen und Ganzen festgelegt, dass die Frau im Vergleich zum Mann auf die

Hälfte des zu erbenden Besitzes Anspruch hat. Dies stellt nach der islamischen Überlieferung eine erhebliche Verbesserung der Situation der Frau im Vergleich zu den vorislamischen Verhältnissen dar. Wie in vielen anderen Fällen des islamischen Rechts gibt es aber verschiedene Möglichkeiten, die koranischen Regelungen zu umgehen. Hier wirken sich die Traditionen der unterschiedlichen islamischen Rechtsschulen aus. So stellt das schiitische Recht im Unterschied zum sunnitischen Recht Töchter gegenüber männlichen Erben zweiten Grades besser, wenn sie allein als Erben ersten Grades Ansprüche erheben. Andererseits haben sich auch Möglichkeiten entwickelt, die die erbrechtliche Stellung von Frauen gegenüber den Regeln des Korans verschlechtern. Dabei wird die grundsätzliche Möglichkeit des Testaments genutzt. Der Koran stellt in seinen erbrechtlichen Bestimmungen nämlich fest, dass die testamentarischen Verfügungen eines Erblassers vorrangig zu berücksichtigen sind, wobei allerdings unklar bleibt, in welchem Maße dies zu geschehen hat.

Ein anderer Weg, um die koranischen Erbregeln zu umgehen, besteht in der Errichtung einer ‚frommen Stiftung‘ (arabisch *waqf*; vgl. Faath 2003, S. 9–36). Solche Stiftungen dienen gemeinnützigen und karitativen Zwecken. Der Stiftungszweck kann aber so formuliert werden, dass aus dem Stiftungsvermögen zunächst bestimmte Familienangehörige bedacht werden sollen. Dabei kann es sich dann ausschließlich um männliche Nachkommen des Stiftungsgebers handeln. Gegen diese Umgehungen der Regeln des Korans sind weibliche Erbberechtigte immer wieder einmal vor Gericht gezogen. In einigen Fällen haben sie dabei auch obsiegt. Da es sich aber bei den Prozessgegnern oft um nahe Verwandte handelt, gibt es immer auch eine große Scheu, derartige Konflikte vor Gericht auszutragen.

,Fromme Stiftung‘

10.5 Kleidungs- und Verhaltensregeln

Eine der lebhaftesten Debatten im Zusammenhang mit der Stellung der Frau in islamischen Gesellschaften ist die Frage der Bekleidung und vor allem der Bedeckung des Haars. Allen Debatten zugrunde liegt die Aufforderung des Korans an den Propheten:

Kleidung

> „O Prophet, sag deinen Gattinnen und deinen Töchtern und den Frauen der Gläubigen, sie sollen etwas von ihrem Überwurf [arabisch *jilbâb*] über sich herunter ziehen. Das bewirkt eher, dass sie erkannt werden und dass sie nicht belästigt werden. Und Gott ist voller Vergebung und barmherzig." (Sure 33, 59)

In den arabischen Nationallexika und in den zahlreichen Koraninterpretationen finden sich kontroverse Meinungen über die Bedeutung des Wortes *jilbâb*. Eine größere Zahl von Interpreten meint, es habe sich um einen mantelartigen Überwurf gehandelt, der auch zur Verschleierung des Gesichts verwendet wurde. Aus dem Korantext geht deutlich hervor, dass es sich bei diesem Kleidungsstück auch um ein soziales Merkmal handelte. Es war ein Signifikator für die ehrbare Frau.

Kennzeichen von Sklavinnen war, dass sie unverschleiert blieben. An anderer Stelle heißt es im Koran:

„Und sprich zu den gläubigen Frauen, sie sollen den Blick senken und ihre Scham bewahren, ihren Schmuck nicht offen zeigen, mit Ausnahme dessen, was sonst sichtbar ist. Sie sollen ihren Schleier auf den Kleiderausschnitt schlagen und ihren Schmuck nicht offen zeigen, es sei denn ihren Ehegatten, ihren Vätern, den Vätern ihrer Ehegatten, ihren Söhnen, den Söhnen ihrer Ehegatten, ihren Brüdern, den Söhnen ihrer Brüder und den Söhnen ihrer Schwestern, ihren Frauen, denen, die ihre rechte Hand besitzt, den männlichen Gefolgsleuten, die keinen Trieb besitzen, den Kindern, die die Blöße der Frauen nicht beachten. Sie sollen ihre Füße nicht aneinander schlagen, damit man gewahr wird, welchen Schmuck sie verborgen tragen. Bekehrt euch allemal zu Gott, ihr Gläubigen, auf dass es euch wohl ergehe." (Sure 24, 31)

Hier streiten die Interpreten um die Bedeutung des „Schmucks". Zunächst war man der Meinung, dass es sich tatsächlich um Schmuckstücke handele. Später interpretierte man die Passage dahin, dass Körperteile, die einen Schmuck des weiblichen Körpers darstellten, gemeint seien. So sagt der bekannte TV-Prediger Yusuf al-Qaradawi:

„Die Reize der Frau schließen sowohl natürliche wie das Gesicht, die Haare und die anderen anziehenden Körperteile ein wie auch die künstliche Verstärkung der Schönheit durch Kleidung, Schmuck, Schminke usw." (al-Qaradawi 1989, S. 136)

Seit der ersten Hälfte des 20. Jahrhunderts hat es immer wieder heftige Konflikte um die Kleidungsfrage gegeben. Sie spielt in den Debatten um die Emanzipation der Frau seit dem Erscheinen des Buches von Ahmad Amin ‚Tahrir al-mar'a *Befreiung der Frau* im Jahr 1908 eine zentrale Rolle. Ein Befürworter der Entschleierung, Khayri al-῾Umari, stellte 1969 fest:

„Der Schleier ist eine Praxis der feudalen Kreise und aristokratischen Klassen. Die verschleierten Frauen bei uns stammen aus den Trümmern dieser feudalen und aus vergleichbaren Kreisen. Die

Der Überwurf

Schmuck

Emanzipation

152

Mädchen aus dem wahren Volk sind dagegen nicht verschleiert und können auch nicht verschleiert sein. In der Klasse des Volkes gibt es keinen Harem und keinen Schleier. Damit wird Schluss sein, wenn die Volksklasse die Herrschaft übernimmt und das Land regiert, wie das schon in Ägypten und der Türkei der Fall ist." (al-´Umarî 1969, S. 93–154)

Gegen diese Position äußern sich konservative und islamistische Kreise. So meint der ägyptische konservative Rechtsgelehrte Yusu al-Qaradawi:

„Moral und Benehmen der muslimischen Frau unterscheidet sich deutlich von denen der nichtmuslimischen Frauen oder der Frauen in der Zeit der Jahiliyya. Die muslimische Frau ist keusch, würde-voll, und besitzt Selbstachtung und Schamgefühl. Andererseits ist die Frau, die von der göttlichen Rechtleitung nichts weiß, eingebildet und oft begierig, ihre Attraktivität zur Schau zu stellen. Diese Zurschaustellung umfasst Entblößung anziehender Körperteile, auf herausfordernde Weise gehen und sprechen, den Schmuck zeigen, entblößende und sexuell aufreizende Kleidung tragen usw." (al-Qaradawi 1989, S. 142)

Immer noch spielt auch die Frage der Mobilität von Frauen außerhalb des Hauses eine Rolle in den Diskussionen. Die Praxis der Seklusion wird zurückgeführt auf eine Stelle im Koran, die sich an die Frauen des Propheten Muhammad wendet:

Seklusion

„Haltet euch in euren Häusern auf. Und stellt nicht eueren Schmuck zur Schau wie in der Zeit der früheren Unwissenheit. Verrichtet das Gebet und entrichtet die Abgaben und gehorcht Gott und seinem Gesandten. Gott will die Unreinheit von euch entfernen, ihr Leute des Hauses, und euch völlig rein machen." (Sure 33, 33)

Eine entsprechende Aufforderung an andere muslimischen Frauen in der Gemeinde von Medina findet sich nicht. Je mehr aber das Vorbild des Propheten Muhammad zu einer Richtschnur für die Lebensgestaltung der Muslime wurde, um so mehr wurden auch seine Frauen zu Vorbildern aller Musliminnen.

Allerdings entwickelte sich die Praxis der Seklusion nicht überall gleichmäßig. Sie ist vor allem ein Phänomen der Städte und der Oberschicht. All die Frauen, die zum Familienunterhalt beitragen mussten, verfügten über eine größere Mobilität. Mittelalterliche Quellen berichten, dass Frauen das Haus verließen, um Besuche zu machen und Einkäufe zu tätigen. Sie besuchten die Friedhöfe und nahmen an öffentlichen Veranstaltungen wie der Verabschiedung der

Unterschiedliche Entwicklungen

Mekkapilger teil. Nicht selten versuchten die orthodoxen Autoritäten, solche Praktiken zu verbieten. Besonders erfolgreich können diese Verbote aber nicht gewesen sein. Ein Verbot für Frauen, das Haus zu verlassen, wurde z. B. 1281 aufgestellt, musste aber 1309 wiederholt werden. Noch regelmäßiger musste das Verbot im 15. Jahrhundert wiederholt werden, nämlich in den Jahren 1421, 1430, 1432 und 1437.

Freiheiten älterer Frauen

Diese Regelungen galten vor allem für Frauen diesseits der Menopause. Frauen in höherem Alter führten damals und führen auch heute ein sehr viel ungezwungeneres Leben, können Besuche machen, reisen und sich unabhängig bewegen. Es sind vor allem Frauen dieses Alters, die als Zwischenhändlerinnen zwischen Heimwerkerinnen und Händlern auftreten. Frauen, die ans Haus gebunden sind, werden von den alten Frauen aufgesucht und mit frauentypischen Produkten wie Kleidung, Kosmetik oder Schmuck gegen eine entsprechende Bezahlung beliefert. Häufig sind diese älteren Frauen sehr selbstbewusst und lassen sich von niemandem etwas sagen. Nicht selten haben Männer einen großen Respekt vor ihnen (vgl. McCabe 1979; Wikan 1982).

Frauen in der Gegenwart

Heute müssen Frauen in den meisten islamischen Ländern häufiger das Haus verlassen, weil Schulbesuch und Ausbildung für sie durch staatliche Vorschriften obligatorisch sind. Allerdings müssen vor allem die unverheirateten jungen Frauen sehr auf ihren Ruf achten, um ihre Chancen auf dem Heiratsmarkt nicht zu gefährden. Sie legen deshalb wert darauf, nicht allein in der Öffentlichkeit zu erscheinen, sondern stets in Begleitung von einigen Freundinnen oder männlichen Verwandten. Da islamische Gesellschaften bisher Single-Existenzen kaum akzeptieren, ist es das Bestreben junger Frauen wie Männer, einen passenden Ehepartner zu finden. In diesem Zusammenhang spielt der Ruf der jungen Frauen eine wichtige Rolle. Natürlich gibt es heute in islamischen Ländern auch viele unabhängige junge Frauen, die wirtschaftlich selbstständig und von ihren Familien getrennt leben. Sie bilden aber immer noch die überwältigende Ausnahme.

Fragen und Anregungen

- Welche gesellschaftliche Stellung hatten Frauen in der arabischen Gesellschaft vor dem Islam?

- Welche Erbansprüche haben Frauen im islamischen Recht?

- Was versteht man unter einer Parallelcousinenheirat?
- Wann beginnen die Debatten um die Stellung der Frau im Islam?

Lektüreempfehlungen

- **Lois Beck / Nikki Keddie: Women in the Muslim World,** Cambridge 1978. *Sammelband, in dem die unterschiedlichsten Aspekte muslimischen Frauenlebens unter rechtlichen, gesellschaftlichen und, eher kurz, religiösen Aspekten beschrieben werden.*

- **Shahla Haeri: Law of Desire. Temporary Marriage in Shi'i Islam,** Syracuse 1989. *Beeindruckende Studie über die Zeitehe im Iran unter soziologischen und psychologischen Aspekten, in der auch die Regelungen des schiitischen Rechts in dieser Frage dargestellt werden.*

- **Ira M. Lewis (Hg.): Women's Medicine. The Zar-Bori Cult in Africa and Beyond,** Edinburgh 1991. *Vielseitige Darstellung der Aspekte von Besessenheitsphänomenen unter Musliminnen im subsaharischen Afrika und seine Ausstrahlung in den arabischen Raum.*

- **Fatima Mernissi: Herrscherinnen unter dem Halbmond. Die verdrängte Macht der Frauen,** Freiburg 2004. *Historischer Überblick über die politischen Möglichkeiten von Musliminnen in der mittelalterlichen islamischen Gesellschaft. Aufgezeigt wird, dass es in der islamischen Geschichte Frauen gegeben hat, die nicht nur indirekt, sondern auch ganz direkt die politische Führung in einem islamischen Staat übernahmen.*

11 Die islamische Stadt

Abbildung 12: Blick von den Bergen auf die syrische Stadt Akka, Stahlstich (19. Jh.)

Der Islam wird gerne als eine urbane Religion beschrieben, weil sie in einem städtischen Kontext entstanden ist. Über die Frage, was eine islamische Stadt ausmacht, was sie von einer europäischen oder chinesischen Stadt unterscheidet, finden sich in den wissenschaftlichen Debatten unterschiedliche Positionen. Dabei unterscheiden sich die Kriterien für die Definition einer ‚islamische Stadt‘ bei muslimischen und nicht-muslimischen Autoren voneinander. Bei manchen urbanen Einrichtungen oder Institutionen, wie dem öffentliche Bad oder dem Amt des Marktvogtes, die als Kennzeichen einer islamischen Stadt verstanden werden, können vorislamische Wurzeln festgestellt werden. Allerdings sind sie in ihren sozialen Funktionen oder ihrer politischen und vor allem ihrer religiösen Bedeutung ‚islamisiert‘ worden. Auch die Grundstruktur der Stadt mit einzelnen Stadtvierteln mit einer speziellen Einwohnerschaft je nach ihrer religiösen oder sozialen Zugehörigkeit geht bereits auf vorislamische Städte zurück.

Im folgenden Kapitel wird ein Überblick über die urbane Form islamischen Lebens gegeben. Dabei werden die verschiedenen Kriterien für die Urbanität einer islamischen Stadt vorgestellt und in einen Kontrast mit europäischen Städten gesetzt. Vor allem aber geht es um die Debatten zwischen der Islamwissenschaft und den benachbarten Disziplinen, in denen um die Definition der islamischen Stadt gestritten wird und in denen die religiöse, wirtschaftliche und kulturelle Funktion städtischer Orte zentrale Punkte sind. Dabei stellt sich heraus, dass die Islamwissenschaft nicht ohne Bezug zu Disziplinen argumentieren kann, die sich ebenfalls mit islamischen Gesellschaften befassen. Zugleich sollte sie sich intensiver mit den zahlreichen Quellen der Historiografie und der Rechtswissenschaft islamischer Gesellschaften vertraut machen, um sich in die Lage zu versetzen, in der interdisziplinären Debatte über die islamische Stadt emische (aus der Herkunftskultur kommende) Argumente einzuführen.

11.1 **Das religiöse und politische Zentrum**
11.2 **Das wirtschaftliche Zentrum**
11.3 **Das kulturelle Zentrum**

11.1 Das religiöse und politische Zentrum

An kaum einem Thema zur Erforschung islamischer Gesellschaften haben sich so viele unterschiedliche Disziplinen versucht wie an dem der islamischen Stadt. Philologen der verschiedenen islamischen Literatursprachen befassen sich mit ihr ebenso wie Soziologen, Historiker oder Geografen. Zu Beginn der 1990er-Jahre beklagte der Geograf Eugen Wirth immer noch, dass es keine intensivere Zusammenarbeit der verschiedenen Disziplinen zu dieser Thematik gebe (vgl. Wirth 1991, S. 52). Man mag bezweifeln, ob sich diese Situation inzwischen verbessert hat. Zugleich haben die verschiedenen Analysen zur islamischen Stadt und die damit verbundenen Fragen erneut heftige Debatten ausgelöst, die schon in den 1920er-Jahren unter verschiedenen Gesichtspunkten verhandelt wurden.

Islamwissenschaftler haben immer wieder versucht, Definitionen für die islamische Stadt zu formulieren. Solche Definitionen werden nicht immer von den Vertretern anderer Disziplinen geteilt. Immerhin ist man sich wohl einig, dass eine Stadt auch in der islamischen Welt eine erhebliche Anzahl von Einwohnern haben muss, um als Stadt gelten zu können. Wie groß diese Zahl aber exakt zu sein habe, bleibt umstritten. Die Größe als solche eignet sich somit nicht zur Charakterisierung einer Ansiedlung als islamischer Stadt. **Definitionen**

Wirth verwirft auch andere Kriterien, die von Islamwissenschaftlern zur Definition der islamischen Stadt herangezogen werden. Zu ihnen gehört das Vorhandensein einer Freitagsmoschee (vgl. Johansen 1999, S. 99f., der sich auf die Definition hanafitischer Juristen bezieht). Eine solche religiöse Einrichtung kann es nach islamischer Vorstellung nur in einer Stadt geben. In ihr sollen sich alle Muslime der Siedlung am Freitag zum gemeinschaftlichen Mittagsgebet treffen. Durch dieses gemeinsame Gebet konstituiert sich die islamische Gemeinde stets neu. Durch das Erleben des kollektiven Rituals werden bei den teilnehmenden Gläubigen soziale Beziehungen hergestellt, erneuert oder intensiviert. Vor allem nach dem Gebet besteht die Möglichkeit für den Austausch von Informationen persönlicher, wirtschaftlicher oder sozialer Art. **Freitagsmoschee**

Die mit dem Freitagsgebet verbundenen Predigten haben aber auch über religiöse und ethische Fragen hinausgehende Funktionen, weil in ihnen Einschätzungen der religiösen Autoritäten zu politischen und sozialen und anderen die Öffentlichkeit bewegenden Fragen vorgetragen werden können. Nicht zuletzt aus diesem Grund be- **Freitagspredigten** mühen sich die Regime in zahlreichen islamischen Staaten, den Inhalt dieser Predigten zu kontrollieren. Oppositionelle Kreise versuchen dagegen, sich dieser Kontrolle zu entziehen.

Die Freitagsmoschee ist für das öffentliche Leben einer islamischen Stadt also von zentraler Bedeutung (vgl. Gaffney 1994; Prätor 1985). Eugen Wirth weist aber darauf hin, dass Kathedralen und Dome europäischer Städte vergleichbare öffentliche Wirkungen wie Freitagsmoscheen haben. Auch in ihnen kommt es zur Verbreitung politischer Vorstellungen. Insofern könne die Existenz eines religiösen Zwecken dienenden Gebäudes nicht als konstitutiv für eine islamische Stadt angesehen werden (vgl. Wirth 1991, S. 60).

Politische Macht Ein anderes Kennzeichen für die islamische Stadt ist aus der Sicht der Islamwissenschaft die sichtbare Existenz politischer Macht. In Städten in der islamischen Welt handelt es sich dabei häufig um Burgen oder Zitadellen, die über die Stadt und ihre Bewohner eine gewisse Kontrolle ausüben, deren Aufgabe es aber auch ist, für den Schutz der Einwohner gegenüber äußeren Feinden zu sorgen und die innere Sicherheit zu gewährleisten. Es mag typisch für islamische Städte sein, dass die Bewohner häufig in einem Spannungsverhältnis zur Obrigkeit gestanden haben und die beiden Seiten im günstigen Fall nebeneinander her lebten. Dass die Mehrzahl der Einwohner an den politischen oder militärischen Entscheidungen beteiligt war, ist in den islamischen Städten im Gegensatz zu mittelalterlichen Städten in Italien oder den nordeuropäischen Hansestädten fast nie der Fall gewesen (vgl. Lapidus 1967). Wirth weist aber auch hier darauf hin, dass die Anwesenheit politischer Gewalt auch ein Kennzeichen abendländischer Städte gewesen ist, auch wenn diese in vielen Fällen anders organisiert war als in der islamischen Welt. Insofern kann auch dieses Kriterium nicht zu einer Differenzierung zwischen islamischen und europäischen Städten herangezogen werden (vgl. Wirth 1991, S. 61).

11.2 Das wirtschaftliche Zentrum

Auch ihre wirtschaftlichen Funktionen werden als Kennzeichen islamischer Städte herangezogen. Diese Tatsache allein kann aber nicht als Definitionsmoment dienen. Schließlich sind auch Städte in anderen Kulturen in der Regel Zentren händlerischer wie allgemein wirtschaftlicher Aktivitäten. Häufig gehen ihre Gründungen gerade auf ihre Lage an oder in der Nähe von Handelswegen und der Kreuzung von Handelsstraßen zurück. Nicht nur Islamwissenschaftler, sondern auch Ethnologen wie der bekannte und viel zitierte Clifford Geertz betonen allerdings die besondere Form des islamischen Marktes, den Bazar oder Suq, als eine Ausprägung, die alle islamischen Gesellschaften aufweisen (vgl. Geertz 1979, S. 123f.). **Bazar**

Von Bedeutung ist in diesem Zusammenhang, dass es sich bei den Märkten in islamischen Städten um stationäre Handelsorte handelt. Durch diese Stabilität des Ortes und ihre Permanenz unterscheiden sie sich von den in islamischen Ländern ebenfalls vorhandenen regelmäßig stattfindenden Märkten unter offenem Himmel, zu denen sich Produzenten und Händler aus dem engeren und weiteren Umkreis des Marktes zum Angebot ihrer Produkte einfinden. Es lassen sich Regelmäßigkeiten feststellen, nach denen Händler, aber auch Produzenten in einem gleichmäßigen Rhythmus in einem genau festgelegten Radius an bestimmten Märkten einfinden, um ihre Waren anzubieten (vgl. Fischer 1984; Troin 1975).

Als Besonderheit ist auf Märkte zu verweisen, zu denen nur Frauen zugelassen sind. Auf diesen regionalen Märkten werden ausschließlich Produkte angeboten, die von Frauen gekauft werden. Darunter spielen vor allem Textilwaren, Küchengeräte, Schminkutensilien, Parfüms und Kleidung eine besondere Rolle. Auch zahlreiche Produkte der lokalen und regionalen Volksmedizin richten sich vor allem an die speziellen Bedürfnisse der weiblichen Kundschaft, u. a. Medikamente, die gegen Kinderlosigkeit angewendet werden. Daneben finden sich auch Mittel, die gegen den ‚Bösen Blick' von Nutzen sein können, und schließlich auch jede weitere Art von apotropäischen (also Schaden abwehrenden) Mitteln (vgl. Troin 1975, S. 114). **Frauenmärkte**

Im Vergleich zu diesen ländlichen Märkten haben die Märkte in der Stadt einen völlig anderen Charakter. Clifford Geertz ist der Ansicht, dass diese Marktform, die er als Bazar bezeichnet, das wichtigste Moment für die Islamizität einer Stadt darstelle. Unabhängig davon, in welcher Region der islamischen Welt man sich umschaue, könne man überall die islamische Form des Marktes, den Bazar auffinden (vgl. Geertz 1979).

Diese Märkte sind an festen und an den meisten Tagen der Woche zugänglichen Bereichen der Stadt zu finden. Sie sind deutlich von den privaten Wohnquartieren der städtischen Bevölkerung zu unterscheiden. Die Bazare sind in einer strikt festgelegten Form organisiert. In der Regel handelt es sich bei den einzelnen Läden und Werkstätten, die den Bazar ausmachen, um wirtschaftliche Einheiten, deren Gebäude sich im Besitz von ‚frommen Stiftungen' befinden. Bei ‚frommen **‚Fromme Stiftungen'**

Stiftungen' (arabisch *waqf*) handelt es sich um eine Möglichkeit des islamischen Rechts, die Förderung der öffentlichen Wohlfahrt unter den Schutz des Islams zu stellen (→ KAPITEL 10.4). Immobilien können durch den Stifter für einen festgelegten Zweck zum Nießbrauch gekennzeichnet werden. Im Zusammenhang mit dem Bazar ist von Bedeutung, dass die in den Stiftungsurkunden fixierten Zwecke ebenso wenig verändert und den aktuellen Gegebenheiten angepasst werden können wie die Höhe der zu entrichtenden Forderungen der Stiftung an ihre Pächter. Modifikationen zugunsten der Stifter sind in der Regel nicht möglich (vgl. Kogelmann 1999). Auch diese Abhängigkeit juristischer Institute, die durch das islamische Recht sanktioniert werden, ist für Clifford Geertz ein Hinweis auf die Islamizität des Bazars (vgl. Geertz 1979).

Da die Regelungen, die die Stifter für ihre Stiftungen getroffen haben, nicht angepasst werden dürfen, verfügen die Ladenbesitzer über sichere und langfristige Bedingungen, unter denen sie arbeiten können.

Ordnungsprinzip des Bazars Kennzeichnend für den städtischen Bazar ist unter architektonischen Gesichtspunkten die Tatsache, dass es sich im Grunde um ein einheitliches Gebäude handelt, unter dessen Dächern sich in verschiedenen Quartieren unterschiedliche Gewerke und Geschäfte befinden, die jedoch je nach der Sparte in unmittelbarer Nähe zu einander angeordnet sind. So findet man alle Textilhändler in einem Bereich des Bazars, alle Gold- und Juwelenhändler in einem anderen. Auch die Gemüsehändler und die Fleischer sind jeweils in unmittelbarer Nähe voneinander angesiedelt wie auch die Buchhändler, die Parfümeure und Drogisten.

Diese Anordnung der verschiedenen Branchen geht auf die Struktur der Händlerorganisationen zurück, die im Mittelalter in gildenähnlichen Organisationen zusammengefasst waren. Diese Strukturen können hier nicht in allen Einzelheiten beschrieben werden. Von Bedeutung ist, dass die Gilden (arabisch *sinf*, Plural *asnâf*) dafür sorgten, dass die Zahl der am Marktgeschehen beteiligen Händler und Produzenten begrenzt blieb. Auf diese Weise wurde die Geschäftssicherheit festgeschrieben. So konnten Gesellen erst dann ein eigenes Unternehmen eröffnen, wenn sie ihre Qualifikation nachgewiesen hatten, vor allem aber durch das Ausscheiden eines Meisters ein Platz frei geworden war.

Gilden

Unter wirtschaftlichen Gesichtspunkten von Bedeutung ist die Tatsache, dass durch die räumliche Nähe der Händler und Produzenten einer Branche ein ruinöser Wettbewerb verhindert wurde. Die einzelnen Gilden setzten Preise für bestimmte Produkte und Dienstleistungen fest, die von den Mitgliedern der Vereinigung nicht unterboten werden durften. Widrigenfalls wurden sie aus der Vereinigung ausgeschlossen und verloren die Möglichkeit, sich am Bazargeschehen als Produzenten oder Händler zu beteiligen (vgl. Baer 1969, S. 149–160).

Die Anordnung der einzelnen Gewerke und Fachgeschäfte auf dem Bazar führte ebenfalls zu einer interessanten wissenschaftlichen Kontroverse. Der Islamwissenschaftler Gustav von Grunebaum hat auf der Grundlage der Bazar-Struktur eine Hierarchie der Berufe innerhalb der islamischen Gesellschaften erkannt (vgl. Grunebaum 1955, S. 130–153). In der Mehrzahl der Fälle befindet sich im Zentrum des Marktbereichs die Freitagsmoschee der Stadt. Es sei dabei zugleich darauf hingewiesen, dass in den Bazar weitere Moscheen und andere religiöse Einrichtungen wie Medresen, also religiösen Schulen, integriert sein können. **Hierarchie der Berufe**

Von Grunebaum war der Ansicht, dass von der Nähe der einzelnen Branchen zur Freitagsmoschee auf die Stellung des einzelnen Berufs oder Handwerks innerhalb der Berufshierarchie geschlossen werden könne. So stellte er fest, dass sich Buchhändler, Gewürzhändler oder Parfümeure in der Nähe der Freitagsmoscheen befänden, während Metzger oder Gerber in weiter Entfernung von der Moschee angesiedelt seien. Wie weit sich von Grunebaum bei seiner Einschätzung auf die Bewertung von Berufen durch mittelalterliche Autoren bezieht, kann hier nicht weiter untersucht werden. Wirth hält diese Einschätzung jedenfalls für romantisch (vgl. Wirth 1974, S. 203f.) **Nähe zur Moschee**

Für Wirths These, dass die gesellschaftliche Stellung bestimmter Berufe nicht mit deren räumlicher Position auf dem Markt zusammenhängt, spricht die Tatsache, dass die Geschäfte der Gold- und Silberhändler häufig in der Nähe der Moschee zu finden sind. Nun ist aber die Nutzung von Edelmetallen und Juwelen, wie auch von kostbaren Stoffen wie Brokat, zumindest für muslimische Männer mit einem religiösen Tabu belegt. Daher überrascht es nicht, dass die Gold- und Silberschmiede in islamischen Gesellschaften traditionell Angehörige religiöser Minderheiten waren und in vielen Fällen auch noch heute sind. Sie können daher kaum an herausgehobener Stelle auf einer islamischen Berufshierarchie angesiedelt sein. Ihre räumliche Nähe zu einer islamischen Institution hat deshalb in diesem Zusammenhang keine Bedeutung.

Wirth geht von praktischen Überlegungen für die Beurteilung der Platzierung der verschiedenen Berufszweige auf dem Bazar aus. Nach seiner Feststellung seien die Branchen so angeordnet, dass die Passanten auf dem Weg zur Freitagsmoschee, die ja auch an anderen **Praktische Kriterien**

Tagen und zu anderen Zeiten die Frommen anzöge, an für sie interessanten Angeboten vorbeikämen. Daher fände man hier Buchhandlungen, Devotionalienhandlungen und Parfümgeschäfte. Andererseits hänge die Anordnung der Branchen auch mit Fragen des Transports zusammen. Wer einmal erlebt habe, wie im marokkanischen Fez zwei beladene Esel in einer engen Gasse einander passieren müssen, verstünde sofort, warum z. B. Schreiner am Rand des Bazarbereichs ihren Geschäften nachgingen. Die Lieferung ihres Materials und der Abtransport der fertigen Produkte würden zu permanenten schweren Verkehrsstörungen führen. Ähnliches gälte auch für Gerber und Färber, die für ihre Tätigkeit Platz bräuchten, der in den zentralen Bereichen des Bazars nicht zur Verfügung stünde. Vor allem aber stellten diese Gewerbe eine Belästigung für ihre Umgebung dar. Ihre Positionierung am Rand des Bazargeschehens stelle auch eine Form der Rücksichtnahme auf die Umgebung dar (vgl. Wirth 1974).

Muhtasib

Als ein weiteres Argument für den islamischen Charakter des Bazars wird die einem Marktvogt vergleichbare Funktion des Muhtasib angeführt. Bei dieser Person und seinem Amt, der Hisba, handelt es sich um eine Marktaufsicht. Schon das islamische Mittelalter kannte diese Art von Polizei, die für einen konfliktfreien und korrekten Ablauf der Handelsgeschäfte Sorge zu tragen hatte. So verfolgte der Muhtasib einerseits Personen, die sich auf dem Markt ungebührlich aufführten, indem sie z. B. offensichtlich betrunken in der Öffentlichkeit erschienen. Andererseits fiel auch die Ahndung anderer Störungen der öffentlichen Ordnung in seinen Verantwortungsbereich. Angesichts der dichten Bebauung der Bazarbereiche stellte der Umgang mit offenem Feuer immer eine große Gefahr dar. Der Muhtasib hatte daher z. B. dafür Sorge zu tragen, dass die Kamine der öffentlichen Bäckereien so hoch waren, dass das Risiko von Funkenflug minimiert wurde. Der Muhtasib und seine Helfer überwachten aber auch das Warenangebot, vor allem wenn es sich um Lebensmittel handelte. Sie achteten auf die Frische von Fleisch oder Fisch. Für diese Aufgabe hatten sie spezielle Handbücher, in denen die Kennzeichen für verdorbene Produkte ebenso verzeichnet waren wie die Techniken, mit denen die Händler derartige Mängel zu übertünchen trachteten. In seine Kompetenz gehörte auch die Prüfung der Echtheit und Unverfälschtheit teurer Produkte wie z. B. Safran, bei denen wegen ihres hohen Preises die Gefahr der Streckung durch billige Beimischungen bestand. Eine andere Aufgabe des Muhtasibs war die Überwachung von Maßen und Gewichten.

Aufgabenbereiche des Muhtasibs

Über all diese Aufgaben und Funktionen gibt es ausführliche Literatur in den verschiedenen islamischen Sprachen. Der Muhtasib ist Teil des islamischen Rechtssystems. Dennoch kann man diese Institution nicht als Argument für den islamischen Charakter des Bazars anführen. Schon in vorislamischer Zeit gab es auf den antiken Märkten des Orients, und nicht nur dort, das Amt des Agoranomos, des Marktvogts. Auf diesem baut die islamische Einrichtung auf (vgl. Foster 1970, S. 128–144).

Stellung des Muhtasibs

11.3 Das kulturelle Zentrum

Gern wird auch auf das öffentliche Bad (arabisch *hamâm*) als ein Kennzeichen einer islamischen Stadt hingewiesen. In der Tat kannten und kennen islamische Städte eine Vielzahl von öffentlichen Bädern. In großen mittelalterlichen islamischen Städten wie Cordoba oder Damaskus muss es Tausende solcher Einrichtungen gegeben haben. Sie befanden sich praktisch in jedem Stadtviertel oder jeder größeren Nachbarschaft (vgl. Grotzfeld 1970). Diese Bäder waren bis in die jüngste Zeit von ritueller und gesellschaftlicher Bedeutung.

Öffentliches Bad

Die islamischen rituellen Vorschriften verlangen zur vollständigen Erfüllung der religiösen Pflichten die rituelle Reinheit. Unterschieden wird zwischen einer kleinen Unreinheit und einer großen, die durch den Vollzug des Sexualverkehrs verursacht wird. Während die kleine Unreinheit durch bestimmte einfachere Waschungen behoben wird, bedarf es für die Wiederherstellung der rituellen Reinheit im zweiten Fall des Untertauchens des ganzen Körpers. Dies geschieht traditionell in einem Tauchbecken, das sich in der Regel nur in den öffentlichen Bädern befand. Die sozialen Momente dieser Einrichtungen sind eine Konsequenz dieser Reinheitsregelungen. Nach Hochzeiten begaben sich die jungen Eheleute in einer öffentlichen Prozession und in Begleitung von Verwandten und Bekannten, nach Geschlechtern getrennt, in das öffentliche Bad. Damit wurde der Öffentlichkeit bekannt gemacht, dass die Ehe auch tatsächlich vollzogen wurde.

Rituelle Bedeutung des Hamam

Öffentliche Bäder, deren Zugang nach Geschlechtern getrennt erfolgte, waren auch Einrichtungen, in denen soziale Kontakte geknüpft und intensiviert wurden. Hier bereitete man Heiratsverhandlungen vor, tauschte sich über politische oder wirtschaftliche Pläne aus und nutzte die Intimität der Bäder für Intrigen und Klatsch.

Soziale Bedeutung des Hamam

In vielen Teilen der islamischen Welt verfügen die Menschen inzwischen über eigene Badezimmer in ihren Wohnungen. Nach einer

Das Bad heute

Entscheidung islamischer Rechtsgelehrter bedarf es nicht mehr des völligen Untertauchens in einem entsprechenden Becken, um sich von der großen Verunreinigung zu befreien. Auch die Benutzung der Dusche hat den gleichen rituellen Effekt. Dennoch finden sich in islamischen Städten weiterhin öffentliche Bäder, die von der Bevölkerung auch genutzt werden.

Vorislamische Bäder

Nun gab es auch in vorislamischer Zeit in den Ländern des Mittelmeerraums öffentliche Bäder mit einer ausgeprägten Badekultur. Die nordeuropäische mittelalterliche Badekultur war nur von kurzer Dauer. Ihr fehlte vor allem das religiöse Moment. Insofern könnte man im Vergleich zur europäischen Situation tatsächlich von einem islamischen Kennzeichen für eine städtische Ansiedlung sprechen.

Wirth weist noch auf einen weiteren, von der Islamwissenschaft bei ihren Stadtdefinitionen vernachlässigten Faktor hin. Islamische Städte verfügen angesichts der großen Zahl ihrer Einwohner auch über eine entsprechende Zahl von Erholungsbereichen. Dabei kann es

Öffentliche Gärten

sich um öffentliche Gärten ebenso handeln wie um bauliche Einrichtungen, in denen große Zahlen von Zuschauern kurzzeitig untergebracht werden können, um an aufwendigen öffentlichen Spektakeln teilzunehmen. Bei diesen kann es sich um lokale oder regionale Veranstaltungen handeln, die mit religiösen oder jahreszeitlich bedingten Ursachen zu tun haben. Man denke an die zahlreichen mit dem schiitischen Trauer-Fest Ashura verbundenen Rituale in Nordafrika oder die Nauruz-Feste zu Jahresbeginn, die trotz des Verbots der mittelalterlichen religiösen Autoritäten in Syrien oder den nördlichen Regionen Mesopotamiens begangen wurden, so im seit 1501 durch die Herrschaft der Safawiden schiitisch geprägten Iran (→ KAPITEL 5), in dem Ashura wohl das wichtigste Fest zur Versicherung der religiösen und nationalem Identität wurde. Solche Feste werden auch in Dörfern oder auf dem Land gefeiert. Die in den Städten vorhandenen Menschenmassen, die an solchen Veranstaltungen teilnehmen wollen, erfordern für ihre Durchführung jedoch entsprechende bauliche Maßnahmen, die in einem Dorf nicht erforderlich sind. Hier haben wir es wohl mit einem Zeichen städtischer Struktur zu tun, die sich allerdings nicht weiter auf das islamische Moment allein bezieht, sondern sich auch in zahlreichen abendländischen Städten findet.

Der eigentliche Unterschied zwischen einer abendländischen und einer islamischen Stadt lässt sich aber an einem vollständig anderen Phänomen festmachen. Es sind die städtebaulichen und die architektonischen Strukturen, die die islamischen von den europäischen Städten unterscheiden. Diese Unterschiede lassen sich am deutlichsten in Nordafrika feststellen. Aber sie finden sich auch im Mittleren Osten, in Iran oder Zentralasien. Typisch für die islamische Stadt ist zunächst die besonders strikte Quartierbildung. Die von den Geschäftsbereichen räumlich getrennten Wohnbereiche der Städte sind in einzelne Viertel aufgeteilt, die voneinander streng geschieden sind. Noch im 19. Jahrhundert konnte dies sogar durch Tore geschehen, die des Nachts verschlossen wurden.

Quartierbildung

Die Bewohner eines Viertels wiesen bestimmte Gemeinsamkeiten auf, die sie von den Bewohnern anderer Viertel unterschieden. Hier ist zunächst die Religionszugehörigkeit zu nennen. Es gab und gibt Viertel, die ausschließlich von den Angehörigen der religiösen Minderheiten der Juden und Christen bewohnt werden. Hier befinden sich auch deren Gotteshäuser und religiöse Zentren. Bis in die zweite Hälfte des 20. Jahrhunderts sprachen sie auch ihre jeweiligen Umgangssprachen, die sich von denen der Mehrheit unterscheiden, auch wenn ihnen in allen Fällen eine gemeinsame Literatursprache gegenüber steht. Gleiches gilt selbstverständlich dann, wenn diese Minderheiten Sprachen sprechen, die nicht der Sprache der Mehrheit entspricht, wie z. B. das Aramäische oder Armenische bei den entsprechenden Minderheiten in Syrien oder dem Irak. Ob diese religiösen Unterschiede auch Konsequenzen für die Loyalität der Minderheiten zu dem Staat hatten, in dem sie lebten, wird diskutiert (vgl. Kirli 2005, S. 91–94).

Religiöse Minderheiten

Selbstverständlich finden sich auch die Angehörigen der verschiedenen islamischen Sonderformen wie die Schiiten in eigenen Stadtvierteln zusammen. Häufig sind diese Wohnbezirke in der Nähe eines entsprechenden Heiligtums angesiedelt.

Religiöse Sonderformen

Und schließlich finden sich Stadtviertel, in denen sich Einwohner konzentrieren, die auf eine gemeinsame, zum Teil fiktive Geschichte zurückblicken. Man denke an das Viertel der Andalusier in der marokkanischen Stadt Fez, deren Vorfahren sich hier nach der Vertreibung aus Spanien niedergelassen haben. Diese städtebauliche Struktur hat sich in anderer Weise in der modernen Weiterentwicklung der Städte in der islamischen Welt fortgesetzt. Dabei haben die jeweiligen Kolonialverwaltungen Einfluss auf die Entwicklung genommen. Sie planten und errichteten in den Außenbezirken der traditionellen Städte Neubauviertel für die Angehörigen der Kolonialverwaltung und für die neuen Eliten. Nach der Unabhängigkeit wurden die Planungen dieser Neubauviertel aber weiter ausdifferenziert. Es entstanden Viertel, deren Namen schon auf die Konzentration bestimmter sozialer Gruppen in ihnen hinwiesen. So entstand in Kairo ein Viertel mit dem Namen al-Muhandisin (arabisch für: die Ingenieure) oder in

Historische entstandene Viertel

Bagdad ein Offiziersviertel. Weiter gab es Viertel für Lehrer, Universitätsprofessoren etc.

Haben wir es bei dieser städtebaulichen Besonderheit islamischer Städte mit einem makrosoziologischen Phänomen zu tun, so ist die zweite Besonderheit eher mikrosoziologischer Natur. Die Wohnviertel bemühen sich durch ihre Bauweise um ein hohes Maß an Privatheit für ihre Bewohner. Dafür werden durch Systeme von Sackgassen Zugangsstrukturen zu den jeweiligen Häusern geschaffen, die es im Grunde nur zugangsberechtigten Personen gestatten, bestimmte Bereiche zu benutzen. In den traditionellen Stadtvierteln handelt es sich vielfach um sogenannte Innenhofhäuser, die jeden Einblick verwehren. Auf diese Art wird vermieden, dass Unbefugte Kenntnis von der wirtschaftliche Situation der Bewohner erhalten oder etwas über die Familienverhältnisse erfahren. Auch die Architektur der modernen Häuser in den Neubauvierteln verhindert einen allzu leichten Einblick durch hohe Gartenmauern und natürliche Blickhindernisse wie Bäume oder Hecken. Häufig sind auch die Fenster dieser Häuser so ausgerichtet, dass von den Zugangswegen her kein Fremder einen Blick in das Innere der Häuser werfen kann. In den modernen Vierteln von Städten wie Bagdad oder Damaskus, die nach westlichen Vorbildern in den 1920er-Jahren gebaut wurden und die über größere Außenfenster zur Straße hin verfügen, wird der Einblick durch entsprechende Gardinen, Jalousien und nicht zuletzt durch die traditionellen Gitterfenster verhindert. So wird die Privatsphäre auch bei diesen europäischen Architekturformen gewahrt (vgl. Wirth 1991, S. 88).

Privatheit vs. Öffentlichkeit

Die islamische Religion und Kultur wird häufig als ein urbanes Phänomen verstanden. Schließlich ist der Islam in Mekka und Medina entstanden, also in zwei Städten auf der Arabischen Halbinsel. Die theologischen Diskussionen, juristischen Debatten, mystischen Erfahrungen, medizinischen und naturwissenschaftlichen Entdeckungen, literarischen Erfolge oder die islamische Schriftkunst konnten sich nur in einem städtischen Milieu entfalten. Die kulturelle Entwicklung des Islams seit der frühislamischen Zeit ist eine Konsequenz aus urbanen Lebensformen. Vor diesem Hintergrund sollte die These, dass die langsamere Entwicklung der islamischen Welt gegenüber dem Abendland mit der Enturbanisierung der islamischen Gesellschaften in Zusammenhang gebracht werden könnte, zumindest einmal bedacht werden.

Islam als urbanes Phänomen

Fragen und Anregungen

- Was sind die von Islamwissenschaftlern genannten Kriterien für eine islamische Stadt?

- Wie unterscheiden sich Bazare von europäischen Märkten?

- Nach welchem System sind die einzelnen Branchen auf dem Bazar angeordnet?

- Erörtern Sie, welche gesellschaftliche Bedeutung öffentliche Bäder in der islamischen Welt hatten und wie sich diese Bedeutung veränderte.

Lektüreempfehlungen

- **Janet Abu-Lughot: The Islamic City. History, Myth, Islamic Essence and Contemporary Relevance,** in: International Journal of Middle East Studies 19, 1987, S. 155–176. *Temperamentvolle Kritik an westlich-orientalistischen Debatten um die islamische Stadt in der ersten Hälfte des 20. Jahrhunderts.*

- **Kenneth Brown: People of Salé. Tradition and Change in a Moroccan City 1850–1950,** Cambridge 1976. *Eine der überzeugendsten stadtsoziologischen Untersuchungen am Beispiel einer nordafrikanischen Stadt.*

- **Albert Hourani (Hg.): Islamic City,** Oxford 1970. *Einer der ersten konzentrierten Versuche, den Begriff der islamischen Stadt zu definieren.*

- **André Raymond: Islamic City, Arab City. Orientalist Myth and Recent Views,** in: British Journal of Middle Eastern Studies 21, 1994, S. 3–18. *Zusammenstellung der jüngeren Debatten um die Definition der islamischen Stadt.*

12 Muslimbrüder und islamische Gesellschaft

Abbildung 13: Sayyid Qutb (1906–66) im Gefängnis (1966)

Das Foto zeigt den einflussreichsten radikal-islamischen Denker, Sayyid Qutb, im Gefängnishof nach seiner Verurteilung zum Tod wegen Landesverrats. Bis auf den heutigen Tag üben seine Schriften einen bemerkenswerten Einfluss auf das Denken junger Muslime aus. Diese Wirkungsmächtigkeit liegt an seiner konsequent mutigen persönlichen Haltung auch gegenüber dem ägyptischen Staatsgerichtshof, die späteren Angeklagten als Beispiel diente. Auch werden in den Tageszeitungen einiger islamischer Länder, die für sich eine besondere Übereinstimmung mit den Regeln des islamischen Rechts in Anspruch nehmen, seine Korankommentare und andere Texte auch fast ein Jahrhundert nach seiner Hinrichtung weiterhin abgedruckt.

Das folgende Kapitel beschreibt die verschiedenen ideologischen Tendenzen, die zu einer Radikalisierung des islamischen Denkens führten. Dabei wird die historische Entwicklung als Leitfaden benutzt. Der regionale Schwerpunkt liegt auf den Regionen des Nahen und Mittleren Ostens. Andere radikale Organisationen, die sich z. B. in den Konflikten in Kaschmir, Südthailand, Tschetschenien oder den Südphilippinen engagieren, können hier nicht angesprochen werden. Zumindest in Ansätzen werden sunnitische wie schiitische radikal-islamischen Positionen in ihren Besonderheiten dargestellt.

12.1 **Reaktionen auf das Vordringen des Westens**
12.2 **Die Muslimbrüder**
12.3 **Die Islamische Gesellschaft**

12.1 Reaktionen auf das Vordringen des Westens

Das Vordringen westlichen Gedankenguts und westlicher Technologien nach der Invasion der französischen Armee unter dem Kommando von Napoleon Bonaparte in Ägypten im Jahr 1798 veränderte die geistige Situation nicht nur in Ägypten, sondern auch in anderen Teilen der islamischen Welt. Schon seit dem 17. Jahrhundert hatten europäische Kolonialmächte versucht, politischen und militärischen Einfluss auf islamische Staaten zu nehmen. Dabei handelte es sich um britische staatsnahe Firmen wie der East India Company in Indien unter den Moghulherrschern. Auch portugiesische Marine-Einheiten hatten in Indien Stützpunkte errichtet und waren dort zu ihrer Verwunderung auf ‚Mauren' gestoßen, die ihnen aus ihrer Heimat bekannt waren.

Begegnungen mit dem Westen

Für Muslime war eine derartige Situation im Grunde nicht tragbar. Aus ihrer Sicht war die Welt eingeteilt in die *dâr al-islâm* (arabisch für: das Gebiet des Islams) und die *dâr al-harb* (arabisch für: das Gebiet des Krieges). Zwar hatte schon der mittelalterliche syrische Rechtsgelehrte Ibn Taymiyya auch noch eine dritte Kategorie, die *dâr al-ahd* (arabisch für: Gebiet des Vertrags), entwickelt, doch spielte diese in der politischen Praxis nach der Islamisierung der Mongolen kaum eine Rolle.

Dâr al-islâm und dâr al-harb

Muslimische Reformer wie Jamâl al-Dîn al-Afghânî oder Muhammad Abduh hatten zum Ende des 19. Jahrhunderts versucht, die Ursachen für diesen Zustand in den Fehlern zu finden, die die Muslime im Verlauf der Entwicklung ihrer Religion gemacht hatten. In religiöser Hinsicht propagierten sie eine Rückkehr zu den eigentlichen Quellen islamischen Lebens, also zum Koran, den Prophetentraditionen und dem Vorbild der „frommen Altvorderen" (arabisch *al-salaf al-sâlih*). Sie kritisierten auch die religiöse Zersplitterung der islamischen Welt in verschiedene Konfessionen und forderten eine Annäherung zwischen ihnen.

Al-salaf al-sâlih

Ebenso kritisch setzten sie sich mit den verschiedenen islamischen Bruderschaften auseinander, in denen sie ebenfalls eine Ursache für die Schwäche des Islams sahen, denn diese Großorganisationen hatten häufig einen regionalen, ja auch lokalen Charakter. Mit den in ihnen praktizierten ekstatischen Ritualen und ihrer Heiligenverehrung hatten sie sich – aus der Sicht der Reformer – von den zentralen Normen des Islams entfernt. Typisch für diese Haltung ist ein Bericht des Reformers Muhammad Rashîd Ridâ (1865–1935), der eine solche Veranstaltung schildert. In einem am Ufer gelegenen Kloster wurde er zu einer Gruppe von Männern geführt.

„Ihr Scheich saß auf einem Ehrenplatz. Unter ihnen gab es bartlose, hübsche Jünglinge, die in weiße Gewänder wie eine Braut gehüllt waren. Sie tanzten zu dem bewegenden Klang einer Rohrflöte, sie drehten sich schnell und kunstvoll, sodass sich ihre Kleider in Kreisform ausbreiteten. Dabei hielten sie einen harmonischen Abstand von einander. Sie streckten die Arme aus und neigten die Nacken und kamen abwechselnd an ihrem Scheich vorbei, wobei sie sich vor ihm verbeugten." (Ridâ 1353 Hijra, S. 172)

Rashîd Ridâ sah in diesem Ritualgebet eine Handlung, die gegen die Regeln des Islams verstieß und die er sehr entschieden ablehnte.

Politische Zersplitterung Die politische Kritik der muslimischen Reformer richtete sich gegen die Zersplitterung der islamischen Welt in einzelne Staaten, die zudem teilweise in kriegerische Auseinandersetzungen untereinander verwickelt waren. Sie forderten ein einheitliches islamisches Reich, wie es bis zum Ende der Abbasidenherrschaft bestanden habe. Al-Afghânî (1838–97) und Abduh (1849–1905) propagierten eine Herrschaft, die panislamisch sein sollte (→ KAPITEL 6.1). Der osmanische Sultan Abülhamid II. (Regierungszeit 1876–1909) nahm diesen Vorschlag gern auf und sah sich als das geistige und politische Oberhaupt aller Muslime. Der Panislamismus wurde zu einer Schreckensvorstellung in den Amtsstuben der westlichen Kolonial- und Außenministerien und in den Redaktionen der Zeitungen. Noch in den 1950er-Jahren war einer der regelmäßigen Berichtspunkte der französischen Kolonialadministratoren in Westafrika die Beantwortung der Frage nach panislamischen Aktivitäten in dem jeweiligen Bezirk.

Die westliche Islamwissenschaft hat Reformer wie al-Afghânî oder Abduh als Modernisten verstanden. Ihre Rückbesinnung auf die islamische Frühzeit faszinierte aber Muslime, die im wahrsten Sinn des Wortes als Fundamentalisten bezeichnet werden können. Während die ‚Modernisten' vor allem in der ersten Hälfte des 20. Jahrhunderts starke Aufmerksamkeit im wissenschaftlichen und publizistischen Leben Europas fanden, war eine ältere Ideologie mit vergleichbaren Konzepten weniger bekannt geworden. Dabei handelt es sich um die **Wahhabiten** Vorstellungen des Gründers der Wahhabiten-Bewegung, Muhammad ibn Abd al-Wahhâb (1703–92), die der Arabienreisende Ludwig Burckhardt zu Beginn des 19. Jahrhunderts in immer noch gültiger Weise beschrieb. Danach lehren die Wahhabiten die Grundsätze des Korans, wie in allen anderen islamischen Regionen auch. Auch die Meinungen der Korangelehrten werden respektiert, aber nicht unbedingt befolgt. Kennzeichnend für die Bewegung ist es, dass sie die ‚Verunreinigungen', die in die Lehre und in das Leben der Gläubigen eingedrungen seien, ablehnen und scharf verfolgen. Die Verbreitung des ‚reinen' Islams ist das Ziel der Wahhabiten (vgl. Burckhardt 1831; Peskes 2000).

Neben der Heiligenverehrung lehnen die Wahhabiten auch andere Formen der Volksreligion ab. Sie stehen der schiitischen Form des Islams besonders ablehnend gegenüber und sehen viele technologische Erfindungen und neue soziale Verhaltensweisen als unstatthafte Neuerungen an. Ibn Abd al-Wahhab konnte eine Allianz mit der Familie as-Saud schließen, die bis heute besteht und ideologische und politische Grundlage des Königreichs von Saudi-Arabien ist.

Ablehnung der Volksreligion

12.2 Die Muslimbrüder

Die Vorstellungen der islamischen Reformer und der wahhabitischen Ideologie bilden den Hintergrund für zahlreiche radikal-islamische Ideologien der Gegenwart. Den derzeit größten Einfluss schreiben Beobachter der Muslimbruderschaft (arabisch *ikhwân al-muslimîn*) zu, die in den 1920er-Jahren von dem ägyptischen Lehrer Hasan al-Banna (1906–49) gegründet wurde. Ende der 1930er-Jahre hatten die Muslimbrüder ihre Ideologie weitgehend ausformuliert. Danach ist der Islam ein vollkommenes System für alle Situationen des Einzelnen und der Gesellschaft. Grundlage dieses Islams ist das geoffenbarte Wort Gottes im Koran und die Weisheiten der Prophetentraditionen. Dieser Islam ist zu allen Zeiten und an allen Orten richtig und gültig. Er schafft die islamische Ordnung (arabisch *nizâm islâmî*).

Muslimbruderschaft

Die islamische Ordnung, die aus der Sicht der Muslimbrüder die Basis der muslimischen Existenz darstellt, lässt sich in vier Artikeln zusammenfassen:

Islamische Ordnung

- Glaubensüberzeugung
- Rituelle Pflichten
- Ethische Ordnung
- Gesetzgebung.

Die Glaubensüberzeugung (arabisch *aqîda*) ist die Grundlage der islamischen Ordnung. Zu ihr gehört die Überzeugung von der Existenz Gottes als des Schöpfers alles Seienden, von der Bindung zwischen Gott und Menschen, von dem diesseitigen und jenseitigen Leben und von der Prophetie.

Glaubensüberzeugungen

Rituelle Pflichten Die rituellen Pflichten gegenüber Gott (arabisch *ibâdât*) stellen die ständige Bewusstwerdung der Glaubensüberzeugungen dar. Dabei ist zu beachten, dass sie alle wichtige gesellschaftliche Implikationen haben.

„Die Glaubenspflichten im Islam beruhen auf den Gedanken der gesellschaftlichen Zusammenarbeit unter den Gläubigen und den Menschen im Allgemeinen." (Reissner 1980, S. 138)

Die sozialen Aspekte der Glaubenspflicht des Almosengebens liegen auf der Hand, gleiches kann für das Gemeinschaftsgebet der Muslime am Freitag gesagt werden. Das Fasten im Monat Ramadan wird von den Muslimbrüdern als „praktische sozialistische Erziehung" verstanden (Reissner 1980, S. 140). Es ist eine Gelegenheit, mit den Hungernden in der Welt konkrete Solidarität zu üben. Bei der Pilgerfahrt treffen sich viele Pilger und machen nicht nur eine tiefe religiöse Erfahrung, sondern werden sich auch der Zugehörigkeit zu einer großen, weltumspannenden Gemeinschaft bewusst. Diese Erfahrung nehmen sie in ihre Heimat mit zurück und geben sie an diejenigen weiter, die die Wallfahrt nicht vollziehen können.

Ethische Ordnung Die ethische Ordnung ist ein weiterer Aspekt der ‚islamischen Ordnung'. Dabei geht es um die Regeln, nach denen Muslime zusammenleben sollen, aber auch Muslime mit Nicht-Muslimen. Im Vordergrund stehen dabei allerdings nicht Regeln, wie sie aus westlichen ethischen Systemen bekannt sind. Wichtiger sind die Fragen danach, wie die traditionellen, gewohnheitsrechtlichen Praktiken, die in den ländlichen Gebieten der islamischen Welt wie in den traditionellen Volksquartieren der großen Städte noch beträchtliche Bedeutung genießen, mit den islamischen Moralvorstellungen, wie sie die Muslimbrüder verstehen, in Einklang gebracht werden können. Die Muslimbrüder sehen soziale Probleme als ethische Probleme an. Diese Grundvorstellung setzen die Muslimbrüder auch in tätiges Handeln um. In verschiedenen Ländern haben sie soziale und karitative Einrichtungen gegründet: von Kindertagesstätten und privaten Schulen bis zu Krankenhäusern und Universitäten.

Gesetzgebung Schließlich kann die ‚islamische Ordnung' nur durch eine entsprechende Gesetzgebung verwirklich werden. Deren Grundlage ist das islamische Recht. Diese Gesetzgebung muss sich auf alle Bereiche des öffentlichen und privaten Lebens beziehen, auf die Familie ebenso wie auf Wirtschaft und Staat. Diese Gesetzgebung kann auch nicht ohne Strafandrohungen auskommen, „um die Durchführung dieser moralischen und gesetzlichen Ordnung in gleicher Weise durchzusetzen." (Reissner 1980, S. 140) Begründet wird das damit, dass der

Islam nicht allein aus Glaubensüberzeugungen und Ritualen bestünde, sondern ein gesellschaftliches Gebäude zu errichten suche. Er böte den Menschen eine Orientierung, die manchmal bis in die Details des täglichen Lebens reiche (vgl. Reissner 1980, S. 140).

Um dieses Programm durchsetzen zu können, bemühen sich die Muslimbrüder um politischen Einfluss. Dabei gehen sie durchaus pragmatisch vor. In ihrer frühen Zeit verfügten sie über bewaffnete Milizen, beteiligten sich an Putschversuchen und an Attentaten. Das führte zu einer konsequenten Eindämmungspolitik der Sicherheitsdienste in verschiedenen Staaten und zum Verbot der Organisation. Inzwischen haben sich die Muslimbrüder von gewalttätigen Formen des politischen Kampfes abgewandt und nehmen, wo das möglich ist, an Wahlen teil. Durch ihre effektiven sozialen und karitativen Aktivitäten können sie immer wieder entsprechende Stimmzahlen auf sich vereinigen.

Islamische Herrschaft

Einer der Führer der Muslimbruderschaft, Hasan al-Hudaibi (1881–1973), begründet die Beteiligung an Wahlen damit, dass es in der Scharia keine Vorschrift gäbe, nach der ein Herrscher unbefristet herrschen müsse. Die lebenslangen Regierungen und Monarchien aus früheren Jahrhunderten seien von Menschen gemacht, die nicht durch einen göttlichen Text begründet wäre. Im Gegenteil, Hasan al Hudaibi führt aus:

„Wenn es z. B. bei uns ein Treuegelöbnis gegenüber dem Herrscher (bai´a) gibt, dann ist dies mit Bedingungen verbunden, z. B. einer Dauer von 5 Jahren, dass er von einem gewählten Rat überwacht wird und Berichtigung erfährt, wenn er irrt. Wenn die Mehrheit das Vertrauen in ihn verliert, dann wird er ausgetauscht. Das alles gilt bei uns." (al Hudaibi 1996, zitiert nach: Damir-Geilsdorf 2003, S. 315)

Befristete Herrschaft

Die Muslimbrüder treten in einer offiziellen Stellungnahme für ein Mehrparteiensystem ein. Es müsse Parteien geben, denn es sei unmöglich, dass sich alle Menschen auf eine Meinung einigen. Dennoch gäbe es den vom göttlichen Gebot unabhängigen Nutzen: Weltliche Angelegenheiten wie Verkehrsregeln, das Gesundheitswesen, Städtebau, Energiehaushalt etc. Daran sollten Muslime wie Nicht-Muslime teilnehmen und darüber je nach ihrem Wissensstand diskutieren. Jeder habe seine Meinung, da Gott die Menschen unterschiedlich geschaffen habe, mit unterschiedlichen Sprachen, Bildungsständen, Hautfarben. Dies sei natürlich und gut so. So sei es unvermeidlich, dass die Meinungen auseinander gehen (vgl. Damir-Geilsdorf 2003, S. 313).

Mehrparteiensystem

Die Ordnungen des islamischen Systems ermöglichen die Wahlen für alle Berechtigten. Islam und Demokratie müssen sich ihrem eige-

Ahl al-Schûra

nen Selbstverständnis nach nicht widersprechen. Hier wird das System der Ahl al-Schûra (arabisch für: die Leute der Beratung) als Beleg angeführt. Diese kann gewählt werden, gegebenenfalls auch in zwei Häusern wie in westlichen Demokratien. Alles dies sind von Menschen gemachte Regeln (arabisch *ijtihad*). Auch kommunale Institutionen können auf diese Weise organisiert werden und so in islamischen Staaten von den weltweiten Errungenschaften profitieren (vgl. Damir-Geilsdorf 2003, S. 313).

Allerdings stellt al-Hudaibi Unterschiede zwischen der westlichen Demokratie und der ‚Schura-Demokratie' fest:

„Der Unterschied zwischen Demokratie und Schura besteht darin, dass Schura ein Teil des islamischen Systems ist und nicht dazu verwendet werden kann, gegen die islamische Ordnung zu verstoßen. Schura ist ein Teil der islamischen Religion und kann nicht mit etwas urteilen, was gegen die islamische Religion verstößt. Aber Demokratie in westlichen Ländern ist menschlicher Ijtihad und wird weder durch Glaubensgrundsätze noch durch eine Religion eingeschränkt. Daher kann Demokratie zu jeder beliebigen Sache führen, ob sie nun mit der Religion übereinstimmt oder nicht." (al Hudaibi 1996, zitiert nach: Damir-Geilsdorf 2003, S. 312)

Al-Hudaibi ist der Meinung, dass die Demokratie zu jeder beliebigen Sache führen könne, da sie kein Teil einer Religion sei. So sei auch im katholischen Italien die Scheidung erlaubt, auch wenn sie nicht mit der Lehre der katholischen Kirche in Übereinstimmung zu bringen sei. Demokratie ist nach dieser Theorie ein kulturelles, wissenschaftliches oder politisches Erzeugnis, das macht, was es will, ohne einen religiösen Hintergrund zu haben. Entstanden sei das Phänomen der Demokratie aus der Ablehnung der Willkürherrschaft der Religion im Allgemeinen und der katholischen Kirche, die den Fortschritt in Wissenschaft und Kultur zu verhindern gesucht habe, im Besonderen (vgl. Damir-Geilsdorf 2003, S. 314).

Umgang mit der Moderne

Die hier wiedergegebenen Texte sind unter zwei Gesichtspunkten bemerkenswert. Einerseits verdeutlichen sie die Flexibilität der ideologischen Vorstellungen der Muslimbrüder auch in grundlegenden Fragen, wie der der Organisation einer islamisch geprägten Staatsform. Dass sie in anderen praktischen Fragen situationskonform dachten, ist bekannt. So halten sie die Aktualisierung von Regeln des Alltagslebens für eine menschliche Ordnung, die notwendig ist, um die göttliche Ordnung auf Erden zu verwirklichen. Dabei können Irrtümer auftreten, aber das Bestreben soll es sein, an der Vervollkommnung der Ordnung zu arbeiten (vgl. Damir-Geilsdorf 2003, S. 312f.).

Andererseits weist al-Hudaibi, wie es Muhammad Abduh einige Jahrzehnte zuvor getan hatte, auf die Offenheit des Islams gegenüber neuen Entdeckungen und Erfindungen im Vergleich zum Christentum hin. Diese Argumentation kann durchaus als ein Hinweis darauf verstanden werden, dass für den Islam die westliche Aufklärung im Grunde nicht erforderlich sei, um an modernen Entwicklungen teilzunehmen.

Aufklärung

Die Muslimbrüder legen besonderen Wert darauf, ihre Doktrin in der gesamten islamischen Welt zu verbreiten. Dies geschieht durch ‚Missionare‘, die auch Glaubensbrüder in der Diaspora besuchen, vor allem aber durch alle Formen moderner Kommunikationsmedien. Auf diese Weise ist es den Muslimbrüdern gelungen, ein Netzwerk von Moscheen und Kontaktpersonen in der gesamten islamischen Welt und darüber hinaus aufzubauen, das für die Verbreitung von Rechtsgutachten, politische Agitation, aber auch zu Hilfsaufrufen bei humanitären Katastrophen genutzt wird.

Missionierung

Die wohl wirkungsmächtigste Persönlichkeit der Muslimbruderschaft neben Hasan al-Banna war Sayyid Qutb (1906–66). Ein Amerikaaufenthalt hatte ihn zu einem besonders heftigen Kritiker der westlichen Lebensweise gemacht. Er gelangte zu der Überzeugung, dass der materialistischen Zivilisation des Westens grundsätzlich alle menschlichen Werte fehlten. Sie würde die Menschheit zu spiritueller, sozialer und sogar psychischer Vernichtung führen. Dabei sah er den Kommunismus nur als eine logische, wenn auch extreme Konsequenz des Systems an (vgl. Damir-Geilsdorf 2003, S. 40f.).

Sayyid Qutb

Deutlich ist seine antikolonialistische Haltung, die er mit Zeitgenossen anderer ideologischer Herkunft teilt:

Antikolonialismus

„Wir haben einen gemeinsamen Feind: einen Feind der ganzen Menschheit im wahrsten Sinne des Wortes. So lasst uns ihm mit all unserem Hass und all unserer Kraft begegnen. Diese Piraten, die unsere Männer und Kinder an den Ufern des Kanals töten, [...] sie müssen getötet und niedergemetzelt werden. Wir müssen ihre Leichen ins Meer werfen und sie den Kelch kosten lassen, den sie uns etliche Male gaben. Dies ist eine heilige Aufgabe, die jeder von uns seiner Ausrichtung und seinen Prinzipien gemäß erfüllen soll [...]."
(Qutb 1951, zitiert nach: Damir-Geilsdorf 2003, S. 44)

In diesem Aufstand gegen die ‚Unterdrückung‘ sieht er die Patrioten im Namen des Nationalismus genauso verpflichtet wie die Kommunisten im Namen des sozialen Hasses oder die Muslime im Namen des Jihâd. Damit verbindet er verschiedene religiöse und nichtreligiöse Gruppierungen in einem gemeinsamen Kampf.

Entfremdung

Wie für zahlreiche Denker seiner Zeit in der islamischen Welt wie im Westen beschäftigte Qutb das Thema der Entfremdung, die er aber nicht als ökonomische oder soziale Entfremdung versteht, sondern als eine religiöse. Beide Gesetze, das religiöse und das weltliche, stammen aus unterschiedlichen Konzepten. Beide ernst zu nehmen, könne zu Konflikten führen, da sie sich widersprechen können. Für den Menschen, der beide ernst nimmt, bestünde die Gefahr der Schizophrenie (vgl. Damir-Geilsdorf 2003, S. 44).

Freiheit

Ein zentraler Begriff im Denken von Sayyid Qutb ist der der Freiheit. Er definiert ihn als die Freiheit, die Unterwerfung unter den Willen Gottes zu wählen. Dazu sind manche Menschen in der Lage. Andere aber zeigen sich zu stark abhängig von äußeren Faktoren, die zum Beispiel aus Zusammenhängen resultieren, die nicht den göttlichen Normen unterstehen. Da diese Institutionen aber die wahre Freiheit des Menschen verhindern, muss gegen sie revoltiert werden. Nur eine wahre Religion könne den Menschen von der Versklavung des Menschen durch andere, aber auch von seinen eigenen Begierden befreien. Das führt Sayyid Qutb zu der These, dass die Religion eine „totale Revolution" gegen die Souveränität des Menschen sein müsse: gegen alle Typen, Zustände und Systeme. Jedes System, das allein in der Hand des Menschen liegt, widerspräche der Religion (vgl. Damir-Geilsdorf 2003, S. 67). In der Konsequenz führt dies zu einer Revolution. Alles, was ohne Religion besteht, definiert Sayyid Qutb als ein System der Unwissenheit (*Jâhiliyya*-System), das mit Stumpf und Stiel ausgerottet werden müsse (vgl. Damir-Geilsdorf 2003, S. 76).

Jâhiliyya-System

Der Islam als eine revolutionäre Bewegung ist aus seiner Sicht modern und zeitgemäß. Der Islam verherrliche die Gegenwart nicht, sondern sei an der Weiterentwicklung ständig interessiert, um eine schöpferische und kreative Gestaltung der Zukunft zu ermöglichen (vgl. Damir-Geilsdorf 2003, S. 94). Qutb lehnt also moderne Phänomene nicht rundweg ab. Er ist sich der Bedeutung von Erscheinungen wie Industrialisierung, ihren technischen Voraussetzungen und sozialen Konsequenzen völlig bewusst. Er weiß, wie wichtig wirtschaftliches Wachstum ist, um die Grundbedürfnisse der Menschen zu befriedigen. Für ihn ist es durchaus mit dem Islam vereinbar, sich erfolgreich wirtschaftlich zu betätigen. Er akzeptiert wirtschaftlichen Gewinn, spricht sich aber scharf gegen Wucher, Betrug und Bestechung als Begleiterscheinungen einer ungerechten Wirtschaftsordnung aus. Seine Gedanken und Vorstellungen inspirierten eine Anzahl von radikaleren muslimischen Theoretikern und haben bis heute ihren Einfluss nicht verloren.

Haltung zur Moderne

12.3 Die Islamische Gesellschaft

Etwa zur gleichen Zeit wie Hasan al-Banna gründete in Indien der Journalist und Rechtsgelehrte Abu l-Ala al-Maududi (1903–97) die Islamische Gesellschaft (arabisch *jamâ'at-i islâmî*). Die Themen, die al-Maududi in seinen Veröffentlichungen anspricht, stehen in einem engen Zusammenhang mit den lebhaften Diskussionen um einen islamischen Staat, die im Zuge des erstarkenden indischen Nationalismus während der britischen Kolonialherrschaft zwischen Hindus und Muslimen auf dem Subkontinent geführt wurden. Zunächst bestand die Absicht, die Umklammerung der westlichen Kulturen und Ideen aufzubrechen. Die Intellektuellen sollten das Bewusstsein entwickeln, dass der Islam seine eigenen Lebensregeln, Kultur und Philosophie habe. Daraus sollte ein unabhängiges wirtschaftliches und politisches System geschaffen werden. Der Blick in den Westen sollte stark eingeschränkt und die Menschen von ihrer intellektuellen Abhängigkeit vom Westen befreit werden.

Im Gegensatz zu den Muslimbrüdern sind seine Vorstellungen von der Struktur des islamischen Staates anders, wenn man die Struktur der Jamâ'at-i Islâmî als Vorbild nimmt: Das Oberhaupt dieses Staates sollte ein Emir sein, der von einem Beratungsgremium (arabisch *schûra*) gewählt und von diesem nach seiner Wahl auch beraten werden sollte. Ist die Wahl einmal erfolgt, hat der Emir weitgehende Befehlsgewalt, die jedoch nicht mit einem Präsidialsystem verglichen werden darf, denn es finden sich in dieser organisatorischen Struktur nur wenige Möglichkeiten, durch die der Emir kontrolliert werden kann. Al-Maududi versteht unter dem islamischen Staat ein Gemeinwesen, in dem das islamische Recht zur Anwendung kommt. Bei der Beurteilung, was dem islamischen Recht entspricht, hat der Emir das entscheidende Wort (vgl. Garboriau 1986, S. 33–76).

Abu l-Ala al-Maududi

Fragen und Anregungen

- Wer war der Gründer der Muslimbruderschaft?

- Was sind die grundlegenden Ideen der Muslimbruderschaft?

- Erläutern Sie die Vorstellungen der Muslimbrüder zur Demokratie.

- Erläutern Sie die Besonderheiten des Islambildes von Sayyid Qutb.

Lektüreempfehlungen

- Leonhardt Binder: Religion and Politics in Pakistan, Berkeley 1961. *Eine der ersten umfangreichen Untersuchungen zu den radikal-islamischen Organisationen und Gemeinschaften auf dem indischen Subkontinent.*

- Sabine Damir-Geilsdorf: Herrschaft und Gesellschaft. Der islamistische Wegbereiter Sayyid Qutb und seine Rezeption, Würzburg 2003. *Eine faktenreiche, gut dokumentierte Biografie des einflussreichsten Theoretikers der Muslimbrüder.*

- Richard Mitchell: The Society of the Muslim Brothers, London 1969. *Standardwerk, das zum ersten Mal grundlegend mit der Ideologie, Organisation und politischen Entwicklung der Muslimbrüder bekannt machte.*

- Johannes Reissner: Ideologie und Politik der Muslimbrüder Syriens, Freiburg 1980. *Grundlegendes Werk, welches die ideologische Basis der Muslimbrüder in Syrien aufzeigt, die sich einige Zeit an der praktischen Politik beteiligten. Die Aufstände der Muslimbrüder, die zu deren weitgehender Vernichtung im Land führten, konnte nicht berücksichtigt werden.*

13 Der neue Jihâd

Abbildung 14: Usama bin Ladin-Poster zwischen Plakaten muslimischer Sängerinnen (2002)

Nach den Anschlägen auf das World Trade Center und das Pentagon am 11. September 2001 wurde der Führer des al-Qaida-Netzwerks Usama bin Ladin zu einem Heros der Straße in den islamischen Ländern. Seine Reden wurden als Kassetten weit verbreitet und Poster von ihm angeboten. Die Verehrung Usama bin Ladins ähnelt der von Popstars.

In den islamischen geprägten Regionen der Welt ist eine enorme Verjüngung der Gesellschaft zu bemerken. Dadurch gibt es heute sehr viele gut ausgebildete junge Menschen, die wirtschaftlich miteinander konkurrieren müssen und so einer hohen Arbeitslosenrate und damit auch der Gefahr der Verarmung ausgesetzt sind. Radikalen Meinungsführern gelingt es dabei, Jugendlichen zu suggerieren, dass die Ursachen für diese Entwicklung in einer Aggressivität des Westens gegen Muslime lägen. Das Kapitel erläutert die ideologischen Argumente der radikalen Bewegungen, die in Selbstmordattentate und den Jihâd gegen den Westen führen. Zugleich werden die Ziele der radikalen Bewegungen thematisiert.

13.1 **Radikalismus und Märtyrer**
13.2 **Ideologische Ziele**
13.3 **Der islamische Staat**
13.4 **Der Jihâd gegen den Westen**

13.1 Radikalismus und Märtyrer

Der Einfluss radikal-islamischer Ideen hat in den vergangenen Jahren in islamischen Gesellschaften immer weiter zugenommen. Dafür gibt es verschiedene Ursachen. An erster Stelle steht eine ständige Verjüngung dieser Gesellschaften. In der Mehrheit der islamischen Staaten beträgt der Prozentanteil von jungen Erwachsenen an der Gesamtbevölkerung mehr als 60 %. Diese Bevölkerungsgruppe ist zunächst einmal grundsätzlich leichter zu emotionalisieren und durch populistische Thesen zu aktivieren. Sie ist leichter durch eine undifferenzierte Weltsicht zu begeistern und zur unkritischen Übernahme von Verschwörungstheorien zu bewegen, in hohem Maße zu persönlichen Opfern bereit und leicht manipulierbar. Zudem ist sie mit den verschiedenen modernen Kommunikationsmitteln aufgewachsen, die ihr den Zugang zu allen Möglichkeiten der Information sowie der Propaganda eröffnen. So informieren sich diese jungen Menschen über westliche Gesellschaften, ohne diese je gesehen zu haben oder auch nur die Hoffnung zu haben, diese besuchen zu können.

Demografische Situation

In der Mehrzahl der islamischen Staaten besteht darüber hinaus ein großes Maß an sozialer Ungleichheit, von dem auch junge Angehörige der akademischen Berufe betroffen sind. Sie sehen in der Regel keine Perspektive für eine angemessene und akzeptable Lebensführung. Möglichkeiten für eine Veränderung der politischen Verhältnisse, die für ihre schwierige Situation verantwortlich sind, gibt es kaum. Diese Personengruppe informiert sich über die Lage in der islamischen Welt vor allem über das Internet und konzentriert sich dabei vor allem auf die Konflikte, an denen Muslime beteiligt sind. Dabei steht der Nahost-Konflikt an erster Stelle. Aber zugleich werden auch die Auseinandersetzungen in Bosnien-Herzegowina, Kosovo, Thailand, den Philippinen, Tschetschenien, vor allem aber in Afghanistan und im Irak verfolgt. Sie werden als aggressive Akte westlicher Mächte gegen den Islam interpretiert. Dadurch entstehen komplexe, stark emotional geprägte Vorstellungen von der Welt, die ein beträchtliches Aggressionspotenzial freisetzen können.

Soziale Ungleichheit

Von zentraler Bedeutung für die europäische Perspektive auf den radikalen Islam ist die Thematik des Selbstmordattentats. Die Idee des Martyriums ist im Islam eng verbunden mit der des Jihâd, des Glaubenskampfes. Die Kämpfer, die bei einer derartigen militärischen Auseinandersetzung fallen, gelangen nach muslimischer Überzeugung direkt in das Paradies, ohne die Schrecken des Grabes erleiden zu

Jihâd

müssen. Überdies können sie bei Gott für ihre Verwandten Fürbitte einlegen.

Die Idee des Martyriums war für manche Muslime so attraktiv, dass sich – vor allem nachdem sich die Zahl der Jihâd-Aktivitäten im Mittelalter deutlich verringert hatte und damit kaum eine Möglichkeit für den Opfertod gegeben war – im Laufe des 10.–15. Jahrhunderts geradezu eine Inflation von Märtyrerkonzepten entwickelte. Man unterschied zwischen den ‚Märtyrern des Schlachtfeldes‘ und den ‚Märtyrern des Jenseits‘. Hintergrund dieser Entwicklung ist eine Debatte innerhalb der islamischen Gelehrtenschaft über die Definition darüber, wer als Märtyrer (arabisch *shahîd*) zu betrachten ist und wer nicht: Kann der als Märtyrer angesehen werden, der in der Schlacht durch einen unglücklichen Zufall zu Tode kommt, indem er von Pferd fällt oder von einem Pfeil des eigenen Mannes getroffen wird? Wie verhält es sich bei Glaubenskämpfern, die gegen islamische Häretiker (d. h. vom Glauben Abweichende) zu Felde ziehen und fallen?

Vor allem aber entwickelten die Gelehrten verschiedene Kategorien für die ‚Märtyrer des Jenseits‘. Dabei stehen an erster Stelle die Muslime, die ermordet wurden, während sie Gott dienten, also z. B. während des Gebets oder der Pilgerfahrt. Ihnen folgen diejenigen, die um ihres Glaubens Willen getötet wurden. Zu ihnen gehören nicht nur Gestalten der eigentlichen islamischen Religionsgeschichte, sondern auch solche, die der alt- und neutestamentlichen Tradition angehören, wie Johannes der Täufer. Weitere ‚Märtyrer des Jenseits‘ sind diejenigen, die an Seuchen, Rippenfellentzündung, Durchfällen oder Koliken sterben, die ertrinken, in einem Feuer ums Leben kommen, von einem zusammenbrechenden Haus erschlagen werden oder Frauen, die im Kindbett sterben. Im Lauf der Entwicklung wurden diese Todesarten um weitere ergänzt. Die Aufnahme von Personen in den Märtyrerstatus ist dabei offenkundig abhängig von Todesarten, die mit besonderen Schmerzen oder Schrecken verbunden sind. Zur Gruppe der ‚Märtyrer des Jenseits‘ gehören schließlich auch die Personen, die aus unglücklicher Liebe sterben, wenn sie diese Liebe nicht offenbart haben und keusch bleiben.

Angesichts der zu erwartenden Belohnung war die Haltung, den Tod im Kampf zu suchen, für die Gemeinschaft der Muslime in ihrer Gesamtheit nicht unproblematisch. Wenn sich viele Muslime in den Märtyrertod stürzen, kann dies die Gemeinschaft schwächen und daher nach der Ansicht einiger Gelehrter nicht dem Willen Gottes entsprechen. Auch nach den Attentaten vom 11. September 2001 ka-

Märtyrerkonzepte

‚Märtyrer des Jenseits‘

Selbstmordattentäter

men unter Rechtsgelehrten Debatten über die Todessuche im Kampf auf. Zunächst reagierten die meisten Gelehrten mit einer strikten Ablehnung von Selbsttötungen unter welchen Umständen auch immer. Als Angehörige der schiitischen Hizbollah (arabisch für: Partei Gottes; die inzwischen führende radikale politische und militärische Macht unter den libanesischen Schiitten) Selbstmordattentate verübten, kam von sunnitischen Gelehrten einhellige Ablehnung, während sich die schiitischen Gelehrten nicht äußerten. Die Angriffe auf das World Trade Center und das Pentagon im September 2001 und die Explosionen in Madrid im Frühjahr 2004 wurden von der überwiegenden Mehrzahl der sunnitischen wie schiitischen Rechtsgelehrten mit klaren Worten abgelehnt. Da diese Attacken nicht als Formen des Glaubenskampfes betrachtet werden, können die Täter auch nicht als Märtyrer betrachtet werden. Hier greift vielmehr das islamische Verbot jeglicher Selbsttötung.

Anders verhält es sich dagegen mit den Selbstmordattentaten in Israel und Palästina. Gelehrte hatten seit 2001 auch diese Attacken als unvereinbar mit dem islamischen Recht eingeschätzt. Dies rief jedoch Widerspruch hervor. Es gab durchaus ambivalente Haltungen. Sie unterschieden zwischen Selbstmord und der ‚Suche nach dem Martyrium‘. Innerhalb und außerhalb der islamischen Welt ergab sich eine recht große Übereinstimmung bei der Beurteilung von Selbstmordattentaten. Die Attacken von New York, London oder Madrid wurden abgelehnt, vergleichbare Aktionen in Israel oder Palästina aber als vertretbar betrachtet. Das Selbstmordattentat wird angesichts der palästinensischen Unterlegenheit gegenüber der israelischen Armee und Sicherheitskräfte als rechtmäßiges Mittel im Kampf beurteilt. Diese Position wird übrigens auch von säkularer palästinensischer Seite vertreten, wie der Volksfront für die Befreiung Palästinas, die von dem Kinderarzt George Habasch, der aus einer christlichen Familie stammte, gegründet wurde.

Naher Osten

13.2 Ideologische Ziele

Die Geschichte des modernen radikal-islamischen Aktivismus lässt sich gut am Beispiel der im Ägypten der 1970er-Jahre aktiven Gruppe al-Takfîr wa-l-Hijra verdeutlichen. Der Name der Gruppe al-Takfîr wa-l-Hijra ist auch ihr Programm. Das arabische Wort *takfîr* bedeutet „jemanden für einen Heiden halten" oder „jemanden zu einem Heiden erklären". Man hat ihre Mitglieder als die ‚alten‘ islamistischen

Al-Takfîr wa-l-Hijra

Terroristen bezeichnet. Bei den Angehörigen dieser Gruppe, die auf ca. 300 Personen geschätzt wurde, handelte es sich vor allem um junge Männer, aber auch einige junge Frauen der unteren ägyptischen Mittelschicht, die in den meisten Fällen ein natur- oder ingenieurwissenschaftliches Studium begonnen hatten, ohne in allen Fällen zu einem Abschluss gekommen zu sein. In der Regel gehörten sie dem riesigen Heer der Arbeitslosen oder Unterbeschäftigten des Landes an.

Soziale und private Unzufriedenheit

Zu ihrer Frustration über ihre wirtschaftliche Situation kam häufig noch Unzufriedenheit im persönlichen Bereich. Vielen fehlten die finanziellen Mittel, um eine Familie gründen zu können. Da sie dies aber nicht wahrhaben wollten, klagten sie darüber, keine passende Frau finden zu können. Sie führten dies auf die allgemeine Sittenlosigkeit in Ägypten zurück. Sie stießen sich am Auftreten junger Frauen in der Öffentlichkeit, wobei sie auch ihre Kommilitoninnen kritisierten. Vor allem aber lehnten sie Programme der staatlich kontrollierten ägyptischen Massenmedien ab. Amerikanische Fernsehserien wurden als Menschen verderbende Scheußlichkeiten angesehen. Die sich daraus entwickelnden moralischen Verfallserscheinungen, so die jungen Aktivisten, machten es einem jungen Muslim unmöglich, ein anständiges Mädchen als Ehepartnerin zu finden.

Kritik am Erziehungssystem

Negativ wurde auch das ägyptische säkulare Erziehungssystem bewertet. Der Führer von al-Takfîr wa-l-hijra, Mustafa Shukrî (geboren 1942) vertritt dazu die Meinung, dass die Gemeinde Muhammads nicht gelernt habe, um Wissen über die Welt zu erwerben, sondern um die Wunder der Schöpfung zu erkennen, sodass daraus die Erkenntnis erwächst, dass Gott grenzenlos anzubeten sei. Jedes Wissen, dass nicht zum Zweck der Verehrung erworben wird, sei Polytheismus. Auch der Prophet habe, so behauptet Mustafa Shukrî, nicht gelesen oder gerechnet, auch wenn er es konnte. Die erste Gemeinschaft der Gläubigen (arabisch *umma*) in Medina sei die beste gewesen und habe in ihrer Mehrheit aus Analphabeten bestanden (vgl. Heine 1983, S. 110–119).

Die Gruppe erklärte nun, entsprechend der Bedeutung ihres Namens, den existierenden ägyptischen Staat und weite Teile seiner Gesellschaft für heidnisch. Angesichts der besonderen Bedeutung, die das Vorbild des Propheten Muhammad für alle Muslime hat, hielten

Hijra

es die Mitglieder der Gruppe al-Takfîr wa-l-Hijra für richtig, die von ihnen als heidnisch identifizierte Umgebung zu verlassen und die Hijra durchzuführen.

Die Gruppe sah sich in einer vergleichbaren Situation wie die, in der sich der Prophet Muhammad befunden hatte. In Mekka waren er und seine Anhänger verfolgt worden wie die Mitglieder von al-Takfîr wa-l-Hijra. Wie er verließen sie ihr soziales, verwandtschaftliches und wirtschaftliches Umfeld. Sie zogen sich in ein Wüstengebiet westlich des Nils zurück, wo sie einen wahren islamischen Staat realisieren wollten. Wie dieser Staat im Einzelnen aussehen sollte, blieb jedoch weitgehend offen. Wichtig war ihnen vor allem, dass sich nach den Geboten Gottes gerichtet würde. Ein Leben nach anderen Regeln war nach ihrer Auffassung ein Leben fern von Gott. Niemand könne Gesetze machen außer Gott selbst (vgl. Heine 1983, S. 110–119).

Neben dem eigenen Staat entwickelten die Mitglieder der Gruppe auch einen eigenen Islam. Sie hatten den religiösen muslimischen Autoritäten wegen ihrer ‚Kooperation' mit dem ‚heidnischen Regime' jede Existenzberechtigung abgesprochen und lehnten auch die in Jahrhunderten entwickelten Formen der islamischen Rechtsschöpfung ab. Alle Traditionen der Prophetenhadîthe, die ansonsten neben dem Koran Grundlage für die islamische Rechtsprechung sind, wurden von ihnen verneint. Das seien Worte von Menschen und damit keine Worte göttlicher Rechtleitung, die allein angestrebt wurde (vgl. Heine 1983, S. 110–119; Heine 1986, S. 28–45).

Eigener Islam

Die Thesen von al-Takfîr wa-l-Hijra wurden in Ägypten durch die staatlichen Medien veröffentlicht, um dann durch hochrangige muslimische Religionsgelehrte widerlegt zu werden. Der Erfolg dieser Vorgehensweise war jedoch nur teilweise erfolgreich.

13.3 Der islamische Staat

Im Jahr 1981 wurde der ägyptische Präsident Anwar al-Sadat von islamistischen Attentätern getötet. In einem bekannt gewordenen Text der Gruppe der Attentäter heißt es, dass sich die Gruppe dem Vormarsch der weltlichen Regelungen, der Jahiliyya, entgegenstellen wolle, um zu verhindern, dass der Religion Schaden zugefügt würde. Die Gruppe lehnt die westliche Zivilisation ab, die sie grundsätzlich als sündige Ideologie sieht, die wiederum ein Ergebnis des Unglaubens Europas sei. Das westliche System wird als verderblicher angesehen als das der Mongolen, die 1258 Bagdad zerstört hatten:

Attentat auf Anwar al Sadat

„Es gibt keinen Zweifel, dass das mongolische Gesetz, Yasa, eine geringere Sünde ist als die Gesetze, die der Westen Ländern wie Ägypten auferlegt hat und die keine Beziehungen zum Islam oder irgendeiner anderen offenbarten Religion haben." (Jansen 1985, S. 8)

Ablehnung des Nationalismus

Die in vielen Staaten mit muslimischer Bevölkerungsmehrheit verbreitete Ideologie des Nationalismus wird ebenfalls abgelehnt. Über einen wirklichen islamischen Staat meinen die Hintermänner der Sadat-Attentäter, dass es eine religiöse Verpflichtung sei, einen Staat einzurichten, der den Gläubigen dabei unterstützt, entsprechend des Islams zu leben. Wenn die Errichtung eines solchen Staates nicht anders möglich ist, seien auch Gewalt und Krieg legitim, um dieses Ziel zu erreichen (vgl. Jansen 1985, S. 7f.).

Aiman al-Zawahiri

Ein zentraler Text der Attentäter, zu dessen Inspiratoren auch Aiman al-Zawahiri, der derzeitige Ideologe des Netzwerks al-Qaida, gehört, hat den Titel *Die abwesende Pflicht* (arabisch *al-farîda al-ghâ'iba*). Diese in Vergessenheit geratene Glaubenspflicht ist der Jihâd, der nach der Ansicht der Autoren die Aufgabe eines jeden Muslims ist und nicht nur die der Herrschenden. Nach Ansicht der Autoren der *al-farîda al-ghâ'iba* müsse ein jeder Muslim tun, wozu er in der Lage sei: Wer beten könne, müsse beten. Wer fasten könne, müsse fasten. Daraus schließen die Autoren, dass der, der in den Jihâd ziehen könne, auch in den Jihâd ziehen müsse. Dass sich dieser Jihâd auch gegen den Westen richtet, der in diesem Text mit Rom gleichgesetzt wird, lässt sich aus folgendem Satz ersehen:

> „Die Eroberung von Konstantinopel ereignete sich 800 Jahre nach der Voraussage des Propheten, also wird auch die Eroberung Roms stattfinden." (Jansen 1985, S. 7)

Den Sicherheitsdiensten der verschiedenen islamischen Staaten gelang es immer wieder, gewaltbereite islamistische Gruppen auszuschalten. Die Situation änderte sich grundlegend durch zwei historische Vorgänge. Bei dem ersten handelt es sich um die Invasion der sowjetischen Armee in Afghanistan, die Ende 1979 begann. Der Roten Armee gelang es nicht, den afghanischen Widerstand in raschen Schlägen auszuschalten. Daher konnten die afghanischen Mujahidin (von arabisch *mujâhid*, Glaubenskämpfer) erfolgreich um Hilfe in der islamischen Welt (aber auch bei den USA) nachsuchen. Junge Männer, vor allem aus der Golfregion, zogen nach Afghanistan, um ihren Glaubensbrüdern beizustehen.

Usama bin Ladin

Besonders engagiert zeigte sich dabei ein saudischer Millionär, Usama bin Ladin, der auf eigene Kosten eine erfolgreiche Guerillatruppe aufstellte. Seine ganz persönliche Beteiligung verschaffte ihm in der Golfregion und darüber hinaus ein ungewöhnlich hohes Prestige. Doch auch die anderen Kämpfer, die nach dem Erfolg des Widerstands in ihre Heimatländer zurückkehrten, erhielten von allen Seiten hohe Anerkennung. Etliche begaben sich nach dem Abenteuer in Afghanistan als Söldner des Jihâd sogleich zum nächsten Kriegsschauplatz wie z. B. Bosnien und von dort weiter. Andere begannen, in ihren Heimatländern für radikale Formen des Islams zu missionieren, wie sie sie in Afghanistan kennengelernt hatten.

Das andere Ereignis war der Einmarsch alliierter Truppen unter Führung der USA nach der Invasion des Irak in Kuwait zur Sicherung des saudi-arabischen Herrschaftssystems im Jahr 1990/91. Usama bin Ladin hatte der saudischen Führung angeboten, seine Afghanistankämpfer gegen einen irakischen Angriff unter der Bedingung einzusetzen, dass sie auf die Hilfe des Westens verzichte. Als die saudische Führung auf dieses Angebot nicht einging, begann Bin Ladin einen Krieg gegen die Herrscher in Saudi-Arabien, vor allem aber gegen die USA. Diesen eröffnete er mit einer regelrechten Kriegserklärung: **Irak und Kuweit**

„Vertreibt die Heiden von der Arabischen Halbinsel! Jeder von euch weiß, welche Ungerechtigkeit, welche Unterdrückung, welche Aggression die Muslime vonseiten des Bündnisses der Juden und der Kreuzfahrer und seiner Lakaien erleben. Das geht so weit, dass das Blut der Muslime nichts mehr wert ist, dass ihr Besitz und Geld ihren Feinden zur Plünderung überlassen werden." (Kepel 2006, S. 67)

Überall würden Massaker an Muslimen verübt, während die ganze Welt zuschaue. Die Vereinten Nationen betrachtet Usama bin Ladin als eine amerikanische Organisation, die ein Werkzeug in dem weltweiten Komplott gegen die Muslime sei. Gegen die Muslime würde ein vereinter Kampf von Juden und Christen geführt. Auch die Allianz Saudi-Arabiens mit den westlichen Staaten im ‚Kampf gegen den Terrorismus' betrachtet Bin Ladin als eine Besetzung der Heiligtümer von Mekka und Medina.

Bin Ladin sieht den Islam und die Muslime in einem langen Kampf gegen den Westen. Er stellte 2002 eine Liste der erfolgreichen Angriffe gegen seine Gegner zusammen und fährt dann fort:

„Wisst, dass es die erste Pflicht und das beste der guten Werke für Gott (gepriesen sei er) ist, die Amerikaner und die Juden auf der ganzen Welt, in allen Himmelsrichtungen zum Ziel zu nehmen; ich rate euch, dass ihr euch um ehrliche Religionsgelehrte und eifrige Prediger versammelt; ich rate euch, dass ihr Zuflucht bei der Verschleierung sucht, vor allem für die militärischen Aktionen des Jihâd [...] Bevor ich schließe, rufe ich meine muslimischen Brüder und mich selbst mit diesem Gedicht auf dem Wege Gottes auf:

‚Ich lenke mein Streitross und werfe mich mit ihm
ins Getümmel wie ein Ruder in die Flut.

Herr, mach dass mein Hinscheiden geschieht
nicht auf einem Katafalk mit grünen Stickereien,

Sondern das mein Grab der Magen eines gefräßigen Geiers ist
der hoch oben sitzt,

Dass ich als Märtyrer sterbe im Herzen einer Schar
die angegriffen wird mitten im zitternden Aufmarsch;

Wie einer der Recken von Schaiban, die geeint waren
in der Furcht Gottes, als sie den Angriff führten.

Wenn sie die Welt verlassen, verlassen sie den Schmerz
und finden das, was der Koran versprochen hat.'"
(Bin Ladin 2002, zitiert nach: Kepel 2006, S. 113)

Wie in seinen mündlichen Verlautbarungen verwendet Bin Ladin
auch hier Versatzstücke aus der klassischen arabischen Literatur, Ge-
schichtsschreibung und islamischen Theologie. Durch diese Mittel
hat er zumindest zeitweise zahlreiche Leser angesprochen.

13.4 Der Jihâd gegen den Westen

Al-Qaida   Der wichtigste Ideologe des al-Qaida-Netzwerks und der Jihâdbewe-
gungen ist heute der ägyptische Arzt Aiman al-Zawahiri (geboren
1951). Er hat sich schon mit 15 Jahren ägyptischen radikal-islamisti-
schen Gruppen angeschlossen, war in Haft gewesen und dann über
Saudi-Arabien nach Afghanistan und zu Bin Ladin gekommen. Er
hatte gute Kenntnisse des Korans, der Prophetentraditionen und der
späteren islamischen theologischen Literatur, die er jeweils aus einer
radikalislamischen Perspektive interpretiert. Demnach ist die Demokratie eine neue Religion. Er begründet das damit, dass der Ursprung
der Gesetze, der im Islam im Koran liegt, bei den demokratischen
Staaten im Volk liegt. Damit würde das Volk vergöttlicht, da dem
Volk das Recht Gottes, nämlich das der Gesetzgebung übertragen
würde. Im Islam käme die Souveränität Gott allein zu, während sie
in Demokratien vom Volke ausginge. Damit würde die Demokratie
zum Götzendienst, die von jedem Gläubigen abzulehnen sei. Den in
den Parlamenten vertretenen Parteien, den Männer und Frauen, sei
das Recht der Gesetzgebung nicht zuzusprechen, denn sie seien nicht
Gott. Und wer diese Haltung einnimmt, könne sich nicht in ein Par-
lament wählen lassen (vgl. Kepel 2006, S. 334).

Von Ayman al-Zawahiri stammt auch die Theorie vom nahen und vom fernen Feind. Er erkannte, dass die Jihâd-Bewegungen in Ägypten nicht in der Lage sei, sich gegenüber der Staatsmacht, dem nahen Feind, durchzusetzen. Er führte dies auf die Unterstützung des Regimes in Ägypten durch die USA, den fernen Feind, zurück.

Der nahe und der ferne Feind

Seine Konsequenz aus dieser Analyse war, dass man den fernen Feind angreifen müsse, um ihn davon abzuhalten, den nahen Feind zu unterstützen. In der Konsequenz wurden dann US-amerikanische Einrichtungen in aller Welt angegriffen und schließlich die Attacke auf das World Trade Center am 11. September 2001 durchgeführt. Daraus wiederum folgten die Invasion von alliierten Truppen in Afghanistan und mittelbar auch die im Irak. So ist der vormals ferne Feind zu einem nahen Feind geworden.

Hatte al-Zawahiri sich und seine Gruppe zunächst als eine islamische aktivistische Elite gesehen, wurde ihm dann deutlich, dass er trotz mancher Erfolge ohne eine breite Massenbasis schließlich scheitern würde. Darauf reagierte er mit einem Text unter der Überschrift *Die Gemeinschaft der Gläubigen mobilisieren, um sie am Kampf teilhaben zu lassen, und sich davor hüten, einen elitären Kampf gegen die Macht zu eröffnen* (2006). In diesem Text übt er Selbstkritik an seiner Bewegung. Die Jihâd-Bewegung müsse sich auf die Menschen zu bewegen, sie mitreißen, sie überzeugen. Nur dann könne es gelingen, auch die Massen zu bewegen. Das Augenmerk müsse viel stärker auf die Predigt und auf den Dienst an der Bevölkerung gelegt werden, um erzieherisch zu wirken und die Unterstützung für die Ziele zu gewinnen. Alles müsse getan werden und keine Möglichkeit ungenutzt bleiben, um das Vertrauen, die Zuneigung und den Respekt der Gläubigen zu gewinnen. Wenn die Menschen spüren, dass sich die Bewegung um sie kümmert und sie beschützt, würden sie auch im Inneren der Gemeinschaft der Gläubigen ankommen. Ein elitärer Kampf gegen die Macht sei nicht sinnvoll, da er nicht dauerhaft gelingen könne, da ohne den Rückhalt in der Bevölkerung auch keine neue Machtbasis aufgebaut werden könne (vgl. Bonney 2004, S. 262f.).

al-Zawahiris Selbstkritik

Die Vertreter der Jihâd-Bewegungen, vor allem das Netzwerk al-Qaida, nutzen für die Verbreitung ihrer ideologischen Vorstellungen nicht nur die traditionellen Formen der Vermittlung, also die Predigt von umherreisenden Angehörigen der Organisation und die Verteilung von Schriften und Audio- und Videokassetten, auf denen Predigten und Anleitungen für die verschiedensten Aktionen wiedergegeben werden. Eines der Hauptkampffelder um die Köpfe und die Herzen junger Muslime sind die modernen Kommunikationstechniken, vor allem das Internet geworden. Hier werden nicht nur neue Verlautbarungen und Bilder von der Verfolgung und vom Kampf der muslimischen Kämpfer verbreitet, sondern auch Debatten über verschiedene ideologische Positionen geführt. Dadurch können sich Muslime mit den unterschiedlichsten persönlichen, gesellschaftlichen und politischen Erfahrungen in die Diskussionen einschalten und miteinander austauschen.

Fragen und Anregungen

- Erläutern Sie den Namen der ägyptischen Gruppe al-Takfîr wa-l-Hijra.

- Mit welchen rhetorischen Mitteln operiert Usama bin Ladin?

- Mit welchen Argumenten setzen sich orthodoxe gemäßigte muslimische Theologen mit al-Qaida auseinander?

- Beschreiben Sie die Reaktion von Aymân al-Zawahîrî auf die Kritik an seiner ursprünglichen Vorstellung von der Jihâd-Bewegung.

Lektüreempfehlungen

- **Richard Bonney: Jihâd. From Qur' an to bin Lâden,** Houndmills 2004. *Umfangreichste und materialreichste Beschreibung und Analyse der radikalen islamischen Bewegungen und die Ursprünge und Quellen ihrer Überzeugungen.*

- **Kurt Graulich / Dieter Simon (Hg.): Terrorismus und Rechtstaatlichkeit. Analysen, Handlungsoptionen, Perspektiven,** Berlin 2007. *Zusammenstellung der verschiedensten sicherheitspolitischen, juristischen und politikwissenschaftlichen Aspekte zum Umgang mit Formen des radikalen Islams.*

- **Gilles Kepel / Jean-Pierre Milelli: Al-Qaida. Texte des Terrors,** München 2006. *Umfangreiche Zusammenstellung von Verlautbarungen radikal-islamischer Theoretiker und Aktivisten.*

- **Martin Riesebrodt: die Rückkehr der Religionen. Fundamentalismus und der ,Kampf der Kulturen',** München 2000. *Viel zitierte, grundsätzliche und vergleichende Untersuchung zu radikalen Strömungen in den Weltreligionen.*

14 Christlich-islamischer Dialog

Abbildung 15: Papst Benedikt XVI. während seines Besuchs in Istanbul 2006 in der Blauen Moschee

Für das Oberhaupt der katholischen Kirche ist der Besuch in einem islamischen Land stets mit einigen politischen Risiken verbunden. Vor allem aus der Sicht verschiedener katholischer Gruppierungen hat er sich islamfreundlicher Verlautbarungen oder Handlungen bei seinen Besuchen zu enthalten. Bei den entsprechenden Kritiken an der Haltung des Papstes wird auch vor Missinterpretationen nicht Halt gemacht. Als Johannes Paul II. bei einem Besuch in Damaskus ein Buch in die Hand nahm, das er leicht vorgebeugt betrachtete, wurde ihm von katholischen Fundamentalisten vorgeworfen, er haben einen Koran geküsst. Nach der in der islamischen Welt sehr kritisch aufgenommenen Vorlesung Benedikts XVI. in Regensburg 2006 bemühte sich der Papst durch eine Redigierung um Präzisierung seiner Ausführung, um die Wogen der Aufregung zu glätten. Danach ging er dann auf verschiedene Gesprächsangebote muslimischer Theologen und Religionsgelehrter ein. Diese Gespräche vertiefen sich im Jahr 2008.

Das folgende Kapitel gibt einen Überblick über die Geschichte der Beziehungen zwischen der islamischen und der christlichen Welt im Mittelalter und beschreibt die verschiedenen Standpunkte christlicher Theologen. Ferner skizziert es die jüngsten Debatten um die Beziehungen zwischen Christentum und Islam, ihre Schwierigkeiten und ihre Perspektiven sowie eine Kontroverse innerhalb der deutschen Islamwissenschaft um die Frage, ob es eine islamische Aufklärung gegeben hat.

14.1 Die Anfänge im Mittelalter

Dem Islam war das Christentum seit seiner Entstehung bekannt. Im Erste Kontakte Koran wird immer wieder auf Jesus und seine Lehre Bezug genommen. Christen spielen in der frühislamischen Geschichte eine Rolle als Einzelpersonen, wie Waraqa ibn Naufal, den Muhammads Frau Khadîja nach den ersten Offenbarungen des Korans um Rat fragte. Dies gilt auch für einzelne christliche Staaten, wie Äthiopien, das sieben Jahre vor der Hijra als Zufluchtsort für Muslime diente, die in Mekka verfolgt wurden (vgl. O'Shaughnessy 1991, S. 39f.). Unter Muhammads Leitung schloss der junge islamische Staat Verträge mit christlichen Gemeinden auf der arabischen Halbinsel ab. Im Laufe der islamischen Ausbreitung entwickelten sich eingespielte Formen des Zusammenlebens mit den Christen, die in vielen Ländern und über einige Jahrhunderte eine Mehrheit unter einer dominierenden muslimischen Minderheit bildeten. Erst nach und nach wurde der muslimische Bevölkerungsanteil größer und bildete schließlich die Mehrheit (vgl. Bulliet 1979). Solange die Machtverhältnisse zwischen den beiden Religionsgemeinschaften nicht infrage gestellt wurden, kam es zu keinen lang andauernden ernsthaften Konflikten. Erst als sich das politische, wirtschaftliche und strategische Interesse der europäischen Großmächte mehr und mehr auf die islamische Welt konzentrierte und die orientalischen Christen für die europäischen Interessen instrumentalisiert wurden, verschärften sich die Beziehungen zwischen den Angehörigen der muslimischen und der christlichen Religion.

Für die Christen stellte sich die Situation ein wenig anders dar. Die Mehrzahl der Menschen in einigen Regionen wie Syrien oder Ägypten, die von muslimischen Heeren erobert wurden, waren im 7. Jahrhundert noch Christen. In vielen Fällen hatten sie gegen die neue Herrschaft kaum etwas einzuwenden, da diese sich ihnen gegenüber verständnisvoller verhielt als die zuvor regierenden Byzantiner, mit denen es dogmatische, aber auch politische Differenzen gegeben hatte. Relativ früh begann ein Dialog mit dem Islam, bei dem auf Erste Dialoge im Orient christlicher Seite zunächst Vertreter orientalischer Konfessionen Gesprächspartner waren. Als der erste Teilnehmer an einem islamisch-christlichen Dialog wird Johannes Damaszenus (675–749) bezeichnet, aus dessen Schriften grundlegende Informationen über Glauben und Ritual der Muslime im Christentum bekannt wurden.

Wegen der geringen Kommunikationen zwischen der abendländischen und der morgenländischen Kirche blieben diese Informationen aber nur auf einen kleinen Teil der Christenheit beschränkt. Vor allem für das westliche Christentum, das mit dem Islam auf der iberischen Halbinsel konfrontiert wurde, ergab sich in der Beurteilung dieser Religion eine komplizierte Situation. Das frühmittelalterliche Christentum kannte im Grunde unter religiös-konfessionellen Gesichtspunkten nur Christen, Juden und Heiden. Erst später kamen noch die Ketzer hinzu. Die Muslime waren keine Christen, keine Juden, aber auch keine Heiden. Als Ketzer konnte man sie zunächst aber auch nicht bezeichnen. Irgendeinen Zusammenhang mit dem Christentum musste man aber konstruieren. Also entstand folgende Legende über die Entstehung des Islams:

Christen und Muslime im Okzident

Einer der sieben Diakone Roms, Nikolaus, war exkommuniziert worden, da er verschiedene gotteslästerliche Handlungen begangen hatte. Er soll in einen Turm gesperrt worden sein, wo er dann starb. Sein Schüler Maurus aber sei bestrebt gewesen, seinen Lehrer Nikolaus zu rächen. Als er den Knaben Muhammad kennenlernte, lehrte er den Knaben alle teuflischen Künste, die er selbst von Nikolaus gelernt hatte. Durch kunstreiche Tricks soll es Maurus arrangiert haben, dass Muhammad zum König der Stadt Arabiens wurde, in der sie lebten. Von da an sei der christliche Glaube der Menschen Schritt für Schritt verdorben worden. Maurus und Muhammad verfassten der Legende nach gemeinsam den Koran, in dem sie Teile aus dem Neuen und Alten Testament aufnahmen, aber ihre Bedeutung verdunkelten. Deshalb sei Muhammad als Prophet verehrt worden. Der Islam war geboren mit allen Eigenschaften, die gegen christliche Regeln verstießen. Da die Christen bereits den Sonntag und die Juden den Samstag als Feiertag feierten, hätten sich die Muslime für den Freitag, den Tag der Venus, als Feiertag entschieden, was ja ihren Neigungen entspräche (vgl. Heine 1997, S. 303–310).

Christliche Legende

Derartige Vorstellungen von der Entstehung des Islams hielten sich im Abendland lange Zeit, auch wenn mit der besseren Kenntnis des Islams sich die Einschätzung des Islams änderte. Viele Gelehrte des christlichen Mittelalters setzten sich sehr ernsthaft mit dem Islam auseinander. Ihnen ging es vor allem darum, die nicht zu leugnende Existenz des Islams in den göttlichen Heilsplan einzufügen. Sie nahmen dabei auch auf die muslimischen Biografien Muhammads und seine Genealogie Bezug. Dabei wurde betont, dass Ismael als Sohn von Hagar, einer Nebenfrau Abrahams, von einer ‚geringeren‘ Abstammung war. Die Verheißung: „Ich will den Sohn der Leibeigenen

Der Islam im Heilsplan

zu einer großen Nation machen." (Genesis 21, 13) wurde auf Muhammad bezogen.

Die Tatsache, dass Muhammad als Heide geboren wurde, wurde aus den muslimischen Quellen übernommen. Bei Petrus Venerabilis (1092–1156), dem Abt der Klosters Cluny, der die erste Koranübersetzung ins Lateinische initiierte, findet man den Satz:

> „Er war ein Araber von niedriger Geburt und zunächst ein Anhänger des alten Götzendienstes, wie es auch die anderen Araber damals waren. Er war ungebildet und hatte von den Wissenschaften so gut wie keine Ahnung." (Petrus Venerabilis 1985, S. 7)

Mittelalterliche Bewertung

Seine historische Existenz wurde vom mittelalterlichen Abendland nicht infrage gestellt. Es blieb für die christlichen Theologen des Mittelalters aber die Frage nach der heilsgeschichtlichen Funktion Muhammads. Auch hier fand sich ein Text über Ismael in der Genesis: „Er wird ein Mensch sein wie ein Wildesel. Seine Hand gegen alle, aller Hände gegen ihn! Allen seinen Brüdern setzt er sich vors Gesicht." (Genesis 16, 12) Die historische Erscheinung Muhammads wird hier als Beweis für die Prophezeiung des Altes Testament angesehen. Nach dieser Auffassung war auch die Existenz des Islams im göttlichen Heilsplan vorgesehen. Es bestand bei den abendländischen Vertretern dieser Vorstellung kein Zweifel daran, dass das Christentum die Auseinandersetzung mit dem Islam siegreich bestehen werde und sich die Geschichte der Menschheit mit Christus als dem gerechten Richter erfüllen werde. Insofern hatte das Erscheinen des Islams für das Abendland immer auch einen eschatologischen Aspekt.

Das abendländische Mittelalter hatte aber auch immer das Bedürfnis, die Muslime für sich zu gewinnen. Man versuchte immer wieder, eine erfolgreiche ‚Mohammedanermission' auf den Weg zu bringen. Diese Entwicklung ist insofern von Bedeutung als schon Petrus Venerabilis der Meinung war, dass man bei dieser Mission keinen Erfolg haben werde, wenn man nicht genauer wisse, was denn die dogmatischen Überzeugungen und die Glaubenspraxis der Muslime seien. Auch Franz von Assisi (1181/82–1226), der selbst eine, wenn auch erfolglose Missionsreise ins ‚mamelukische' Ägypten durchführte, forderte grundlegende Kenntnisse des Islams (vgl. Hagemann 2005, S. 39).

Missionsbemühungen

Konsequenterweise organisierte der Dominikanerorden für seine Islam-Missionare eine vertiefte theologische Schulung und eine Sprachausbildung im Arabischen. Zu den wichtigsten Denkern des Dominikanerordens gehörte der bedeutendste mittelalterliche Theologe, Thomas von Aquin (1225–74), der sich auch intensiv mit dem

Thomas von Aquin

Islam auseinandersetzte. Thomas schrieb seine *Summa contra Gentiles* aus der Intention heraus, die Wahrheit des christlichen Glaubens den Ungläubigen gegenüber darzulegen. Dabei hat Thomas die eigenen Schwierigkeiten gespürt, die sich ihm bei der Apologie des Christentums stellten. Sie liegen nach ihm zum einen in der unzureichenden Kenntnis des Islams und dessen Position, und zum anderen in der Nichtanerkennung der Bibel als authentischem Wort Gottes durch Muslime und Ungläubige (vgl. Hagemann 2005, S. 40).

Natürliche Vernunft

Da also die biblischen Schriften in der Auseinandersetzung mit ihnen nicht als Grundlage und gemeinsames Fundament vorausgesetzt werden können, bleibt nur die natürliche Vernunft als die gemeinsame Basis. Dieser Ausgangspunkt ist bemerkenswert. Er versteht sich aus der geistigen Situation des damaligen Paris, wo Thomas lehrte. Vor dem Hintergrund der beginnenden Renaissance hat er aus philosophisch-theologischer Argumentation versucht, die Grundzüge des Christentums darzulegen. Darüber hinaus spricht Thomas aber auch direkt die Muslime an. Allerdings gehörte er nicht zu den großen Kennern des Islams, wie etwa sein Ordensbruder Ricoldus de Monte Crucis (1243–1329; vgl. Hagemann 2005, S. 39–54; → KAPITEL 1.1).

Ricoldus de Monte Crucis

Die Muslime vermehrten sich nach der Meinung von Ricoldus de Monte Crucis, weil Muhammad ihnen die ‚Unzucht‘ gestattet habe. Gott hatte den Muslimen die Macht gegeben, die frommen Christen zu töten bzw. sie unter Folter zu zwingen, ihrem Glauben abzuschwören. Es sei islamischer Brauch, aus dem Christentum stammende Apostaten nicht nur zu verschonen, sondern sie sogar zu belohnen. Alledem könnten nur wirklich glaubensstarke Christen widerstehen, die den Märtyrertod erlitten. Alle anderen, die als *seculares* bezeichnet wurden, gingen zum Islam über. Ein anderer Grund für die Übernahme des Islams durch viele lateinische Christen im Orient lag eben in der Tatsache, dass sich die militärischen Kräfte der Muslime als stärker erwiesen. Die Christen hatten nicht geglaubt, dass Gott es zulassen werde, dass die letzte Festung der Kreuzritter, die Stadt Akko, fallen werde. Als sie trotz aller militärischen Bemühungen und der drängendsten Gebete aufgegeben werden musste, sahen viele Christen in dieser Niederlage ein Gottesurteil. Für sie lieferte die Kapitulation den Beweis dafür, dass der Gott der Muslime der wahre Gott sei. (vgl. Ricoldus 1997). Die Berichte von Ricoldus de Monte Crucis hatten einen großen Einfluss auf das Bild des Islams in der westlichen Christenheit an der Schwelle zur Moderne. An erster Stelle sind hier Nikolaus von Kues und Martin Luther zu nennen.

Für den weiteren christlichen Dialog mit dem Islam erlangte Nikolaus von Kues (lateinisch auch: Nicolaus Cusanus, † 1441) eine besondere Bedeutung.

„Nikolaus wird dabei nicht müde, nach immer neuen Möglichkeiten im Koran zu suchen, die sich – wie er meint – als Anknüpfungspunkte eignen, um Muslimen den Weg zum christlichen Glauben zu ebnen." (Hagemann 1999, S. 68)

Die Intention seiner Arbeit lag darin, auch aus dem Koran die Wahrheit des Evangeliums zu eruieren. Diesen Ansatz konnte er wählen, weil er den Islam als eine aus dem Nestorianismus (eine christliche orientalische Kirche, die die Göttlichkeit Jesu infrage stellt) erwachsene christliche Häresie ansah. Unter Voraussetzung des Evangeliums wollte Nikolaus diesen auf seinen biblischen Gehalt sichten und sieben.

Mit diesem Vorverständnis ging Nikolaus von Kues an den Koran heran, um ihn vom Evangelium her zu deuten und evangeliengetreu zu interpretieren. In seiner Korananalyse ließ er sich vom Prinzip der *pia interpretatione* leiten, d. h. es ging ihm um eine gutmütige, weitherzige und wohlwollende Interpretation des Korans. Die Art und Weise seines Vorgehens zeigt sich im Begriff der *manuductio*, d. h. er wollte die Muslime an die Hand nehmen, um sie zum Verständnis des christlichen Glaubens zu führen. Als einzigartige Versuche eines Brückenschlages zum islamischen Glauben können seine *manuductiones ad trinitatem* – Hinführungen zum christlichen Trinitätsverständnis – gewertet werden. Ein besonderes Augenmerk richtete Nikolaus von Kues auf die Sichtung der koranischen Christologie. Die *unio hypostatica* – die Frage um die Gottessohnschaft Christi – hielt er für die schwierigste Streitfrage zwischen Muslimen und Christen, da von der Bejahung oder Verneinung zugleich die Entscheidung für oder gegen ein trinitarisches Gottesverständnis abhängt. Scharf kritisiert Nikolaus von Kues die Paradiesvorstellungen. Doch vermittels seiner *pia interpretatione* versucht er auch hier, die eschatologischen Aussagen des Korans mit denen der Bibel zu harmonisieren (vgl. Hagemann 1999, S. 68–80).

14.2 Der Dialog in der Frühen Neuzeit

In der Frühen Neuzeit hat sich Martin Luther immer wieder für den Islam und den Koran interessiert. Er trug entscheidend dazu bei, dass der schweizerische reformierte Theologe und Orientalist Bibliander (1504–64) in Basel eine erste Koranausgabe drucken konnte. Stärker als Nikolaus von Kues stand er aber unter dem Eindruck der ‚Türkennot‘, also dem kontinuierlichen Vormarsch osmanischer Truppen auf dem Balkan (→ KAPITEL 1.1).

Luthers Einstellung zu Islam und Koran lässt sich in dem folgenden Zitat zusammenfassen: „Hab ich zeit so mus ichs ia verdeudschen, auff das yederman sehe welch schendlich buch es ist." (Luther zitiert nach: Bobzin 1995, S. 92) Im Grunde aber suchte auch er nach der Rolle des Islams im Heilsplan Gottes. Die ‚Türkengefahr‘ hatte für

Eschatologischer Aspekt

ihn einen eschatologischen Aspekt; er bezog sie auf die Weissagungen des Propheten Daniel. In dem dort vorausgesagten Tyrannen sah er den Papst, der das Christentum durch eine falsche Lehre zerstören wolle, und den Türken, der das gleiche mit dem Schwert zu bewerkstelligen versuchte. Für Luther war der Papst jedoch der gefährlichere Feind. Den ‚Türken‘ betrachtete er in diesem Sinne eher als eine Geißel Gottes, die die Christenheit für ihren Abfall von der wahren Religion strafen sollte. Luthers Haltung lässt sich im Vergleich zu der älterer Vertreter des katholischen Christentums als besonders darstellen, weil sie im engeren Sinne theologisch ist. Von Fragen der ‚Mohammedanermission‘ ist bei ihm kaum die Rede (vgl. Bobzin 1995).

Neuzeitliche Entwicklung

Betrachtet man die bisherige und die weitere Entwicklung, kann man von einem Dialog zwischen den Religionen nur in Ausnahmefällen sprechen. Zu diesen gehört sicherlich die Organisation von Religionsgesprächen durch den Moghulherrscher Akbar (1556–1606), die aber nicht zuletzt einen politischen Hintergrund hatten. Kennzeichnend für die nach dem Ende der Bedrohung durch das osmanische Reich in Europa einsetzende Haltung der christlichen Kirchen ist einerseits eine deutliche Ignorierung des Islams und andererseits der Versuch, die aus dem Mittelalter bekannten Missionsbemühungen wieder aufzunehmen bzw. zu verstärken.

Kolonialismus

Auf protestantischer Seite entstanden vor allem im 19. Jahrhundert verschiedene Missionsgesellschaften, die im Gefolge der europäischen kolonialen Expansion ihre Aktivitäten auch in den Ländern entwickelten, in denen Muslime die Mehrheit der Bevölkerung bildeten. Zumindest in der deutschen Kolonialpolitik entstanden dadurch lebhafte Auseinandersetzungen. Das Deutsche Kaiserreich, das erst im letzten Drittel des 19. Jahrhunderts Kolonien gewinnen konnte, musste feststellen, dass vor allem in Kamerun und Togo die im Norden ansässigen muslimischen Sultanate auf eine Weise organisiert waren, die für die deutsche Kolonialverwaltung nachvollziehbar war.

Muslime wurden als ein stabilisierender Faktor in den deutschen Kolonien angesehen. Daher lehnte das Deutsche Reichskolonialamt, in dem der Islamwissenschaftler Carl Heinrich Becker (1876–1933; 1925–30 preußischer Wissenschaftsminister) eine bedeutende Rolle spielte, den Einsatz von christlichen Missionaren immer wieder ab, um keine Konflikte mit den muslimischen Autoritäten im deutschen Kolonialgebiet hervorzurufen. Diese Entscheidungen führten auch zu innenpolitischen Differenzen. Schließlich setzten sich aber die Verwaltungen gegenüber den Missionsgesellschaften durch.

14.3 Der Dialog seit dem 20. Jahrhundert

In der ersten Hälfte des 20. Jahrhunderts spielte die Frage der Begegnung des Christentums mit dem Islam keine besondere Rolle. Die europäischen Kriege und die Konfrontation mit dem neu aufgetauchten Kommunismus standen im Vordergrund der Debatten. Vor allem seit den 1950er-Jahren wurde die Kooperation zwischen Gläubigen unterschiedlicher monotheistischer Religionen als ein Mittel des politischen Kampfes gegen Materialismus und Atheismus angesehen. Man kann die Aussagen des Zweiten Vatikanischen Konzils (1962–65) zum Islam auch in diesem Kontext sehen. In der Erklärung über das Verhältnis der Kirche zu den nichtchristlichen Religionen *Nostra aetate* heißt es unter Punkt 3, dass die Kirche die Muslime, die den alleinigen Gott anbeteten, mit Hochachtung betrachte. Auch sie müßten sich, sich seinen Ratschlüssen zu unterwerfen, so wie auch Abraham sich Gott unterworfen habe. Jesus, den sie allerdings nicht als Gott anerkennen würden, verehrten sie aber als Propheten, und auch seine jungfräuliche Mutter Maria würde von ihnen verehrt. Positiv gewertet werden auch die Erwartung des Jüngsten Gerichtes und die Verehrung Gottes durch Gebete, Almosengeben und Fasten. Weiter heißt es:

> „Da es jedoch im Verlauf der Jahrhunderte zu manchen Zwistigkeiten und Feindschaften zwischen Christen und Muslimen kam, ermahnt die Heilige Synode alle, das Vergangene beiseite zu lassen, sich aufrichtig um gegenseitiges Verstehen zu bemühen und gemeinsam einzutreten für Schutz und Förderung der sozialen Gerechtigkeit, der sittlichen Güter und nicht zuletzt des Friedens und der Freiheit für alle Menschen." (Vatikanisches Konzil 1965)

Zumindest in der katholischen Kirche folgte auf diese Feststellungen des Zweiten Vaticanums eine Reihe von Begegnungen mit muslimischen Religionsgelehrten, bei denen die Gemeinsamkeiten der bei-

Zweites Vaticanum

den Religionsgemeinschaften, nicht zuletzt gegenüber dem Marxismus und Materialismus, formuliert wurden. Während des Primats von Papst Johannes Paul II. fanden ebenfalls seine Reihe von Treffen statt und der Papst lud Vertreter des Islams mehrfach zu Treffen der Weltreligionen und gemeinsamem Gebet ein. Auch auf einer niedrigeren hierarchischen Ebene kam es immer wieder zu Begegnungen und Meinungsaustausch. Dabei stellte sich heraus, dass die Vertreter der islamischen Seite häufig eine überraschend gute Kenntnis der internen theologischen und ethischen Diskussionen der christlichen Gesprächspartner hatten. Auf der christlichen Seite begann man erst vor einigen Jahren, vergleichbare Kenntnisse der aktuellen muslimischen dogmatischen und hermeneutischen Debatten zu erwerben.

Die Verschärfung der Spannungen zwischen Staaten mit islamischer Bevölkerung und die Re-Islamisierung blieben nicht ohne Auswirkungen auf die Beziehungen von Christentum und Islam. Vor allem in den europäischen Staaten kam hinzu, dass sich die Beziehungen zwischen den Vertretungen der Muslime und den Kirchen nicht unbefangen entwickelten. Islamophobe Tendenzen in den Gesellschaften machten auch vor den Kirchen und ihren Vertretern nicht halt. Vertreter der christlichen Kirchen beteiligen sich an Protesten gegen Moscheebauten; es gibt Spannungen aufgrund von organisatorischen Missverständnissen in der Krankenhaus- und Gefängnisseelsorge. Sprecher der Kirchen nehmen, auch vorschnell, Stellung zu gesellschaftlichen Konflikten, bei denen Muslime betroffen sind. Inzwischen hat die Evangelische Kirche in Deutschland sogar deutlich gemacht, dass sie die Mission unter Muslimen als eine Option des weiteren Umgangs mit dem Islam versteht.

Höhepunkt der Irritationen war die Rede von Papst Benedikt XVI. in Regensburg im Jahr 2006, in der er durch ungeschickte und offenkundig schlecht vorbereitete Formulierungen Ärgernis in der islamischen Welt erregte. Die zentrale Formulierung lautet in einer redigierten Form:

> „Ohne sich auf Einzelheiten wie die unterschiedliche Behandlung von ‚Schriftbesitzern' und ‚Ungläubigen' einzulassen, wendet er [der byzantinische Kaiser Manuel II. Palaiologos] sich in erstaunlich schroffer, uns unannehmbar schroffer Form ganz einfach mit der zentralen Frage nach dem Verhältnis von Religion und Gewalt überhaupt an seinen Gesprächspartner. Er sagt: ‚Zeig mir doch, was Mohammed Neues gebracht hat, und da wirst du nur Schlechtes und Inhumanes finden wie dies, dass er vorgeschrieben hat, den Glauben, den er predige, durch das Schwert zu verbreiten.'

Johannes Paul II.

Gesellschaftliche
Spannungen

Benedikt XVI.

Der Kaiser begründet, nachdem er so zugeschlagen hat, dann eingehend, warum Glaubensverbreitung durch Gewalt widersinnig ist. Sie steht im Widerspruch zum Wesen Gottes und zum Wesen der Seele. ‚Gott hat keinen Gefallen am Blut‘, sagt er, ‚und nicht vernunftgemäß, nicht syn logon zu handeln, ist dem Wesen Gottes zuwider.‘ Der Glaube ist Frucht der Seele, nicht des Körpers. Wer also jemanden zum Glauben führen will, braucht die Fähigkeit zu guter Rede und ein rechtes Denken, nicht aber Gewalt und Drohung.‘“ (Benedikt XVI. 2006)

Die heftigen Reaktionen auf diese Formulierungen in der islamischen Welt trafen den Papst und die neue vatikanische Administration unvorbereitet. Verschiedene redaktionelle Überarbeitungen und wiederholte Erläuterungen, auch durch den Paps selbst, folgten. Auf die Rede antworteten 38 international bekannte muslimische Gelehrte mit einem offenen Brief an den Papst. Darin heißt es u. a.:

„Die Ansicht, dass Muslime gehalten sind, ihren Glauben ‚mit dem Schwert‘ auszubreiten oder dass der Islam im Allgemeinen ‚durch das Schwert‘ verbreitet worden ist, hält einer genaueren Überprüfung nicht stand [...]. Die bloße Tatsache, dass eine Person nicht Muslim war, ist niemals ein legitimer casus belli im islamischen Recht oder im Glauben gewesen.“ (Offener Brief 2007, zitiert nach: Heine 2007, S. 173)

Inzwischen haben verschiedentlich Gespräche zwischen hohen Vertretern der islamischen Theologie und Vertretern des Vatikans, auch des Papstes selbst, stattgefunden. Der Dialog der katholischen Kirche mit dem Islam hat neue Bewegung erhalten.

14.4 Die Debatte um die Aufklärung

In den Debatten um die Beziehungen zwischen dem westlichen Christentum und dem Islam hat auch immer das Thema der Aufklärung eine wichtige Rolle gespielt. Die Ungleichzeitigkeit der Entwicklung in der islamischen Welt und im Westen wird von Vertretern der beiden Kulturen häufig kontrovers diskutiert. Danach stellt sich die Frage, warum die Kultur der islamischen Welt nach ihren Höhepunkten bis ins Mittelalter hinein an Strahlkraft und Kreativität verloren hat. Diese Debatten finden nicht nur innerhalb der jeweiligen Kulturen des Westens und der islamischen Welt statt, sondern auch über deren Grenzen hinaus zwischen den Vertretern der beiden Kulturen.

Ungleichzeitigkeit der Kulturen

Dabei wird vor allem von westlichen Beobachtern, besonders wenn sie der Islamwissenschaft als akademischer Disziplin nicht nahe stehen, darauf hingewiesen, dass es entweder die fehlende Reformation gewesen sei oder die fehlende Aufklärung, die für die Verlangsamung der technologischen, wirtschaftlichen und gesellschaftlichen Entwicklung der islamischen Welt verantwortlich gemacht werden müsse. Der Begriff der Reformation ist jedoch zu sehr mit den Ereignissen des 16. Jahrhunderts in Deutschland verbunden, als dass man ihn ohne Weiteres auf die Situation in der islamischen Welt übertragen könnte. Immerhin haben europäische Beobachter der islamischen Welt vor allem im 19. und frühen 20. Jahrhundert immer wieder Ansätze einer muslimischen Reformation identifiziert und Entwicklungen sowie Einzelpersonen mit der Reformationsbewegung um Martin Luther und anderen historischen Gestalten des 16. Jahrhunderts verglichen. Auch innerislamische Debatten der 1990er-Jahre wurden als Ansätze für eine reformatorische Bewegung gedeutet.

Der wichtigste Begriff, der bei den Debatten um die Ungleichzeitigkeit der Entwicklung im Zentrum steht, ist der der Aufklärung. Nun wird man zunächst die Definition einer europäischen Aufklärung nicht so ohne Weiteres beliebig auf andere Kulturen übertragen dürfen, zumal es einen lebhaften Streit um den Begriff der europäischen Aufklärung selbst gibt, der hier nicht referiert werden kann.

Es war vor allem der heute in Basel lehrende deutsche Islamwissenschaftler Reinhard Schulze, der in mehreren Aufsätzen die Frage nach der islamischen Aufklärung gestellt hat. In einer Veröffentlichung aus dem Jahr 1996 setzte er sich mit der Prämisse, dass es keine islamische Aufklärung gegeben habe, auseinander. Dabei betrachtet er verschiedene Funktionen dieser Behauptung. Er stellt fest:

„Aufklärung wurde zu einer stabilen Demarkationslinie zwischen der islamischen und der westlichen Welt, und es hat durchaus den Eindruck, dass westliche Beobachter an der (geographischen oder kulturellen) Grenze zur islamischen Welt ihre eigene Aufklärungssicht aufgeben. Wenn die Aufklärung zu einem Konstitutivum europäischer Identität wird, muss sie überall da zu finden sein, wo Europa ist, bzw. wo man sich für europäisch hält. Dabei wird die Aufklärung im 18. Jahrhundert historisch verortet." (Schulze 1996, S. 283)

Schulze zeigt auf, dass sich diese Feststellung der Aufklärung im Griechenland des 19. Jahrhunderts ebenso vollzogen hat wie in Rumänien und schließlich sogar im russischen Tartastan, womit bewiesen werden konnte, dass diese Regionen zu Europa gehören, auch

wenn in keinem dieser Länder in dieser Zeit die Aufklärung eine große Wirkung gehabt hat. Schulze weist darauf hin, das der Aufklä-
rungsbegriff erst ab dem 19. Jahrhundert mit dem Historismus Bedeutung gewonnen hat und durch die Beschreibung der historischen
Epochen definiert und popularisiert wurde. Eine derartige Form von
Historismus habe es aber in der Geschichte der orientalischen Historiografie nicht gegeben.

Schulze meint nun weiter, dass es eine endogene islamische Aufklärung, oder zumindest aufklärerische Tendenzen gegeben habe. Zugleich sieht er die Schwierigkeit, diese nachzuweisen in dem, was er
als Forschungskonventionen bezeichnet. Nachdem seine Versuche,
muslimische Aufklärer zweifelsfrei nachzuweisen, zunächst ohne Erfolg blieben, wies er auf das Interesse von europäischen Aufklärern
und Romantikern am Orient hin. Er verweist auf ein um 1790 wahrscheinlich in Genf verfasstes Werk mit dem Titel *Ist die muhammedanische Religion an sich böse und verwerflich? Hat sie Ähnlichkei-
ten mit der christlichen? Verdient sie nach der christlichen den ersten
Rang?* In dieser Schrift wird auf den osmanischen Prediger und Gelehrten Mehmed b. Pir Ali al-Birkawi (1523–73) hingewiesen, der
der aufklärerischen christlichen Tradition als vergleichbar beurteilt
wird. Der anonyme Genfer Autor zitiert einen al-Birkawi zugeschrie-
benen Satz: „Das Licht der Vernunft ist eine Kraft der Seele, durch
welche man die Verhältnisse und das Wesen der Dinge erkennt." (zitiert nach: Schulze 1996, S. 300) Dazu meint Schulze:

> „Es ist merkwürdig, aber über Birkawi, den meistgelesenen osma-
> nischen Prediger und Moralisten, ist in der Islamwissenschaft bis-
> her kaum etwas geschrieben worden. Birkawi, so scheint es, reprä-
> sentiert den wichtigsten Strang theologischer Kritik, der zur
> vehementen Ablehnung der Tradition führen sollte. Er ist gleich-
> falls bedeutend wegen seines spirituellen Hintergrundes: seine Pre-
> digt für einen ‚lebendigen Glauben und für die Vollkommenheit
> der Gläubigen' folgt nicht dem Diskurs der polemischen Theo-
> logie, [...] sondern gründet möglicherweise (zukünftige Arbeiten
> zu Birkawi werden es zeigen) auf einer noch radikaleren Ich-Er-
> fahrung, in der Leben, Geist und Kraft gegen Lehre, Amt und
> Schein gesetzt werden." (Schulze 1996, S. 300)

Gegen die Thesen von Reinhard Schulze gab es von Fachwissen-
schaftlern heftige Angriffe. Hier sind vor allem Bernd Radtke, Gottfried Hagen und Tilman Nagel zu nennen. Radtkes Kritik zeichnet
sich durch ein bemerkenswertes Maß an Polemik aus, die in Manchem an Formulierungen erinnert, mit denen sich nicht zuletzt Ver-

**Endogene
Aufklärung**

Kritik von Radtke

treter der europäischen Aufklärung gegenseitig überzogen haben. Über weite Strecken ist sein Ton so unsachlich, dass es Schulze leicht fiel, darauf erst gar nicht zu antworten. Radtke schloss sich durch seine Formulierungen selbst aus der Debatte aus (vgl. Radtke 1994, S. 48–66).

Kritik von Seidensticker und Hagen

In ruhigerem, aber nicht weniger kritischen Ton gingen dann Tilman Seidensticker und Gottfried Hagen auf Schulzes Interpretationen ein. Sie wiesen Schulze zunächst eine Reihe von leichteren, aber doch grundsätzlichen Fehlern bei der Übersetzung der von ihm durchgesehenen Texte nach. Wie schwerwiegend die mangelnde Sorgfalt bei der Durchsicht von Quellen sein kann, zeigen sie in ihrem Beitrag auf (vgl. Hagen / Seidensticker 1998, S. 83–110).

Schärfer noch gehen Hagen und Seidensticker mit den Darstellungen Schulzes zu al-Birkawi zu Gericht. Auch hier stellen sie wiederum die Übersetzungen von Schulze ihren eigenen gegenüber: „Das Licht der Vernunft ist eine Kraft der Seele, durch welche man die Verhältnisse und das Wesen der Seele erkennt." (Schulze 1996, S. 300) Ihre Version lautet:

> „Der Verstand [...] ist ebenfalls eine Quelle des Wissens; soweit dieses durch die Evidenz feststeht, ist es notwendig, wie das Wissen darum, dass jedes Ding größer als sein Teil ist." (Hagen / Seidensticker 1998, S. 83–110).

Von der Fehlerhaftigkeit der Übersetzung schließen sie auf die der Argumentation. Im Übrigen weisen sie darauf hin, dass die Werke und die Biografie von al-Birkawi es kaum gestatten, ihn als einen Aufklärer zu verstehen. Sie zeigen auf, dass die von Schulze verwendete Quelle eine anonyme Übersetzung der Texte von al-Birkawi ist, die offenbar aus einem aufklärerischen Milieu in Genf stammt. Ihre Übereinstimmung mit den tatsächlichen Äußerungen des osmanischen Gelehrten bedarf einer weiteren Überprüfung, ehe er eine solche Zuordnung erfahren könne.

Wie auch immer Schulze al-Birkawi verstanden haben mag und ob auch immer die Frage, ob Schulze seine Quelle richtig verstanden und richtig zugeordnet hat, beantwortet wird, kann wohl festgehalten werden, dass die Ideen, die er als Beleg für eine islamische Aufklärung vorträgt, bereits auf das 10. Jahrhundert zurückgehen. Das würde bedeuten, dass die Ideen einer islamischen Aufklärung auf jeden Fall nicht zu einer Zeit entstanden sind, in der die Gedanken der europäischen Aufklärung formuliert wurden. Eine Gleichzeitigkeit der europäischen Aufklärung mit einer vergleichbaren geistigen Bewegung in der islamischen Welt dürfte also nicht angenommen werden. Dies wäre eine Feststellung, der sich zahlreiche gegenwärtige muslimische Denker und Schriftsteller anschließen würden, die sie sich auch von den Gedanken der rationalistischen Mu'tazila der Abbasidenzeit beeindruckt fühlen.

Des Weiteren stellen Schulzes seriöse Kritiker fest, dass al-Birkawi ein Gegner jeder Form von Neuerungen gewesen sei. Von ihm ist bekannt, dass er sich in verschiedenen Fällen auch gegen die offiziellen religiösen und rechtlichen Autoritäten des Islams im Osmanischen Reich gestellt hat. Ein schönes Beispiel für diese rückwärts gewandte Grundhaltung von al-Birkawi ist seine Ablehnung der Finanzierung von ‚frommen Stiftungen' durch die Zuwendung in Form von Bargeld. Auch in anderen Zusammenhängen kann nachgewiesen werden, dass al-Birkawi keiner Form des religiösen Modernismus zugeneigt war, sondern eher als ein Vertreter eines traditionellen, rückwärts gewandten Islams verstanden werden muss.

Es ist darauf hinzuweisen, dass die Debatte um die Ursachen für die zeitlich verschobene Entwicklung der islamischen Welt im Vergleich zu der des Westens mit den berechtigten Feststellungen von Hagen und Seidensticker noch nicht abgeschlossen sein müssen. Es stellt sich aber eine völlig andere Frage. Die Debatte zur Bedeutung der Aufklärung für die europäische Entwicklung ist zunächst noch nicht abgeschlossen. Vor allem aber ist auch festzuhalten, dass die gesellschaftlichen und politischen Durchsetzungen der Vorstellungen der Aufklärung im Westen nicht in jeder Weise festgestellt werden können. Man hat bei den hier referierten Auseinandersetzungen durchaus den Eindruck, dass die Frage der Aufklärung weitgehend unabhängig von den historischen Entwicklungen und gesellschaftlichen Realitäten verhandelt wird.

Ausblick

Fragen und Anregungen

- Beschreiben Sie die Haltung von Ricoldus de Monte Crucis zum Islam.

- Was bedeutet *pia interpretatione* bei Nikolaus von Kues?

- Wer war Manuel II. Palaiologos?

- Erläutern Sie These und Gegenthese in der Debatte um die islamische Aufklärung.

Lektüreempfehlungen

- Norman Daniel: The Arabs and Medieval Europe, London 1975. *Immer noch unübertroffene Darstellung der Beziehungen zwischen Morgenland und Abendland während des Mittelalters.*

- Christoph Dohmen (Hg.): Die ‚Regensburger Vorlesung' Papst Benedikt XVI. im Dialog der Wissenschaften, Regensburg 2007. *Abdruck der zunächst endgültigen Fassung der Vorlesung des Papstes, auf die dann die Vertreter einiger an der Universität Regensburg vertretenen Disziplinen von der Theologie, über Philosophie und Literaturwissenschaft bis zu einigen Naturwissenschaften antworten. Eine islamwissenschaftliche Position kommt nicht zu Wort.*

- Reinhold Glei: Schriften zum Islam. Petrus Venerabilis, ediert, ins Deutsche übersetzt und kommentiert, Altenberge 1985. *Ein ausführlicher Überblick über das Lebens des Abtes, der in seine Schriften einführt und seine Texte zur Verfügung stellt.*

- Gottfried Hagen / Tilman Seidensticker: Reinhard Schulzes Hypothesen einer islamischen Aufklärung, in: Zeitschrift der Deutschen Morgenländischen Gesellschaft 148, 1998, S. 83–110. *Kenntnisreiche Auseinandersetzung mit den Thesen von Reinhard Schulze.*

- Klaus Hock: Der Islam im Spiegel westlicher Theologie. Aspekte christlich-theologischer Beurteilung des Islams im 20. Jahrhundert, Wien 1986. *Analyse der Haltung von protestantischen Theologen aus der Zeit vor dem Ersten Weltkrieg und vor allem der Mitte des 20. Jahrhunderts gegenüber dem Islam.*

- Rudolph Peters: Reinhard Schulze's quest for an Islamic Enlightenment, in: Die Welt des Islams 39, 1990, S. 160 – 172. *Kritische Auseinandersetzung mit den Thesen von Reinhard Schulze, welche zugleich die europäischen Debatten über die Aufklärung referiert.*

15 Serviceteil

15.1 Allgemeine Bibliografische Hilfsmittel

Laufende Bibliografien

- **Abstracta Islamica,** in: Revue des Études islamiques, Paris 1927ff. *Zusammenfassung von Zeitschriftenartikeln in verschiedenen europäischen Sprachen.*

- **Erika Bär: Bibliographie zur deutschsprachigen Islamwissenschaft und Semitistik vom Anfang des 19. Jahrhunderts bis heute, 2 Bde.** Wiesbaden 1985–91. *Zusammenstellung der wichtigen deutschsprachigen wissenschaftlichen Publikationen zum Islam.*

- **Diana Grimwood-Jones / Derek Hopwood / James D. Pearson (Hg.): Arab-Islamic Bibliography,** Sussex 1977. *Umfassende Liste der englischsprachigen islamwissenschaftlichen Literatur mit Schwerpunkt auf der arabischen Welt.*

- **Index Islamicus 1665–1906,** zusammengestellt von Wolfgang H. Behn, Millersville 1989.

  Ergänzungen

- **Index Islamicus 1906–1985,** Cambridge 1985.

- **Hans G. Majer: Osmanistische Nachträge zum Index Islamicus 1906–1965,** in: Südostforschungen, Bd. 27, München 1968, S. 242–291. *Ergänzungen zu dem im Folgenden genannten Index Islamicus, die osmanistische Aufsätze nennen, die an entlegenerer Stelle publiziert worden sind.*

- **James D. Pearson: Index Islamicus. A Catalogue of Articles on Islamic Subjects in Periodicals and other Collective Publications 1906–1955,** Cambridge 1958.
  Supplement 1: 1956–1960, Cambridge 1962.
  Supplement 2: 1961–1965, Cambridge 1968.
  Supplement 3: 1966–1970, London 1972.
  Supplement 4: 1971–1975, London 1977.
  Standardreferenz für Artikel in wissenschaftlichen Zeitschriften, Festschriften, Kongressberichten etc. in den wichtigen europäischen Sprachen.

- **James D. Pearson: The Quarterly Index Islamicus. Current Books, Articles and Papers on Islamic Studies,** London 1977ff. *Bibliogra-*

fie der auf den Islam bezogenen Neuerscheinungen in den wichtigen europäischen Sprachen.

- Klaus Schwarz: Der Vordere Orient in den Hochschulschriften Deutschlands, Österreichs und der Schweiz. Eine Bibliographie der Dissertationen und Habilitationsschriften (1895–1978), Freiburg 1980. *Zusammenstellung von Qualifikationsschriften an deutschsprachigen akademischen Einrichtungen.*

Sachlexika und Hilfsmittel

- Eliyahu Ashtor: Histoire des prix et des salaires dans L'Orient Médiéval, Paris 1969. *Wirtschaftsgeschichte mit zahlreichen Hinweisen auf Preise und Einkommen, die auch als Nachschlagwerk genutzt werden kann.*

- Encyclopaedia Iranica, bisher 14. Bde, London 1982ff. *Kompetentes Nachschlagewerk für den Bereich der Iranistik.*

- The Encyclopaedia of Islam (EI), Neue Ausgabe, 12 Bde., Leiden 1954ff. *Wichtigstes internationales Nachschlagewerk zu allen Bereichen der islamischen Religion, Kultur, Geschichte etc.*

- The Encyclopaedia of Islam, 3. Auflage, bisher 1 Bd., Leiden 2007ff. *Überarbeitung der Encyclopaedia of Islam von 1954ff. mit verändertem Konzept, soll rascher abgeschlossen sein als der Vorgänger.*

- Walter Hinz: Islamische Maße und Gewichte, Leiden 1955. *Zusammenstellung verschiedener Maße und Gewichte vor allem in der Zeit des islamischen Mittelalters.*

- Adel Theodor Khoury / Ludwig Hagemann / Peter Heine: Islam-Lexikon, Freiburg 2006. *Praktisches Hilfsmittel für einen ersten Einstieg mit weiter führenden Literaturhinweisen.*

Wörterbücher

- Julius T. Zenker: Türkisch-arabisch-persisches Handwörterbuch, Leipzig 1866. *Auch als Nachdruck erhältliches Lexikon für die drei wichtigen nahöstlichen Sprachen.*

- Reinhart Dozy: Supplément aux Dictionnaires Arabes, 2 Bde.,
  Leiden 1881. *Als Ergänzung zu den vorhandenen arabischen
  Wörterbüchern gedachtes Belegwörterbuch.*

Arabische
Wörterbücher

- Edward W. Lane: An Arabic-English Lexicon, 8 Bde., Edinburgh
  1863–93. *Lexikon des klassischen Arabisch auf der Grundlage
  verschiedener arabischer Nationallexika, komplett nur bis zum
  Buchstaben Qâf.*

- Götz Schregle: Deutsch-Arabisches Wörterbuch, Wiesbaden 1974.
  *Teilweise durch süddeutsche sprachliche Sonderformen geprägtes,
  umfängliches Wörterbuch.*

- Manfred Ullmann: Wörterbuch der klassischen Arabischen Sprache
  (WKAS), Wiesbaden 1970ff. *Als Belegwörterbuch angelegtes Lexikon des klassischen Arabisch, beginnend mit dem Buchstaben Kâf;
  zunächst als Ergänzung der fehlenden Lemmata bei Lane gedacht.*

- Hans Wehr: Arabisches Wörterbuch für die Schriftsprache der
  Gegenwart, 5. Auflage, Wiesbaden 1985. *Immer noch das wichtigste lexikalische Hilfsmittel für die moderne arabische Schriftsprache.*

- Heinrich Junkers / Bozorg Alavi: Persisch-Deutsches Wörterbuch,
  Leipzig 1965. *Für das moderne Persisch gedachtes Lexikon, das
  auch bei klassischen Texten nützlich ist.*

Persische
Wörterbücher

- Francis Steingass: A comprehensive Persian-English Dictionary
  [1930], Nachdruck der 8. Auflage, London u. a. 1998. *Vor allem
  für die mittelalterliche persische Sprache verlässliches Lexikon.*

- James W. Redhouse: A Turkish and English Lexicon, Konstan-
  tinopel 1890. *Immer noch nützliches Lexikon für das osmanische
  Türkisch.*

Türkische
Wörterbücher

- Karl Steuerwald: Deutsch-Türkisches Wörterbuch, Wiesbaden 1988.
  Umfangreiches, für das moderne Türkisch konzipiertes Lexikon.

15.2 Gesamtdarstellungen

- Werner Ende / Udo Steinbach (Hg.): Der Islam in der Gegenwart,
  5. Auflage, München 2005. *Erfolgreichste und immer wieder über-
  arbeitete Gesamtdarstellung der islamischen Welt in allen ihren
  Aspekten.*

- Fischer Weltgeschichte, 36 Bde., Frankfurt a. M. 1965ff. *Standard-werke zur Geschichte der jeweiligen Regionen, wobei die Darstel-lungen zum Islam in Afrika, Süd- und Südostasien nicht im Mittel-punkt des Interesses stehen.*

- Ulrich Haarmann: Geschichte der arabischen Welt, 3. Auflage, München 1994. *Sorgfältige, gut lesbare Darstellung der arabischen Geschichte von den Anfängen bis in die Gegenwart.*

- Peter Heine: Der Islam, erschlossen und kommentiert, Düsseldorf 2007. *Versuch einer Zusammenschau der verschiedenen Aspekte von Religion, Geschichte und Kultur des Islams.*

- Lapidus, Ira: A History of Islamic Societies, 2. Auflage, Cambridge 2002. *Vollständiger Überblick über die geschichtliche und gesell-schaftliche Entwicklung des Islams zwischen Westafrika und Indo-nesien.*

- Schulze, Reinhard: Geschichte der islamischen Welt im 20. Jahr-hundert, München 1994. *Kontrovers debattierte Darstellung der islamischen Welt in der jüngsten Vergangenheit und in der Gegen-wart.*

15.3 Literatur- und Kulturgeschichte

Literaturgeschichten

- Franz Babinger: Die Geschichtsschreiber der Osmanen und ihre Werke (GOW), Leipzig 1927. *Standardwerk zur Historiografie in der osmanischen Literaturgeschichte.*

- Carl Brockelmann: Geschichte der arabischen Litteratur (GAL), 2., den Supplementbänden angepasste Auflage, 2 Bde. und Supple-mentbände 1–3, Leiden 1943–49. *Eines der wichtigsten Hilfsmit-tel für die Arabistik und Islamwissenschaft, nicht ganz einfach zu benutzen.*

- Edward G. Browne: A Literary History of Persia, 4 Bde., London 1922–24. *Häufig zitierte Geschichte der persischen Literatur, die für die neuere Zeit davon profitiert, dass der Verfasser die von ihm besprochenen Autoren in vielen Fällen persönlich kannte.*

- Hamilton Gibb / Jacob Landau: Arabische Literaturgeschichte, Zürich 1968. *Knappe Überblicksdarstellungen für die arabische klassische und moderne Literatur; methodisch inzwischen ein wenig altmodisch.*

- Jan Rypka: Iranische Literaturgeschichte, Leipzig 1959. *Standarddarstellung der persischen Literaturgeschichte mit einem Schwerpunkt auf den klassischen Texten.*

- Fuad Sezgin: Geschichte des arabischen Schrifttums (GAS), 10 Bde., Leiden 1967. *In einigen Schlussfolgerungen kontrovers beurteilte, als Referenzwerk aber unverzichtbare Gesamtdarstellung der klassischen arabischen Literatur.*

- Charles A. Storey: Persian Literature. A Bio-Bibliographical Survey, London 1927ff. *Grundlegender Überblick über die persische Literatur.*

Kulturgeschichte

- Muhammad M. Ahsan: Social Life under the Abbasids, London 1979. *Eher eine Kultur- als eine Sozialgeschichte des islamischen Mittelalters mit zahlreichen interessanten Einblicken auch in die materielle Kultur.*

- Soraya Faroqhi: Kultur und Alltag im Osmanischen Reich, München 1995. *Inhaltlich weit gefasste und quellenreiche Darstellung des Lebens im Osmanischen Reich.*

- Adam Mez: Renaissance des Islam, Heidelberg 1922. *Faktenreiche, heute unter methodologischen Gesichtspunkten veraltete Darstellung der mittelalterlichen islamischen Welt mit einem irreführenden Titel.*

15.4 Koran, Hadîth, Recht und Religion

Koran

- Theodor A. Khoury: Der Koran, 4. Auflage, Gütersloh 2007. *Gut lesbare, auch von muslimischen Autoritäten gebilligte Übersetzung.* Übersetzungen

- Rudi Paret: Der Koran, Stuttgart 1982. *Häufig umständliche, auf äußerste Präzision der Wiedergabe abzielende Übersetzung.*

- Friedrich Rückert: Der Koran [posthum 1888], Würzburg 2001. *Nachdichtung des deutschen Dichters und Orientalisten, dem es gelingt, beim Leser Verständnis für die Sprachgewalt des Originaltextes zu wecken.*

Kommentare und Exegese

- Regula Forster: Methoden der mittelalterlichen Koranexegese am Beispiel von Q 53, Bd. 1–18, Berlin 2001. *Kluger Überblick über die verschiedenen Arten und Methoden der Kommentierung und Erläuterung des Korans durch Muslime.*

- Theodor A. Khoury: Der Koran. Arabisch-Deutsch. Übersetzung und wissenschaftlicher Kommentar, 21 Bde., Gütersloh 1990–2001. *Vielbändiger Kommentar auf der Basis vor allem der mittelalterlichen Koranexegese mit einigen Exkursen zu komplexen Fragestellungen.*

- Theodor Nöldeke: Geschichte des Korans, 3 Bde., Leipzig 1909–38. *Die erste und immer noch lesenswerte historisch-kritische Darstellung der Textgeschichte des Korans.*

- Rudi Paret: Der Koran. Kommentar und Konkordanz, Stuttgart 1971. *Als Ergänzung und Erläuterung zu Parets Koranübersetzung unverzichtbar.*

Hadîth

- Theodor A. Khoury: So sprach der Prophet. Worte aus der islamischen Überlieferung, Gütersloh 1988. *Zusammenstellung etlicher Prophetentraditionen, nach verschiedenen inhaltlichen Schwerpunkten geordnet.*

- Theodor A. Khoury: Der Hadîth. Urkunde der islamischen Tradition, ausgewählt und übersetzt, Bd. 1: Der Glaube, Gütersloh 2008. *Diese auf mehrere Bände projektierte Auswahl von Prophetentraditionen in deutscher Übersetzung ist ein erster Zugang zu dieser bedeutenden islamischen Rechtsquelle für Leser ohne Arabisch-Kenntnisse.*

- Arent J. Wensinck: Concordance et indices de la tradition Musulmane, 8 Bde., Leiden 1936–69. *Auch von Muslimen verwendete umfangreiche Konkordanz der kanonischen sunnitischen Hadîth-Sammlungen, alphabetisch nach den arabischen Begriffen geordnet.*

Recht

- Noel J. Coulson: A History of Islamic Law, Edinburgh 1964. *Überblicksdarstellung über die Grundbegriffe, die Geschichte und Entwicklung des islamischen Rechts.*

- Birgit Krawietz: Hierarchie der Rechtsquellen im tradierten sunnitischen Islam, Berlin 2002. *Faktenreiche Darstellung und Erläuterung der Terminologie des islamischen Rechts auf der Basis von klassischen und modernen juristischen Quellen.*

- Harald Motzki: The Origins of Islamic Jurisprudence, Leiden 2002. *Lesenswerte Auseinandersetzung mit den Vertretern einer älteren Auffassung von der Geschichte des islamischen Rechts.*

Religion

- Heinz Halm: Die Schia, Darmstadt 1988. *Kompetente Darstellung der religiösen, theologischen und politischen Geschichte der verschiedenen schiitischen Gruppierungen.*

- Tilman Nagel: Geschichte der islamischen Theologie, München 1994. *Überblick über die Geschichte der islamischen Dogmatik mit besonderer Berücksichtigung der Entwicklung des sunnitischen Islams.*

- Tilman Nagel: Staat und Glaubensgemeinschaft im Islam. Geschichte der politischen Ordnungsvorstellungen der Muslime, 2 Bde., Zürich 1981. *Inhaltsreiche Darstellung der Entwicklung des politischen Denkens im Islam von den Anfängen bis in die allerjüngste Vergangenheit.*

- Annemarie Schimmel: Mystische Dimensionen des Islams. Die Geschichte des Sufismus, München 1995. *Viel gelesener Überblick über die Geschichte der islamischen Mystik mit einem inhaltlichen Schwerpunkt auf den Einzelgestalten des Sufitums.*

15.5 Zeitschriften

Zeitschriften allgemein orientalistischer Art

- Bulletin of the School of Oriental and African Studies (BSOAS), hg. für die School of Oriental and African Studies, Bd. 1ff., Cambridge (ursprünglich London) 1939ff. *Publikationsorgan der angesehenen britischen Lehr- und Forschungseinrichtung in London.*

- Journal of the American Oriental Society (JAOS), hg. von der American Oriental Society, Bd. 1ff., New Haven u. a. 1843ff. *Angesehenes Publikationsorgan in den USA mit einem thematischen Schwerpunkt in der Alt-Orientalistik.*

- Journal of the Economic and Social History of the Orient – Journal d'histoire économique et sociale de l'orient (JESHO), Bd. 1ff., Leiden 1957ff. *Zeitschrift zur Sozial- und Wirtschaftsgeschichte des Orients vom Alten Orient bis in die Gegenwart.*

- Orientalistische Literaturzeitung (OLZ), hg. für das Institut für Asien- und Afrikawissenschaft der Humboldt-Universität zu Berlin, Bd. 1ff., Berlin 1898ff. *Rezensionszeitschrift für die gesamte Orientalistik, in der neben Buchbesprechungen Rezensionsartikel erscheinen.*

- Wiener Zeitschrift für die Kunde des Morgenlandes (WZKM), hg. für das Institut für Orientalistik der Universität Wien, Bd. 1ff., Wien 1884ff. *Traditionsreiches Publikationsorgan der Wiener Orientalistik, inhaltlich daher abhängig von der personellen Situation an der Wiener Universität.*

- Zeitschrift der Deutschen Morgenländischen Gesellschaft (ZDMG), hg. für die Deutsche Morgenländische Gesellschaft, Bd. 1ff., Wiesbaden 1847ff. *Älteste deutsche orientalistische Zeitschrift mit einem traditionellen Schwerpunkt im philologischen Bereich.*

Islamwissenschaftliche Zeitschriften

- Al-Andalus, hg. für das Istituto Miguel Asín de Estudios Árabes, Bd. 1ff., Madrid 1933ff. *Spanische islamwissenschaftliche Zeitschrift mit einem regionalen und thematischen Schwerpunkt auf dem Islam in Spanien und Nordafrika.*

- Al-Qantara, Revista de estudios árabes, hg. für die arabistischen Institute von Madrid und Granada, Bd. 1ff., Madrid, 1980ff. *Fortsetzung von al-Andalus mit einem stärkeren Bezug zu Themen der modernen islamischen Welt.*

- Annales Islamologiques, hg. für das Institut Français d'Archéologie Orientale, Bd. 1ff., LeClaire 1984ff. *Französische Zeitschrift mit einem methodisch-thematischen Schwerpunkt im Bereich der Sozial- und Politikgeschichte.*

- Arabica, Revue d'études arabes – Journal of Arabic and Islamic Studies, Bd. 1ff., Leiden 1954ff. *Französische Zeitschrift mit einem*

Schwerpunkt im Bereich der arabischen klassischen und modernen Literatur.

- **Die Welt des Islams. International journal for the study of modern Islam (WI),** hg. für die Deutsche Gesellschaft für Islamkunde, Bd. 1ff., Leiden 1913ff. NS. Bd. 1ff, 1950ff. *Zeitschrift, die sich vornehmlich mit der modernen und aktuellen Entwicklung in der islamischen Welt befasst.*

- **Der Islam. Zeitschrift für Kultur und Geschichte des islamischen Orients,** hg. für die Deutsche Morgenländische Gesellschaft, Bd. 1ff., Berlin 1910. *Älteste deutsche Zeitschrift, die sich ausschließlich mit dem Islam befasst, Schwerpunkt im Bereich des klassischen Islams.*

- **International Journal of Middle East Studies (IJMES),** Bd. 1ff., Cambridge 1970ff. *International renommierte amerikanische Zeitschrift für die wissenschaftliche Befassung mit der politischen und gesellschaftlichen Entwicklung im Nahen Osten seit dem 17. Jahrhundert.*

- **Oriens,** hg. für die International Society for Oriental Research, Bd. 1ff., Leiden 1948ff. *Deutsche Zeitschrift mit einem Schwerpunkt in der Geschichte und Literatur des klassischen Islams.*

- **The Middle East Journal,** hg. für das Middle East Institute (MEJ), Bd. 1ff., Washington, Washington 1947ff. *Amerikanische Zeitschrift mit einem breiten thematischen, auf die Moderne bezogenen Spektrum.*

- **Studia Islamica (StIsl),** Bd. 1ff., Paris 1953ff. *Französische Zeitschrift mit einem weiten Spektrum an islamwissenschaftlichen Themen von der islamischen Frühzeit bis zur Moderne.*

- **The Islamic Quarterly (IQ). A review of islamic culture,** hg. für das Islamic Cultural Center, London, Bd. 1ff., London 1954ff. *Britische Zeitschrift mit einem Schwerpunkt in der islamischen Geschichte Südasiens und der islamischen Kulturgeschichte.*

- **The Muslim World (MW),** hg. für das Duncan Black McDonald Center, Hartford Seminary, Bd. 1ff., Oxford 1911ff. *Ursprünglich als Organ für die ‚Mohammedaner-Mission‘ gedachte Zeitschrift, die sich inzwischen zu einer vielseitigen, religiös neutralen Publikation entwickelt hat.*

16 Anhang

16.1 Zitierte Literatur

Abaza 2006 Mona Abaza: The Changing Consumer Cultures of Modern Egypt. Cairo's Urban Reshaping, Kairo 2006.

Abun-Nasr 1965 Jamil M. Abun-Nasr: The Tidjaniyya. A Sufi order in the Modern World, London 1965.

Anonym 1928 Anonym: Der Koran, in: Iris. Unterhaltungsblatt für Freunde des Schönen und Nützlichen, Frankfurt a. M. 1828.

Baer 1969 Gabriel Baer: Studies in the Modern History of Egypt, Chicago 1969.

Behrman 1970 Lucy Behrmann: Muslim Brotherhood and Politics in Senegal, Cambridge/Mass. 1970.

Benedikt XVI. 2006 Benedikt XVI.: Glaube, Vernunft und Universität. Erinnerungen und Reflexionen. Ansprache von Papst Benedikt XVI. beim Treffen mit den Vertretern aus dem Bereich der Wissenschaften in der Aula Magna der Universität Regensburg am 12. 9. 2006, in: Der Heilige Stuhl, Web-Adresse: www.vatican.va/, Pfad: Archiv der Päpste/Benedikt XVI./Ansprachen/2006/September/Apostolische Reise nach München, Altötting und Regensburg (9.–14. September 2006)/Treffen mit den Vertretern der Wissenschaft in der Aula Magna der Universität Regensburg (12. September 2006). Zugriff vom 6. 8. 2006.

Bertelsmann Stiftung 2008 Bertelsmann Stiftung: Religionsmonitor 2008. Muslimische Religiosität in Deutschland. Überblick zu religiösen Einstellungen und Praktiken, Gütersloh 2008.

Bloom 2007 Jonathan M. Bloom: Arts of the City Victorious. Islamic Art and Architecture in Fatimid North Africa and Egypt, New Haven 2007.

Bobzin 1995 Hartmut Bobzin: Der Koran im Zeitalter der Reformation, Stuttgart 1995.

Bobzin 1999 Hartmut Bobzin: Der Koran. Eine Einführung, München 1999.

Bonney 2004 Richard Bonney: Jihâd. From Qur´an to Bin Laden, Houndmills 2004.

Brettfeld/Wetzels 2007 Katrin Brettfeld/Peter Wetzels: Muslime in Deutschland. Integration, Integrationsbarrieren, Religion und Einstellungen zu Demokratie, Rechtsstaat und politisch-religiös motivierter Gewalt, Bonn 2007.

Bulliet 1979 Richard W. Bulliet: Concersion to Islam in the Medieval Period. An Essay in Quantitative History, Cambridge/London 1979.

Burckhardt 1831 Johann Ludwig Burckhardt: Bemerkungen über die Beduinen und Wahaby. Gesammelt während seiner Reise im Morgenlande, Weimar 1831.

Crone 2006 Patricia Crone: *What do we actually know about Muhammad* (2006), Web-Adresse: www.opendemocracy.net/faith-europe_islam/mohammed_3866.jsp. Zugriff vom 6. 8. 2008.

Crone/Cook 1977 Patricia Crone/Michael Cook: Hagarism. The Making of the Islamic World, Cambridge 1977.

Damir-Geilsdorf 2003 Sabine Damir-Geilsdorf: Herrschaft und Gesellschaft. Der islamistische Wegbereiter Sayyid Qutb und seine Rezeption, Würzburg 2003.

Diba 2000 Layla S. Diba: The Qajar Court Painter Yahya Ghaffari, in: Robert Hillenbrand (Hg.), Persian Painting from the Mongols to the Qajars, London 2000, S. 83–99.

Douglas 1966 Mary Douglas: Purity and Danger. An Analysis of Concepts of Pollution and Taboo, London 1966.

Dozy 1834 Reinhard Dozy: Dictionnaire détaillé des noms des vêtements chez les Arabes, Amsterdam 1834.

Ettinghausen 1962 Richard Ettinghausen: Arabische Malerei, Genf 1962.

Evans-Pritchard 1949 Edward E. Evans-Prichard: The Sanusi of Cyrenaica, London 1949.

Faath 2003 Sigrid Faath: Islamische Stiftungen und wohltätige Einrichtungen mit entwicklungspolitischer Zielsetzung in arabischen Staaten, Hamburg 2003.

Fähndrich 1976 Hartmuth Fähndrich: Invariable Factors Underlying Theodor Noeldeke's Orientalische Skizzen, in: Abhandlungen der Akademie der Wissenschaften zu Göttingen, Phil.-Hist. Klasse, 3. Folge, Nr. 98, Göttingen 1976, S. 146–154.

Faroqhi 1984 Suraiya Faroqhi: Towns and Townsmen of Ottoman Anatolia. Trade, Crafts and Food Production in an Urban Setting, 1520–1650, Cambridge 1984.

Feindt-Riggers 1997 Nils Feindt-Riggers: Islamische Organisation in Deutschland, Hamburg 1997.

Fischer 1982 Wolfdietrich Fischer (Hg.): Grundriss der arabischen Philologie, Bd. I, Wiesbaden 1982.

Fischer 1984 Wolfram Fischer: Periodische Märkte im Vorderen Orient dargestellt an Beispielen aus Nordanatolien (Türkei) und Nordafghanistan, Hamburg 1984.

Foster 1970 Benjamin R. Foster: Agoranomos and Muhtasib, in: Journal of the Social and Economic History of the Orient 13, 1970, S. 128–144.

Fragner 1994 Bert G. Fragner: Social Reality and Culinnary Fiction. The Perspective of Cookbooks from Iran and Central Asia, in: Sami Zubaida und Richard Tapper (Hg.), Culinary Cultures of the Middle East, London 1994, S. 63–71.

Freeman 1977 Michael Freeman: Sung, in: Kwang-chi (Hg.), Food in Chinese Culture, New Haven 1977, S. 141–176.

Gaffney 1994 Patrick D. Gaffney: The Prophet's pulpit. Islamic Preaching in contemporary Egypt, Berkeley 1994.

Garboriau 1986 Marcel Gaborieau: Le néo-fondamentalisme au Pakistan. Maududi et la Jamâ´at-i islami, in: Olivier Carré/Paul Dumont (Hg.), Radicalisme islamique, Bd. 2: Maroc, Pakistan, Inde, Yougoslavie, Mali, Paris 1986, S. 33–76

Geertz 1979 Clifford Geertz: Suq. The Bazar Economy in Sefrou, in: Clifford Geertz/Hildred Geertz/Lawrence Rosen (Hg.), Meaning an Order in Moroccan Society. Three Essays in Cultural Analysis, Cambridge 1979, S. 123–313.

Ghadban 2000 Ralph Ghadban: Die Libanon-Flüchtlinge in Berlin, Berlin 2000

Al-Ghazzâlî 1964 Abu H. M. Al-Ghazzâlî: Über die guten Sitten beim Essen und Trinken. Das ist das 11. Buch von al-Ghazzâlî's Hauptwerk, Übersetzung und Bearbeitung als ein Beitrag zur Geschichte unserer Tischsitten von Hans Kindermann, Leiden 1964.

Goethe 1994 Johann Wolfgang von Goethe: West-östlicher Divan, in: Johann Wolfgang von Goethe: Sämtliche Werke, Abt. I, Bd. 3, 2, hg. und kommentiert von Friedmar Apel, Frankfurt a. M. 1994.

Goldziher 1888 Ignaz Goldziher: Muhammedanische Studien II, Halle 1888.

Goody 1982 Jack Goody: Cooking, Cuisine and Class. A Study in Comparative Sociology, Cambridge 1982.

Grabar 1977 Oleg Grabar: Die Entstehung der islamischen Kunst, Köln 1977.

Grotzfeld 1970   Heinz Grotzfeld: Das Bad im arabisch-islamischen Mittelalter, Wiesbaden 1970.

Grunebaum 1955   Gustav von Grunebaum: Die islamische Stadt, in: Saeculum. Jahrbuch für Universalgeschichte 6, 1955, S. 138–153.

Hagemann 1999   Ludwig Hagemann: Christentum contra Islam. Eine Geschichte gescheiterter Beziehungen, Darmstadt 1999.

Hagemann 2005   Ludwig Hagemann: Christentum contra Islam. Eine Geschichte gescheiterter Beziehungen, Darmstadt 2005.

Hagen / Seidensticker 1998   Gottfried Hagen / Tilman Seidensticker: Reinhard Schulzes Hypothesen einer islamischen Aufklärung, in: Zeitschrift der Deutschen Morgenländischen Gesellschaft 148, 1998, S. 83–110.

Hanisch 2000   Ludmilla Hanisch (Hg.): „Maschen Sie doch unseren Islam nicht gar zu schlecht." Der Briefwechsel zwischen den Islamwissenschaftlern Ignaz Goldziher und Martin Hartmann, 1894–1914, Mainz 2000.

Harris 1985   Marvin Harris: Good to Eat. Riddles of Food and Culture, New York 1985.

Heine 1979   Peter Heine: Roß ohne Reiter. Überlegungen zu den Taʿziya-Feiern der Schiiten des Iraq, in: Zeitschrift für Missions- und Religionswissenschaft (ZMR) 69, 1979, S. 25–33.

Heine 1980   Peter Heine: Der Islam in der Bundesrepublik Deutschland, in: Günter Kehrer (Hg.), Forum Religionswissenschaft 2, München 1980, S. 77–92.

Heine 1983   Peter Heine: Radikalmuslimische Organisationen im heutigen Ägypten, in: Zeitschrift für Missions- und Religionswissenschaft 67, 1983, S. 110–119.

Heine 1986   Peter Heine: Die Farmawiyya. Volksreligion und Politik im modernen Ägypten, in: Die Welt des Islams 26, 1986, S. 28–45.

Heine 1997   Peter Heine: Die Kontinuität von Feindbildern. Der Islam, in: Asien, Afrika, Lateinamerika 25, 1997, S. 303–310.

Heine 2007   Peter Heine: Der Islam, erschlossen und kommentiert von Peter Heine, Düsseldorf 2007.

Heitmeyer 1997   Wilhelm Heitmeyer u. a.: Verlockender Fundamentalismus. Türkische Jungendliche in Deutschland, Frankfurt a. M. 1997.

Heller 1996   Hartmut Heller: Beutetürken. Deportation und Assimilation im Zuge der Türkenkriege des 16. und 17. Jahrhundert, in: Günter Höpp (Hg.), Fremde Erfahrungen. Asiaten und Afrikaner in Deutschland, Österreich und der Schweiz bis 1945, Berlin 1996, S. 159–167.

Höpp 1995   Gerhard Höpp: Ruhmloses Zwischenspiel. Fawzi al-Qawiqji in Deutschland. 1941–1947, in: al-Rafidayn. Jahrbuch zu Geschichte und Kultur des modernen Iraq 3, 1995, S. 19–46.

Höpp 1996   Gerhard Höpp: Die Privilegien der Verlierer. Über Status und Schicksal muslimischer Kriegsgefangener und Deserteure in Deutschland während des Ersten Weltkriegs und in der Zwischenkriegszeit, in: Gerhard Höpp (Hg.), Fremde Erfahrungen. Asiaten und Afrikaner in Deutschland, Österreich und der Schweiz bis 1945, Berlin 1996, S. 185–210.

Höpp 2002   Gerhard Höpp (Hg.): Musfti Papiere. Briefe, Memoranden, Reden und Aufrufe Amin al-Husainis aus dem Exil, 1940–1945, Berlin 2002.

Jansen 1985   Johan J. G. Jansen: The Creed of Sadad's Assassins. The Content of the ‚Forgotten Duty' analyzed, in: Die Welt des Islams 25, 1985, S. 1–30.

Johansen 1999   Baber Johansen: The all-embracing town and its Mosques. Al-Misr al-Gamiʿ, in: Baber Johansen (Hg.), Contingency in a sacred law. Legal and ethical norms in Muslim fiqh, Leiden 1999, S. 77–106.

de Jong 1974 Frederik S. de Jong: Rezension von Michael Gilsenan: Saint and Sufi in Modern Egypt, in: Journal of Semitic Studies, 19, 1974, S. 322–328.

de Jong 1978 Frederik S. de Jong: Turuq and Turuq-Linked Institutions in Nineteenth Century Egypt, Leiden 1978.

de Jong 1983 Frederik S. de Jong: Aspects of the political involvement of sufi orders in twentieth century Egypt (1907–1979), in: Gabriel Warburg / Uri M. Kupferschmidt (Hg.), Islam, Nationalism, and Radicalism in Egypt and Sudan, New York 1983, S. 183–214.

Juynboll 1983 Gauthier H. A. Juhnboll: Muslim Traditions. Studies in Chronology, Provenance and Authorship of early Hadith, Cambridge 1983.

Kelek 2007 Necla Kelek: Freiheit werden muslimische Frauen sich selbst erstreiten müssen, in: Spiegel Wissen Online, 27. 4. 2007, Web-Adresse: www.wissen.spiegel.de (Suchbegriff „Kelek muslimische Frauen“, Zeitraum „2007“ bis „2007“). Zugriff vom 6. 8. 2008.

Kepel 2006 Gilles Kepel (Hg.): Al Qaida. Texte des Terrors, München 2006.

Khoury / Heine / Oebecke 2000 Adel T. Khoury / Peter Heine / Janbernd Oebecke: Handbuch Recht und Kultur des Islams in der deutschen Gesellschaft, Gütersloh 2000.

King 1985 Geoffrey King: Islam, Iconoclasm and the Declaration of Doctrines, in: Bulletin of the School of Asian and African Studies 48, 1985, S. 267–277.

Kirli 2005 Cengiz Kirli: Coffeehouses. Public Opinion in 19th Century Ottoman Empire, in: Armando Salvatore / Dale Eickelman (Hg.), Public Islam and the Common Good, Leiden S. 75–97.

Klinkhammer 2000 Gritt M. Klinkhammer: Moderne Formen islamischer Lebensführung. Eine qualitativ-empirische Untersuchung zur Religiosität sunnitisch geprägter Türkinnen der zweiten Generation in Deutschland, Marburg 2000.

Kogelmann 1999 Franz Kogelmann: Islamische fromme Stiftungen und Staat. Der Wandel in den Beziehungen zwischen einer religiösen Institution und dem marokkanischen Staat seit dem 19. Jahrhundert bis 1937, Würzburg 1999.

Krawietz 2002 Birgit Krawietz: Die Hierarchien der islamischen Rechtsquellen, Berlin 2002.

Kreiser 1997 Klaus Kreiser: Public Monuments in Turkey and Egypt, 1840–1916, in: Muqarnas 14, 1997, S. 103–117.

Lange 1996 Andreas Lange: Exotismen in der Architektur. Versuch einer Gegenüberstellung von Chinoiserie, Ägyptenmode und islamisierender Architektur, in: Gerhard Höpp (Hg.), Fremde Erfahrungen. Asiaten und Afrikaner in Deutschland, Österreich und der Schweiz bis 1945, Berlin 1996, S. 435–459.

Lapidus 1967 Ira M. Lapidus: Muslim cities in the later Middle Ages, Cambridge 1967.

Lemaire 2000 Gérard-Georges Lemaire: Orientalismus. Das Bild des Morgenlandes in der Malerei, Köln 2000.

Lemmen 1998 Thomas Lemmen: Türkisch-islamische Organisationen in Deutschland. Eine Handreichung, Altenberge 1998.

Lüling 1974 Günther Lüling: Über den Urkoran. Ansätze zur Rekonstruktion vorislamischer christlicher Strophenlieder im Koran, Erlangen 1974.

Luxenberg 2000 Christoph Luxenberg: Die syro-aramäische Lesart des Korans. Ein Beitrag zur Entschlüsselung der Koransprache, Berlin 2000.

Marcais 1957 Marcais Georges: La questin des images dans l'art musulman, in: melanges d'histoire et d'archéologie de l'Occident musulman 1, 1957, Algier S. 67–79.

Martin 1976 Bradford G. Martin: Muslim Brotherhoods in 19th Century Africa, Cambridge 1976.

May 1951   Karl May: Am Jenseits, Bamberg 1951.

McCabe 1979   Justine McCabe: The Status of Aging Women in the Middle East. The process of the life cycle of rural Lebanese women, Durham 1979.

McCabe 1983   Justine McCabe: FBD Marriage. Further Support for the Westermarck Hypothesis of the Incest Taboo?, in: American Anthropologist 85, 1983, S. 50–69.

Meier 1992   Fritz Meier: Der Derwischtanz, in: ders., Bausteine I. Ausgewählte Aufsätze zur Islamwissenschaft, Stuttgart 1992, S. 23–52.

Mohr 2006   Irka Mohr: Islamischer Religionsunterricht in europäischen Lehrtexten. Muslimische Selbstverortung im Vergleich, Bielefeld 2006.

Motzki 2002   Harald Motzki: The Origins of Islamic Jurisprudence. Meccan Fiqh before the Classical Schools, Leiden 2002.

Naef 1997   Silvia Naef: Communisme athée ou démocratie imperialist? Le choix difficile d'un alim chiite dans les premières années de la guerre froide, in: Wilfred Madelung u. a. (Hg.), Proceedings of the 17th Congress of the UEAI, St. Peterburg 1997, S. 134–145.

Naef 2007   Silvia Naef: Bilder und Bilderverbot im Islam. Vom Koran bis zum Karikaturenstreit, München 2007.

Nagel 2002   Tilman Nagel: Der Koran. Einführung, Texte, Erläuterungen, München 2002.

O'Fahey / Radtke 1993   Rex S. O'Fahey / Bernd Radtke: Neo-Sufism Reconsidered, in: Der Islam 70, 1993, S. 52–87.

O'Shaughnessy 1991   Thomas J. O'Shaughnessy: The Qur'anic view of old and youth age, in: Zeitschrift der Deutschen Morgenländischen Gesellschaft 141, 1991, S. 33–45.

Özyurt 1972   Senol Özyurt: Die Türkenlieder und das Türkenbild in der deutschen Volksüberlieferung vom 16. bis zum 20. Jahrhundert, München 1972.

Peskes 2000   Esther Peskes: Die Wahhabiya als innerislamisches Feindbild. Zum Hintergrund anti-wahhabitischer Publikationen in der zeitgenössischen Türkei, in: Die Welt des Islams 40, 2000, S. 344–374.

Petrus Venerabilis 1985   Petrus Venerabilis: Schriften zum Islam, hg., ins Deutsche übers. und komm. von Reinhold Glei. Altenberge 1985.

Prätor 1985   Sabine Prätor: Türkische Freitagspredigten. Studien zum Islam in der heutigen Türkei, Berlin 1985.

Al-Qaradawi 1989   Jusuf al-Qaradawi: Erlaubtes und Verbotenes im Islam, München 1989.

Radtke 1994   Bernd Radtke: Erleuchtung und Aufklärung. Islamische Mystik und europäische Aufklärung, in: Die Welt des Islams 34, 1994, S. 48–66.

Rayes 1957   Georges Rayes: L'art culinaire Libanais, Beirut 1957.

Reiss 2008   Tom Reiss: Der Orientalist. Auf den Spuren von Esad Bey, Berlin 2008.

Reissner 1980   Johannes Reissner: Ideologie und Politik der Muslimbrüder Syriens, Freiburg 1980.

Ricoldus 1997   Ricoldus de Monte Crucis: Pérégrination en Terre Sainte et au Proche Orient. Texte latin et traduction. Lettres sur la chute des Saint-Jean d'Arce, Paris 1997.

Ridâ 1353 Hijra   Muhammad Rashîd Ridâ: al-Manâr wa-l-Azhar, Kairo 1353 Hijra.

Ritter 1955   Hellmut Ritter: Das Meer der Seele, Leiden 1955.

Said 1981   Edward Said: Orientalismus, Berlin 1981.

Salim 1977   Nizâr Salim: Iraq Contemporary Art, Bd. 1: Painting, Lausanne 1977.

Sander 2005 Paul Sander: Paradigmenwechsel. Entwicklung und Veränderung des imamitischen Denkens im Licht der schiitischen Traditionssammlungen, in: Claude Gilliot / Tilman Nagel (Hg.), Das Prophetenhadît. Dimensionen einer islamischen Literaturgattung, Göttingen 2005, S. 70–83.

Schacht 1950 Joseph Schacht: The Origins of Muhammadan Juriprudence, Oxford 1950.

Schiffauer 2007 Werner Schiffauer: Nicht-intendierte Folgen der Sicherheitspolitik nach dem 11. September, in: Kurt Graulich / Dieter Simon (Hg.), Terrorismus und Rechtsstaatlichkeit. Analysen, Handlungsoptionen, Perspektiven, Berlin 2007, S. 361–375.

Schimmel 1979 Annemarie Schimmel: Mystische Dimensionen des Islam, Köln 1979.

Schoeler 1996 Gregor Schoeler: Charakter und Authentie der muslimischen Überlieferung über das Leben Muhammads, Berlin 1996.

Schöller 1998 Marco Schöller: Exegetisches Denken und Prophetenbiographie, Wiesbaden 1998.

Schulze 1996 Reinhard Schulze: Was ist islamische Aufklärung?, in: Die Welt des Islams 36, 1996, S. 276–325.

Sezgin 1967ff. Fuat Sezgin: Geschichte des arabischen Schrifttums, Bd. 1 ff., Leiden 1967ff.

Smith 1928 Margaret Smith: Rabi' a & her fellow-saints in Islam, Cambridge 1928.

Smith 1954 Mary F. Smith: Baba of Karo, London 1954.

Tabataba'i 1978 Muhammad Hussein Tabataba'i: Shiite Islam, New York 1978.

Trimingham 1971 John Spencer Trimingham: The Sufi Orders in Islam, Oxford 1971.

Troin 1975 Jean-Francois Troin: Les souks marocaines. Marchées ruraux et organisation de l'espace dans la moitié nord du Maroc, Bd. 1, Aix-en-Provence 1975.

Al-Umarî 1969 Khayrî Al-Umarî: Hikayât siyasiyya min tarîkh al-'irâq al-hadîth, Beirut 1969.

Vatikanisches Konzil 1965 Nostra Aetate. Über das Verhältnis der Kirche zu den nichtchristlichen Religionen, Erklärung des Zweiten Vatikanischen Konzils am 28. 10. 1965, in: Der Heilige Stuhl, Web-Adresse: www.vatican.va/, Pfad: Grundlegende Texte / II. Vatikanisches Konzil / Erklärungen / Nostra Aetate. Zugriff vom 6. 8. 2008.

Wagner 1978 Ewald Wagner: Rezension zu Cook, M. und Crone, P.: Hagarism, in: Zeitschrift der Deutschen Morgenländischen Gesellschaft 128, 1978, S. 411.

Wansbrough 1977 John Wansbrough: Quranic Studies. Sources and Methods of Scriptural Interpretation, Oxford 1977.

Wikan 1982 Unni Wikan: Behind the Veil in Arabia, Baltimore 1982.

Wirth 1974 Eugen Wirth: Zum Problem des Bazars. Versuch einer Begriffsbestimmung und Theorie des traditionellen Wirtschaftszentrums der orientalisch-islamischen Stadt, in: Der Islam 51, 1974, S. 203–260; 52, 1975, S. 174–222.

Wirth 1991 Eugen Wirth: Zur Konzeption der islamischen Stadt. Privatheit im islamischen Orient versus Öffentlichkeit in Antike und Okzident, in: Die Welt des Islams 31, 1991, S. 50–92.

16.2 Abbildungsverzeichnis

Abbildung 1: Théodore Chassériau: *Reiterbildnis des Ali Ben Bahmed, Kalifen von Constantine und Häuptling der Harakta, mit seinem Gefolge* (1845).

Abbildung 2: Aufgeschlagener Koran (1983), Skulptur am Eingang der König-Saud-Universität in Riad. Silvia Naef, Genf.

Abbildung 3: Türkische Zierkachel mit der Inschrift *Wie Gott will*, Keramik (19. Jh.). akg-images.

Abbildung 4: Die Themen der Prophetentraditionen.

Abbildung 5: Marokkanische Gerichtssekretärin an der Schreibmaschine (1970er-Jahre).

Abbildung 6: Die Goldene Moschee von Samarra (Irak) (2006). picture-alliance / dpa.

Abbildung 7: Der Tanz der Derwische (1980er-Jahre). Knut Liese, Riemerling.

Abbildung 8: Schale mit Mandeln auf dem Markt in Maskat / Oman (1996). Peter Heine, Berlin.

Abbildung 9: Übermalung des arabischen Wortes *al-fann* (arabisch für: die Kunst) (1995), aus: Al Fann. Die Kunst. Zeitgenössische Kunst aus islamischen und vom Islam geprägten Ländern, hg. von Projektgruppe Stoffwechsel, Universität Gh Kassel FB 24, Hann. Münden 1995, S. 167.

Abbildung 10: Die Sehitlik-Moschee in Berlin-Tempelhof (2006). Hans-Georg Gaul, Berlin.

Abbildung 11: Eine junge türkische Frau in Istanbul vor einem Werbeplakat für islamisch korrekte Kleidung (1999). Reuters.

Abbildung 12: Blick von den Bergen auf die syrische Stadt Akka, Stahlstich (19. Jh.), aus: Johannes Kelter / Margareta Pavaloi / Maria Zerrnickel: The Arts and Crafts of Syria. Collection Antoine Touma and Linden-Museum Stuttgart, London 1992, Abb. 49, S. 37.

Abbildung 13: Sayyid Qutb (1906–66) im Gefängnis (1966).

Abbildung 14: Usama bin Ladin-Poster zwischen Plakaten muslimischer Sängerinnen (2002).

Abbildung 15: Papst Benedikt XVI. während seines Besuchs in Istanbul 2006 in der Blauen Moschee. picture-alliance / dpa.

16.3 Personenverzeichnis

16.4 Glossar

Abbasiden Zweite Dynastie der islamischen Geschichte von 750 bis 1258 mit der neu gegründeten Hauptstadt Bagdad in Mesopotamien.

Adept Anhänger oder Schüler eines religiösen Lehrers.

al-Fârûq Männlicher Eigenname, zunächst Beiname des Kalifen Omar (wörtlich: jemand, der ängstlich zwischen Recht und Unrecht unterscheidet).

Ayatollah Titel hoher schiitischer Gelehrter (wörtlich: Wunderzeichen Gottes).

Apokryphen Von der Kirche nicht anerkannte Schriften der Bibel.

Antinomismus Haltung, die die Sittengesetze leugnet und sich auf die Gnade Gottes verlässt.

Buyiden Iranische Dynastie (930–1062) mit schiitischen Tendenzen, die zeitweise das Abbasiden-Kalifat kontrollierte.

Dâr al-islâm Gebiet des Islams, in dem ein Muslim herrscht und das islamische Gesetz gilt.

Dâr al-ahd Gebiet des Vertrags, in dem Muslime unbehindert ihren Glauben leben können.

Dâr al-harb Gebiet der Nicht-Muslime, mit dem sich die dâr al-islam im Krieg (arabisch: *harb*) befindet.

Diakritisch Die Aussprache eines Buchstaben anzeigend.

Dogma / dogmatisch Festgelegter Glaubenssatz.

Eschatologie Lehre vom Ende der Welt.

Exstase Zustand besonderer religiöser Ergriffenheit.

Fiqh Islamische Gesetzeswissenschaft.

Flaggelanten Personen, die sich aus religiöser Motivation geißeln oder schlagen.

Fünfer-Schiiten Schiiten, für die die Reihe der Imame nach fünf Personen abbricht.

Hadîth Ausspruch des Propheten Muhammad.

Hijra Abbruch der Beziehungen zu den Bewohnern Mekkas und Umsiedlung Muhammads und seiner Anhänger von Mekka nach Medina im Jahr 622.

Historisch-kritisch Bezeichnung für eine Methode der Textbehandlung und -interpretation unter philologischen, historischen, komparatistischen und auch gesellschaftlichen Aspekten.

Hizbollah Führende schiitische politische und militärische Kraft im Libanon (wörtlich: Partei Gottes).

Ibaditen Aus einer frühislamischen heterodoxen Sekte entstandene Sondergruppe in Algerien, Tunesien und vor allem in Oman.

Imam Vorbeter beim Gemeinschaftsgebet, aber für Schiiten auch als Nachkomme des Propheten Muhammad mit besonderen Fähigkeiten ausgestattete Heilsgestalt.

Islamische Ordnung Konzept der Muslimbrüder für den Aufbau von Staat und Gesellschaft.

Islamische Gesellschaft Gesellschaft, in der das islamische Recht durchgesetzt wird.

Islamkonferenz Von Bundesinnenminister Wolfgang Schäuble 2006 einberufene Konferenz von Vertretern der Muslime in Deutschland.

Ismailiten, Ismailiyya Aus verschiedenen Untergruppen bestehende Siebener-Schiitische Gemeinschaft.

Isnâd   Überliefererkette des Hadîth.

Jahiliyya   Zeit vor dem Islam (wörtlich: Zeit der Unwissenheit).

Jama'at-i Islami   Bezeichnung einer islamistischen pakistanischen Organisation (wörtlich: Islamische Gemeinschaft).

Jihâd   Glaubenskampf der Muslime.

Kanon / kanonisch   Richtschnur; für ein religiöses System verbindliche Regeln.

Kharijiten   Frühislamische Sondergruppe; → Ibaditen.

Konfession   Besonderes Bekenntnis innerhalb einer großen Religion.

Konvent / Konventikel   Zusammenkunft, Kreis von religiösen Personen, Kloster.

Mamluken   Militärsklaven.

Marja   Quelle; hoher schiitischer Rechtsgelehrter.

Marja al-taqlid   Quelle der Nachahmung, höchster schiitischer Rechtsgelehrter.

Milli-Görüs   Türkisch-islamische Organisation vor allem unter türkischen Arbeitsmigranten (wörtlich: Nationale Sicht).

Muharram   Erster Monat des islamischen Jahrs, Trauermonat der Schiiten.

Muhajirun   Anhänger Muhammads, die mit ihm die Hijra vollzogen.

Mujahidin   Kämpfer im Jihâd.

Mujtahid   Rechtsgelehrter der zur unabhängigen Interpretation von Rechtsquellen befähigt ist.

Muslimbruderschaft   In Ägypten in den 1920er-Jahren entstandene, fundamentalistische, einflussreiche Organisation mit Zweigen in verschiedenen Ländern.

Muridiyya   Einflussreiche senegalesische islamische Bruderschaft mit Mitgliedern vor allem bei der Volksgruppe der Wolof.

Mu'tazila   Rationalistische Strömung der islamischen Theologie im Abbasidenreich der ersten Hälfte des 9. Jahrhunderts.

Muhtasib   Marktaufseher.

Nestorianismus   Orientalische, christliche, monophysitische Kirche, die die Göttlichkeit Jesu infrage stellt.

Omayyaden   Erste islamische Dynastie (660–750) mit der Hauptstadt Damaskus.

Qajaren   Iranische Dynastie (1788–1925).

Quietismus   Gottesergebenheit, Vermeidung jedes Aktionismus.

Rechtleitung   Führung des Gläubigen durch Gott oder eine religiöse Autorität.

Safawiden   Iranische Dynastie (1501–1722).

Sanusiyya / Senussi   Islamische Bruderschaft in Libyen mit großer politischer Autorität bis zum Putsch des Oberst Gaddafi 1969.

Scharia   Islamisches Recht.

Schia / Schiiten   Islamische Konfession mit verschiedenen Untergruppen.

Seklusion   Abschließung, vor allem von Frauen aus der Öffentlichkeit.

Shahîd   Märtyrer, Glaubenszeuge.

Siebener-Schiiten   → Ismaıliten.

Sufi / Sufitum   Islamischer Mystiker bzw. Mystik.

Sunna   Vorbildhafte Lebensweise des Propheten Muhammad, Bezeichnung für die größte islamische Konfession.

Sunnit   Anhänger der sunnitischen Konfession des Islams.

Umayyaden   → Omayyaden.

Umma   Gemeinschaft der Muslime.

Wahhabiten   Sunnitisch-fundamentalistische Strömung des Islams, gegründet in der ersten Hälfte des 18. Jahrhundert, Staatsreligion in Saudi-Arabien.

Wolof   Ethnische Gruppe in Senegal.

Zaiditen   Fünfer-Schiitische Gruppe im Jemen mit besonderen Rechtsvorstellungen.

Zeitehe   Schiitische Eheform, bei der die Ehedauer bei Beginn festgelegt wird.

Zikr   auch Dhikr; rituelle Übungen von Angehörigen islamischer Mystikerorganisationen (wörtlich: Gottesgedenken)

Zwölfer-Schiiten   Größte schiitische Gemeinschaft, für die die Kette der Imame mit dem Zwölften abbricht.

Akademie Verlag

Akademie Studienbücher

Geschichte

Epochenband

Christian Mann
Antike
Einführung in die Altertumswissenschaften
2008. 243 S. – 43 Abb. – 155 x 215 mm,
Broschur, € 19,80
ISBN 978-3-05-004401-9

- Problemorientierte Einführung in die Kulturwissenschaft der Antike
- Gezielte Verbindung historischer, philologischer und archäologischer
  Themen und Perspektiven
- Entwicklung beispielhafter kulturwissenschaftlicher Fragestellungen an
  die Antike in enger argumentativer Verbindung von Text und Bild
- Exemplarische Aspekte der griechischen und römischen Geschichte:
  von der Welt des homerischen Adels bis zur hellenistischen Polis, von
  der römischen Republik bis zur Sakralisierung des Kaisertums

Epochenband

Harald Müller
Mittelalter
Die Neuentdeckung des Menschen
2008. 249 S. – 28 Abb. – 155 x 215 mm,
Broschur, € 19,80
ISBN 978-3-05-004366-1

- Diskussion von Epochenbild, Epochenbegriff und Epochengrenzen
- Lebensbedingungen und Weltbilder
- Gemeinschaftsformen: Familie, Haus, Stadt, Herrschaft, Genossenschaft
- Herrschaftsformen und Herrschaftsstrukturen: Königtum, Kirche,
  Grundherrschaft, Lehnswesen
- Kommunikation und Kultur: Wort, Schrift, symbolorientiertes Handeln
- Wissensorganisation, Wissensvermittlung und Wissenserweiterung:
  Klosterschule, Universität, Erfindungen
- Räumliche und soziale Mobilität: Entdeckungen, neue Eliten

www.akademie-studienbuch.de

Akademie Verlag

Akademie Studienbücher

Kulturwissenschaften

Themenband

Matthias Bruhn

Das Bild

Theorie – Geschichte – Praxis

2008. 252 S. – 32 s/w- und 14 Farbabb. –
155 x 215 mm, Broschur, € 19,80
ISBN 978-3-05-004367-8

• Begrifflichkeiten und Betrachtungsweisen – Themen und Perspektiven
• Geschichte der Bildmedien und Bildfunktionen
• Bildforschung zwischen Hochkunst und Populärkultur
• Formen, Farben, Linien: Zugänge zum Bildlichen
• Kontexte: Politische Repräsentation, Wissenschaft, Markt
• Kombinationen, Oppositionen:
  Ur- und Vorbilder, Reihen und Vergleiche, Text und Bild
• Diagramm, Raum, Bewegung: Visuelle Techniken der Übersicht,
  Einsicht und Aufzeichnung

Literaturwissenschaft

Themenband

Franziska Schößler

Einführung in die Gender Studies

2008. 232 S. – 10 Abb. – 155 x 215 mm,
Broschur, € 19,80
ISBN 978-3-05-004404-0

• Geschichte und Entwicklungstendenzen der Gender Studies
• Geschlechtergeschichte seit 1800, Pionierinnen des Feminismus und
  frühe Debatten
• Pluralisierung und Dynamisierung der Gender Studies
• Theoretische Grundlagen von der Psychoanalyse bis zur Diskursanalyse
• Konkrete literatur- und kulturwissenschaftliche Anwendungsfelder,
  Film Studies, Kanondebatten
• Angrenzende Bereiche: Queer, Men's und Postcolonial Studies

www.akademie-studienbuch.de